COLETÂNEA DE RESOLUÇÕES E RECOMENDAÇÕES PARA O CONCURSO DA MAGISTRATURA DO TRABALHO

ALINE LEPORACI
BIANCA MEROLA DA SILVA
HILLARY CHRISTINE PIEDADE INÁCIO

COLETÂNEA DE RESOLUÇÕES E RECOMENDAÇÕES PARA O CONCURSO DA MAGISTRATURA DO TRABALHO

Freitas Bastos Editora

Copyright © 2023 by **Aline Leporaci, Bianca Merola da Silva e Hillary Christine Piedade Inácio**

Todos os direitos reservados e protegidos pela Lei 9.610, de 19.2.1998.
É proibida a reprodução total ou parcial, por quaisquer meios, bem como a produção de apostilas, sem autorização prévia, por escrito, da Editora.
Direitos exclusivos da edição e distribuição em língua portuguesa:
Maria Augusta Delgado Livraria, Distribuidora e Editora

Direção Editorial: Isaac D. Abulafia
Gerência Editorial: Marisol Soto
Diagramação e Capa: Madalena Araújo

Dados Internacionais de Catalogação na Publicação (CIP) de acordo com ISBD

L598c	Leporaci, Aline
	Coletânea de Resoluções e Recomendações para o concurso da magistratura do Trabalho / Aline Leporaci, Bianca Merola da Silva, Hillary Christine Piedade Inácio. – Rio de Janeiro, RJ: Freitas Bastos, 2023.
	396 p.: 15,5cm x 23cm.
	ISBN: 978-65-5675-301-0
	1. Direito. 2. Magistratura do Trabalho. I. Inácio, Hillary Christine Piedade. II. Silva, Bianca Merola da. III. Título.
2023-1552	CDD 340
	CDU 34

Elaborado por Vagner Rodolfo da Silva - CRB-8/9410

Índice para catálogo sistemático:
1. Direito 340
2. Direito 34

Freitas Bastos Editora
atendimento@freitasbastos.com
www.freitasbastos.com

NOTA DAS AUTORAS

A presente obra destina-se a auxiliar os interessados na seara trabalhista, especialmente àqueles que estão pondo seus esforços na obtenção de êxito no Concurso da Magistratura do Trabalho (2ª e 3ª fases). Uma vez aprovado(a) na primeira etapa (prova objetiva), segue-se para a segunda etapa do concurso, integrada por uma prova discursiva e uma prova prática de sentença. Nelas, o candidato, que já se mostrou estar dotado dos necessários conhecimentos acerca da legislação, da doutrina e jurisprudência, é desafiado a mostrar sua capacidade de utilizar seus conhecimentos na solução de casos práticos, submetidos à sua apreciação, na qualidade de futuro(a) juiz/juíza.

É inegável que a jornada para a conquista desse sonho é árdua e, além disso, o mercado de obras e códigos, não auxilia tanto como deveria, quando dos estudos e/ou da elaboração de simulados e, por conseguinte, da prova em si. Há, assim, evidente ausência de atos normativos importantes (recomendações, resoluções, dentre outros) nos livros para a consecução dos simulados e/ou das provas.

Diante desse fato, pensando nisso, nós, autoras, decidimos facilitar e, mais uma vez, ajudá-los com a presente obra. Nela, insere-se uma série de recomendações, resoluções, atos conjuntos e instruções normativas primordiais para a elaboração dos simulados durante sua preparação nos estudos e – é claro – no momento da elaboração das provas específicas de 2ª e 3ª fase.

A obra é composta, portanto, de diversos atos normativos que consideramos essenciais para a realização das etapas ora mencionadas, editadas pelo Conselho Nacional de Justiça (CNJ), pelo Conselho Superior da Justiça do Trabalho (CSJT), pelo Tribunal Superior do Trabalho (TST) e pelo Conselho Nacional do Ministério Público (CNMP). Ademais, tema muito em voga é o que diz respeito a chamada "Agenda 2030" da Organização das Nações Unidas (ONU), eis que os Objetivos de Desenvolvimento Sustentável (ODs) estão ali dispostos para serem observados e, enfim, concretizados; e não meramente postos em papel.

Assim, todos os atos em conjunto com a "Agenda 2030" tornam-se essenciais especialmente no momento em que o candidato precisa fundamentar o direito posto em análise nas provas. Os temas são amplos e atuais, indo desde tramitações prioritárias em processos, perspectiva de gênero, assuntos envolvendo trabalho escravo, destinação de valores em sede de Ação Civil Pública (ACP), questões ligadas ao assédio eleitoral, à conciliação no âmbito da Justiça do Trabalho; enfim, todos os assuntos práticos que, no cotidiano, se mostram como um desafio para você, na condição de candidato, e para você, na condição já de juiz/juíza.

Desejamos imensamente boa sorte a todos e todas. Que este livro seja útil nos estudos e que, passada essa etapa, vocês nunca deixem de sonhar. É essa a graça da vida, que é dinâmica e contínua.

AS AUTORAS

Aline Leporaci é juíza do Trabalho no Tribunal Regional do Trabalho da 1ª Região (RJ). Professora e Coordenadora de Cursos voltados ao Concurso da Magistratura do Trabalho. Aprovada em 1º lugar no Concurso Público para ingresso na Magistratura.

Bianca Merola da Silva é juíza do Trabalho no Tribunal Regional do Trabalho da 1ª Região (RJ). Professora e Coordenadora de Cursos voltados ao Concurso da Magistratura do Trabalho.

Hillary Christine Piedade Inácio é advogada e Mestranda em Direito das Relações Sociais e Trabalhistas. Professora de Cursos voltados ao Concurso da Magistratura do Trabalho.

ÍNDICE

RESOLUÇÕES E RECOMENDAÇÕES DO CONSELHO NACIONAL DE JUSTIÇA (CNJ) 15

RESOLUÇÃO Nº 125, DE 29 DE NOVEMBRO DE 2010
Dispõe sobre a Política Judiciária Nacional de tratamento adequado dos conflitos de interesses no âmbito do Poder Judiciário e dá outras providências. 17

RESOLUÇÃO Nº 154 DE 13 DE JULHO DE 2012
Define a política institucional do Poder Judiciário na utilização dos recursos oriundos da aplicação da pena de prestação pecuniária. 35

RESOLUÇÃO Nº 270, DE 11 DE DEZEMBRO DE 2018
Dispõe sobre o uso do nome social pelas pessoas trans, travestis e transexuais usuárias dos serviços judiciários, membros, servidores, estagiários e trabalhadores terceirizados dos tribunais brasileiros. 39

RESOLUÇÃO Nº 305 DE 17 DE DEZEMBRO DE 2019
Estabelece os parâmetros para o uso das redes sociais pelos membros do Poder Judiciário 45

RESOLUÇÃO Nº 332, DE 21 DE AGOSTO DE 2020
Dispõe sobre a ética, a transparência e a governança na produção e no uso de Inteligência Artificial no Poder Judiciário e dá outras providências. 55

RESOLUÇÃO Nº 345, DE 9 DE OUTUBRO DE 2020
Dispõe sobre o "Juízo 100% Digital" e dá outras providências. 69

RESOLUÇÃO Nº 350, DE 27 DE OUTUBRO DE 2020
Estabelece diretrizes e procedimentos sobre a cooperação judiciária nacional entre os órgãos do Poder Judiciário e outras instituições e entidades, e dá outras providências. 75

RESOLUÇÃO Nº 354, DE 18 DE NOVEMBRO DE 2020
Dispõe sobre o cumprimento digital de ato processual e de ordem judicial e dá outras providências. 91

RESOLUÇÃO Nº 363, DE 12 DE JANEIRO DE 2021
Estabelece medidas para o processo de adequação à Lei Geral de Proteção de Dados Pessoais a serem adotadas pelos tribunais. 99

RESOLUÇÃO N° 372, DE 12 DE FEVEREIRO DE 2021
Regulamenta a criação de plataforma de videoconferência denominada "Balcão Virtual." 107

RESOLUÇÃO N° 385, DE 6 DE ABRIL DE 2021
Dispõe sobre a criação dos "Núcleos de Justiça 4.0" e dá outras providências..111

RESOLUÇÃO N° 410, DE 23 DE AGOSTO DE 2021
Dispõe sobre normas gerais e diretrizes para a instituição de sistemas de integridade no âmbito do Poder Judiciário..................117

RESOLUÇÃO N° 420, DE 29 DE SETEMBRO DE 2021
Dispõe sobre a adoção do processo eletrônico e o planejamento nacional da conversão e digitalização do acervo processual físico remanescente dos órgãos do Poder Judiciário. 125

RECOMENDAÇÃO N° 123, DE 7 DE JANEIRO DO 2022
Recomenda aos órgãos do Poder Judiciário brasileiro a observância dos tratados e convenções internacionais de direitos humanos e o uso da jurisprudência da Corte Interamericana de Direitos Humanos. 131

RECOMENDAÇÃO N° 134, DE 9 DE SETEMBRO DE 2022
Dispõe sobre o tratamento dos precedentes no Direito brasileiro. 135

RECOMENDAÇÃO N° 139, DE 12 DE DEZEMBRO DE 2022
Recomenda aos magistrados e às magistradas que observem as regras e práticas destinadas ao combate ao trabalho infantil, nos procedimentos pertinentes à expedição de alvarás para participação de crianças e adolescentes em ensaios, espetáculos públicos, certames e atividades afins. 149

RESOLUÇÃO N° 453, DE 22 DE ABRIL DE 2022
Institui o Fórum Nacional do Poder Judiciário para monitoramento e efetividade das demandas relacionadas aos Povos Indígenas (Fonepi), com o objetivo de elaborar estudos e propor medidas para o aperfeiçoamento do sistema judicial quanto ao tema. (redação dada pela Resolução n° 489, de 28.2.2023) 155

RESOLUÇÃO N° 454, DE 22 DE ABRIL DE 2022
Estabelece diretrizes e procedimentos para efetivar a garantia do direito ao acesso ao Judiciário de pessoas e povos indígenas...161

RESOLUÇÃO Nº 492, DE 17 DE MARÇO DE 2023
Estabelece, para adoção de Perspectiva de Gênero nos julgamentos em todo o Poder Judiciário, as diretrizes do protocolo aprovado pelo Grupo de Trabalho constituído pela Portaria CNJ nº 27/2021, institui obrigatoriedade de capacitação de magistrados e magistradas, relacionada a direitos humanos, gênero, raça e etnia, em perspectiva interseccional, e cria o Comitê de Acompanhamento e Capacitação sobre Julgamento com Perspectiva de Gênero no Poder Judiciário e o Comitê de Incentivo à Participação Institucional Feminina no Poder Judiciário.................................177

RESOLUÇÕES E RECOMENDAÇÕES DO CONSELHO SUPERIOR DA JUSTIÇA DO TRABALHO (CSJT).................183

RESOLUÇÃO Nº 201, DE 10 DE NOVEMBRO DE 2015
Edita a Instrução Normativa nº 38, que regulamenta o procedimento do Incidente de Julgamento dos Recursos de Revista e de Embargos à SbDI-1 repetitivos.......................185

RESOLUÇÃO CSJT Nº 174, DE 30 DE SETEMBRO DE 2016
Dispõe sobre a Política Judiciária Nacional de tratamento adequado das disputas de interesses no âmbito da Justiça do Trabalho e dá outras providências...197

RESOLUÇÃO CSJT Nº 288, DE 19 DE MARÇO DE 2021
Dispõe sobre a estruturação e os procedimentos dos Centros Judiciários de Métodos Consensuais de Solução de Disputas da Justiça do Trabalho – CEJUSCJT, altera a Resolução CSJT nº 174/2016 e dá outras providências. 217

RESOLUÇÃO CSJT Nº 313, DE 22 DE OUTUBRO DE 2021
Dispõe sobre os procedimentos a serem observados na videogravação de audiências realizadas no âmbito da Justiça do Trabalho. 241

RESOLUÇÃO CSJT Nº 324, DE 11 DE FEVEREIRO DE 2022
Dispõe sobre o Programa Nacional de Prevenção de Acidentes de Trabalho – Programa Trabalho Seguro e dá outras providências..247

RESOLUÇÃO CSJT Nº 355, DE 28 DE ABRIL DE 2023
Regulamenta os procedimentos administrativos a serem adotados em relação a ações judiciais que tenham por objeto o assédio eleitoral nas relações de trabalho...........................259

RECOMENDAÇÕES E ATOS CONJUNTOS..........................265

RECOMENDAÇÃO CONJUNTA Nº 1/GP.CGJT, DE 3 DE MAIO DE 2011
Recomenda prioridade à tramitação e ao julgamento das reclamações trabalhistas relativas a acidente de trabalho. 267

RECOMENDAÇÃO CONJUNTA Nº 2/GP.CGJT, DE 28 DE OUTUBRO DE 2011
Recomenda o encaminhamento de cópia de sentenças e acórdãos que reconheçam conduta culposa do empregador em acidente de trabalho para a respectiva unidade da Procuradoria-Geral Federal – PGF. 269

RECOMENDAÇÃO CONJUNTA TST.CSJT.GP.CGJT. Nº 25/2022
Recomenda prioridade ao processamento e ao julgamento das ações em tramitação na Justiça do Trabalho que envolvam violência no trabalho; exploração do trabalho infantil; aprendizagem; preconceito de origem, raça, sexo, cor, idade, gênero e quaisquer outras formas de discriminação; assédio moral ou sexual; trabalho degradante, forçado ou em condições análogas à de escravo. 271

ATO CONJUNTO TST.CSJT.GP Nº 1, DE 5 DE JANEIRO DE 2023
Institui Grupo de Trabalho com o objetivo de propor programa institucional voltado ao enfrentamento ao trabalho em condições análogas à escravidão e ao tráfico de pessoas, bem como à proteção ao trabalho das pessoas imigrantes, no âmbito do Tribunal Superior do Trabalho e do Conselho Superior da Justiça do Trabalho. 275

INSTRUÇÕES NORMATIVAS DO TRIBUNAL SUPERIOR DO TRABALHO (TST) 279

RESOLUÇÃO Nº 203, DE 15 DE MARÇO DE 2016
Edita a Instrução Normativa n° 39..281

INSTRUÇÃO NORMATIVA Nº 39/2016
Dispõe sobre as normas do Código de Processo Civil de 2015 aplicáveis e inaplicáveis ao Processo do Trabalho, de forma não exaustiva. 285

RESOLUÇÃO Nº 221, DE 21 DE JUNHO DE 2018
Edita a Instrução Normativa n° 41 299

INSTRUÇÃO NORMATIVA Nº 41/2018
Dispõe sobre a aplicação das normas processuais da Consolidação das Leis do Trabalho alteradas pela Lei nº 13.467, de 13 de julho de 2017..301

RESOLUÇÃO DO CONSELHO NACIONAL DO MINISTÉRIO PÚBLICO (CNMP) 305

RESOLUÇÃO Nº 179, DE 26 DE JULHO DE 2017
Regulamenta o § 6º do art. 5º da Lei nº 7.347/1985, disciplinando, no âmbito do Ministério Público, a tomada do compromisso de ajustamento de conduta..307

ORGANIZAÇÃO DAS NAÇÕES UNIDAS (ONU).................. 315

TRANSFORMANDO NOSSO MUNDO:
A Agenda 2030 para o Desenvolvimento Sustentável....................317

RESOLUÇÕES E RECOMENDAÇÕES DO CONSELHO NACIONAL DE JUSTIÇA (CNJ)

RESOLUÇÃO N° 125, DE 29 DE NOVEMBRO DE 2010

Dispõe sobre a Política Judiciária Nacional de tratamento adequado dos conflitos de interesses no âmbito do Poder Judiciário e dá outras providências.

O PRESIDENTE DO CONSELHO NACIONAL DE JUSTIÇA, no uso de suas atribuições constitucionais e regimentais,

CONSIDERANDO que compete ao Conselho Nacional de Justiça o controle da atuação administrativa e financeira do Poder Judiciário, bem como zelar pela observância do art. 37 da Constituição da República;

CONSIDERANDO que a eficiência operacional, o acesso ao sistema de Justiça e a responsabilidade social são objetivos estratégicos do Poder Judiciário, nos termos da Resolução/CNJ nº 70, de 18 de março de 2009;

CONSIDERANDO que o direito de acesso à Justiça, previsto no art. 5º, XXXV, da Constituição Federal além da vertente formal perante os órgãos judiciários, implica acesso à ordem jurídica justa;

CONSIDERANDO que, por isso, cabe ao Judiciário estabelecer política pública de tratamento adequado dos problemas jurídicos e dos conflitos de interesses, que ocorrem em larga e crescente escala na sociedade, de forma a organizar, em âmbito nacional, não somente os serviços prestados nos processos judiciais, como também os que possam sê-lo mediante outros mecanismos de solução de conflitos, em especial dos consensuais, como a mediação e a conciliação;

CONSIDERANDO a necessidade de se consolidar uma política pública permanente de incentivo e aperfeiçoamento dos mecanismos consensuais de solução de litígios;

CONSIDERANDO que a conciliação e a mediação são instrumentos efetivos de pacificação social, solução e prevenção de litígios, e que a sua apropriada disciplina em programas já implementados no país tem reduzido a excessiva judicialização dos conflitos de interesses, a quantidade de recursos e de execução de sentenças;

CONSIDERANDO ser imprescindível estimular, apoiar e difundir a sistematização e o aprimoramento das práticas já adotadas pelos tribunais;

CONSIDERANDO a relevância e a necessidade de organizar e uniformizar os serviços de conciliação, mediação e outros métodos consensuais de solução de conflitos, para lhes evitar disparidades de orientação e práticas, bem como para assegurar a boa execução da política pública, respeitadas as especificidades de cada segmento da Justiça;

CONSIDERANDO que a organização dos serviços de conciliação, mediação e outros métodos consensuais de solução de conflitos deve servir de princípio e base para a criação de Juízos de resolução alternativa de conflitos, verdadeiros órgãos judiciais especializados na matéria;

CONSIDERANDO o deliberado pelo Plenário do Conselho Nacional de Justiça na sua 117ª Sessão Ordinária, realizada em 23 de 2010, nos autos do procedimento do Ato 0006059-82.2010.2.00.0000;

RESOLVE:

CAPÍTULO I
DA POLÍTICA PÚBLICA DE TRATAMENTO ADEQUADO DOS CONFLITOS DE INTERESSES

Art. 1º Fica instituída a Política Judiciária Nacional de tratamento dos conflitos de interesses, tendente a assegurar a todos o direito à solução dos conflitos por meios adequados à sua natureza e peculiaridade.

Parágrafo único. Aos órgãos judiciários incumbe oferecer mecanismos de soluções de controvérsias, em especial os chamados meios consensuais, como a mediação e a conciliação, bem assim prestar atendimento e orientação ao cidadão. Nas hipóteses em que este atendimento de cidadania não for imediatamente implantado, esses serviços devem ser gradativamente ofertados no prazo de 12 (doze) meses.

Art. 2º Na implementação da Política Judiciária Nacional, com vista à boa qualidade dos serviços e à disseminação da cultura de pacificação social, serão observados:

I. Centralização das estruturas judiciárias;

II. Adequada formação e treinamento de servidores, conciliadores e mediadores;

III. Acompanhamento estatístico específico.

Art. 3º O CNJ auxiliará os tribunais na organização dos serviços mencionados no art. 1º, podendo ser firmadas parcerias com entidades públicas e privadas.

CAPÍTULO II
DAS ATRIBUIÇÕES DO CONSELHO NACIONAL DE JUSTIÇA

Art. 4º Compete ao Conselho Nacional de Justiça organizar programa com o objetivo de promover ações de incentivo à autocomposição de litígios e à pacificação social por meio da conciliação e da mediação.

Art. 5º O programa será implementado com a participação de rede constituída por todos os órgãos do Poder Judiciário e por entidades públicas e privadas parceiras, inclusive universidades e instituições de ensino.

Art. 6º Para desenvolvimento dessa rede, caberá ao CNJ:

I. Estabelecer diretrizes para implementação da política pública de tratamento adequado de conflitos a serem observadas pelos Tribunais;

II. Desenvolver conteúdo programático mínimo e ações voltadas à capacitação em métodos consensuais de solução de conflitos, para magistrados da Justiça Estadual e da Justiça Federal, servidores, mediadores, conciliadores e demais facilitadores da solução consensual de controvérsias, ressalvada a competência da Escola Nacional de Formação e Aperfeiçoamento de Magistrados – ENFAM;

III. Providenciar que as atividades relacionadas à conciliação, mediação e outros métodos consensuais de solução de conflitos sejam consideradas nas promoções e remoções de magistrados pelo critério do merecimento;

IV. Regulamentar, em código de ética, a atuação dos conciliadores, mediadores e demais facilitadores da solução consensual de controvérsias;

V. Buscar a cooperação dos órgãos públicos competentes e das instituições públicas e privadas da área de ensino, para a criação de disciplinas que propiciem o surgimento da cultura da solução pacífica dos conflitos, bem como que, nas Escolas de Magistratura, haja módulo voltado aos métodos consensuais de solução de conflitos, no curso de iniciação funcional e no curso de aperfeiçoamento;

VI. Estabelecer interlocução com a Ordem dos Advogados do Brasil, Defensorias Públicas, Procuradorias e Ministério Público, estimulando sua participação nos Centros Judiciários de Solução de Conflitos e Cidadania e valorizando a atuação na prevenção dos litígios;

VII. Realizar gestão junto às empresas, públicas e privadas, bem como junto às agências reguladoras de serviços públicos, a fim de implementar práticas autocompositivas e desenvolver acompanhamento estatístico, com a instituição de banco de dados para visualização de resultados, conferindo selo de qualidade;

VIII. Atuar junto aos entes públicos e grandes litigantes de modo a estimular a autocomposição.

CAPÍTULO III
DAS ATRIBUIÇÕES DOS TRIBUNAIS

Seção I
Dos Núcleos Permanentes de Métodos Consensuais de Solução de Conflitos

Art. 7º Os Tribunais deverão criar, no prazo de 60 (sessenta) dias, Núcleos Permanentes de Métodos Consensuais de Solução de Conflitos, compostos por magistrados da ativa ou aposentados e servidores, preferencialmente atuantes na área, com as seguintes atribuições, entre outras:

I. Desenvolver a Política Judiciária de tratamento adequado dos conflitos de interesses, estabelecida nesta Resolução;

II. Planejar, implementar, manter e aperfeiçoar as ações voltadas ao cumprimento da política e suas metas;

III. Atuar na interlocução com outros Tribunais e com os órgãos integrantes da rede mencionada nos arts. 5º e 6º;

IV. Instalar Centros Judiciários de Solução de Conflitos e Cidadania que concentrarão a realização das sessões de conciliação e mediação que estejam a cargo de conciliadores e mediadores, dos órgãos por eles abrangidos;

V. Incentivar ou promover capacitação, treinamento e atualização permanente de magistrados, servidores, conciliadores e mediadores nos métodos consensuais de solução de conflitos;

VI.   Propor ao Tribunal a realização de convênios e parcerias com entes públicos e privados para atender aos fins desta Resolução.

§ 1º A criação dos Núcleos e sua composição deverão ser informadas ao Conselho Nacional de Justiça.

§ 2º Os Núcleos poderão estimular programas de mediação comunitária, desde que esses centros comunitários não se confundam com os Centros de conciliação e mediação judicial, previstos no Capítulo III, Seção II.

§ 3º Nos termos do art. 73 da Lei nº 9.099/95 e dos arts. 112 e 116 da Lei nº 8.069/90, os Núcleos poderão centralizar e estimular programas de mediação penal ou qualquer outro processo restaurativo, desde que respeitados os princípios básicos e processos restaurativos previstos na Resolução nº 2.002/12 do Conselho Econômico e Social da Organização das Nações Unidas e a participação do titular da ação penal em todos os atos.

§ 4º Na hipótese de conciliadores e mediadores que atuem em seus serviços, os Tribunais deverão criar e manter cadastro, de forma a regulamentar o processo de inscrição e de desligamento desses facilitadores.

Seção II
Dos Centros Judiciários de Solução de Conflitos e Cidadania

Art. 8º Para atender aos Juízos, Juizados ou Varas com competência nas áreas cível, fazendária, previdenciária, de família ou dos Juizados Especiais Cíveis, Criminais e Fazendários, os Tribunais deverão criar os Centros Judiciários de Solução de Conflitos e Cidadania ("Centros"), unidades do Poder Judiciário, preferencialmente, responsáveis pela realização das sessões e audiências de conciliação e mediação que estejam a cargo de conciliadores e mediadores, bem como pelo atendimento e orientação ao cidadão.

§ 1º As sessões de conciliação e mediação pré-processuais deverão ser realizadas nos Centros, podendo, excepcionalmente, serem realizadas nos próprios Juízos, Juizados ou Varas designadas, desde que o sejam por conciliadores e mediadores cadastrados pelo Tribunal (inciso VI do art. 7º) e supervisionados pelo Juiz Coordenador do Centro (art. 9º).

§ 2º Os Centros poderão ser instalados nos locais onde exista mais de uma unidade jurisdicional com pelo menos uma das competências referidas no *caput* e, obrigatoriamente, serão instalados a partir de 5 (cinco) unidades jurisdicionais.

§ 3º Nas Comarcas das Capitais dos Estados e nas sedes das Seções e Regiões Judiciárias, bem como nas Comarcas do interior, Subseções e Regiões Judiciárias de maior movimento forense, o prazo para a instalação dos Centros será de 4 (quatro) meses a contar do início de vigência desta Resolução.

§ 4º Nas demais Comarcas, Subseções e Regiões Judiciárias, o prazo para a instalação dos Centros será de 12 (doze) meses a contar do início de vigência deste ato.

§ 5º Os Tribunais poderão, excepcionalmente, estender os serviços do Centro a unidades ou órgãos situados em locais diversos, desde que próximos daqueles referidos no § 2º, e instalar Centros nos chamados Foros Regionais, nos quais funcionem 2 (dois) ou mais Juízos, Juizados ou Varas, observada a organização judiciária local.

§ 6º Os Centros poderão ser organizados por áreas temáticas, como centros de conciliação de juizados especiais, família, precatórios e empresarial, dentre outros, juntamente com serviços de cidadania.

§ 7º O coordenador do Centro Judiciário de Solução de Conflitos e Cidadania poderá solicitar feitos de outras unidades judiciais com o intuito de organizar pautas concentradas ou mutirões, podendo, para tanto, fixar prazo.

§ 8º Para efeito de estatística de produtividade, as sentenças homologatórias prolatadas em razão da solicitação estabelecida no parágrafo anterior reverterão ao juízo de origem, e as sentenças decorrentes da atuação pré-processual ao coordenador do Centro Judiciário de Solução de Conflitos e Cidadania.

Art. 9º Os Centros contarão com um juiz coordenador e, se necessário, com um adjunto, aos quais caberão a sua administração e a homologação de acordos, bem como a supervisão do serviço de conciliadores e mediadores. Os magistrados da Justiça Estadual e da Justiça Federal serão designados pelo Presidente de cada Tribunal dentre aqueles que realizaram treinamento segundo o modelo estabelecido pelo CNJ, conforme Anexo I desta Resolução.

§ 1º Caso o Centro atenda a grande número de Juízos, Juizados ou Varas, o respectivo juiz coordenador poderá ficar designado exclusivamente para sua administração.

§ 2º Os Tribunais deverão assegurar que nos Centros atuem servidores com dedicação exclusiva, todos capacitados em métodos consensuais de solução de conflitos e, pelo menos, um deles capacitado também para a triagem e encaminhamento adequado de casos.

§ 3º O treinamento dos servidores referidos no parágrafo anterior deverá observar as diretrizes estabelecidas pelo CNJ conforme Anexo I desta Resolução.

Art. 10. Os Centros deverão obrigatoriamente abranger setor de solução pré-processual de conflitos, setor de solução processual de conflitos e setor de cidadania.

Art. 11. Nos Centros poderão atuar membros do Ministério Público, defensores públicos, procuradores e/ou advogados.

Seção III
Dos Conciliadores e Mediadores

Art. 12. Nos Centros, bem como todos os demais órgãos judiciários nos quais se realizem sessões de conciliação e mediação, somente serão admitidos mediadores e conciliadores capacitados na forma deste ato (Anexo I), cabendo aos Tribunais, antes de sua instalação, realizar o curso de capacitação, podendo fazê-lo por meio de parcerias.

§ 1º Os Tribunais que já realizaram a capacitação referida no *caput* poderão dispensar os atuais mediadores e conciliadores da exigência do certificado de conclusão do curso de capacitação, mas deverão disponibilizar cursos de treinamento e aperfeiçoamento, na forma do Anexo I, como condição prévia de atuação nos Centros.

§ 2º Todos os conciliadores, mediadores e outros especialistas em métodos consensuais de solução de conflitos deverão submeter-se a reciclagem permanente e à avaliação do usuário.

§ 3º Os cursos de capacitação, treinamento e aperfeiçoamento de mediadores e conciliadores deverão observar o conteúdo programático, com número de exercícios simulados e carga horária mínimos estabelecidos pelo CNJ (Anexo I) e deverão ser seguidos necessariamente de estágio supervisionado.

§ 4º Os mediadores, conciliadores e demais facilitadores do entendimento entre as partes ficarão sujeitos ao código de ética estabelecido pelo Conselho (Anexo II).

Seção IV
Dos dados estatísticos

Art. 13. Os Tribunais deverão criar e manter banco de dados sobre as atividades de cada Centro, com as informações constantes do Portal da Conciliação.

Art. 14. Caberá ao CNJ compilar informações sobre os serviços públicos de solução consensual das controvérsias existentes no país e sobre o desempenho de cada um deles, por meio do DPJ, mantendo permanentemente atualizado o banco de dados.

CAPÍTULO IV
DO PORTAL DA CONCILIAÇÃO

Art. 15. Fica criado o Portal da Conciliação, a ser disponibilizado no sítio do CNJ na rede mundial de computadores, com as seguintes funcionalidades, entre outras:

I. Publicação das diretrizes da capacitação de conciliadores e mediadores e de seu código de ética;

II. Relatório gerencial do programa, por Tribunal, detalhado por unidade judicial e por Centro;

III. Compartilhamento de boas práticas, projetos, ações, artigos, pesquisas e outros estudos;

IV. Fórum permanente de discussão, facultada a participação da sociedade civil;

V. Divulgação de notícias relacionadas ao tema;

VI. Relatórios de atividades da "Semana da Conciliação".

Parágrafo único. A implementação do Portal será gradativa, observadas as possibilidades técnicas, sob a responsabilidade do CNJ.

Disposições Finais

Art. 16. O disposto na presente Resolução não prejudica a continuidade de programas similares já em funcionamento, cabendo aos Tribunais, se necessário, adaptá-los aos termos deste ato.

Parágrafo único. Em relação aos Núcleos e Centros, os Tribunais poderão utilizar siglas e denominações distintas das referidas nesta Resolução, desde que mantidas as suas atribuições previstas no Capítulo III.

Art. 17. Compete à Presidência do Conselho Nacional de Justiça, com o apoio da Comissão de Acesso ao Sistema de Justiça e Responsabilidade Social, coordenar as atividades da Política Judiciária Nacional de tratamento adequado dos conflitos de interesses, cabendo-lhe instituir, regulamentar e presidir o Comitê Gestor da Conciliação, que será responsável pela implementação e acompanhamento das medidas previstas neste ato.

Art. 18. Os Anexos integram esta Resolução e possuem caráter vinculante.

Art. 19. Esta Resolução entra em vigor na data de sua publicação.

Ministro CEZAR PELUSO
Presidente

ANEXO I
DOS CURSOS DE CAPACITAÇÃO E APERFEIÇOAMENTO

Considerando que a política pública de formação de instrutores em mediação e conciliação do Conselho Nacional de Justiça tem destacado entre seus princípios informadores a qualidade dos serviços como garantia de acesso a uma ordem jurídica justa, desenvolveu-se inicialmente conteúdo programático mínimo a ser seguido pelos Tribunais nos cursos de capacitação de serventuários da justiça, conciliadores e mediadores. Todavia, constatou-se que os referidos conteúdos programáticos estavam sendo implantados sem os exercícios simulados e estágios supervisionados necessários à formação de mediadores e conciliadores.

Para esse fim mostrou-se necessário alterar o conteúdo programático para recomendar-se a adoção de cursos nos moldes dos conteúdos programáticos aprovados pelo Comitê Gestor do Movimento pela Conciliação. Destarte, os treinamentos referentes a Políticas Públicas de Resolução de Disputas (ou introdução aos meios adequados de solução de conflitos), Conciliação e Mediação devem seguir as diretrizes indicadas no Portal da Conciliação, com sugestões de slides e exemplos de exercícios simulados a serem utilizados nas capacitações, devidamente aprovados pelo Comitê Gestor da Conciliação.

Os referidos treinamentos somente poderão ser conduzidos por instrutores certificados e autorizados pelos Núcleos Permanentes de Métodos Consensuais de Solução de Conflitos.

ANEXO III
CÓDIGO DE ÉTICA DE CONCILIADORES E MEDIADORES JUDICIAIS INTRODUÇÃO

O Conselho Nacional de Justiça, a fim de assegurar o desenvolvimento da Política Pública de tratamento adequado dos conflitos e a qualidade dos serviços de conciliação e mediação enquanto instrumentos efetivos de pacificação social e de prevenção de litígios, institui o Código de Ética, norteado por princípios que formam a consciência dos terceiros facilitadores, como profissionais, e representam imperativos de sua conduta.

Dos princípios e garantias da conciliação e mediação judiciais

Art. 1º São princípios fundamentais que regem a atuação de conciliadores e mediadores judiciais: confidencialidade, decisão informada, competência, imparcialidade, independência e autonomia, respeito à ordem pública e às leis vigentes, empoderamento e validação.

I. Confidencialidade – dever de manter sigilo sobre todas as informações obtidas na sessão, salvo autorização expressa das partes, violação à ordem pública ou às leis vigentes, não podendo ser testemunha do caso, nem atuar como advogado dos envolvidos, em qualquer hipótese;

II. Decisão informada – dever de manter o jurisdicionado plenamente informado quanto aos seus direitos e ao contexto fático no qual está inserido;

III. Competência – dever de possuir qualificação que o habilite à atuação judicial, com capacitação na forma desta Resolução, observada a reciclagem periódica obrigatória para formação continuada;

IV. Imparcialidade – dever de agir com ausência de favoritismo, preferência ou preconceito, assegurando que valores e conceitos pessoais não interfiram no resultado do trabalho, compreendendo a realidade dos envolvidos no conflito e jamais aceitando qualquer espécie de favor ou presente;

V. Independência e autonomia – dever de atuar com liberdade, sem sofrer qualquer pressão interna ou externa, sendo permitido recusar, suspender ou interromper a sessão se ausentes as condições necessárias para seu bom desenvolvimento, tampouco havendo dever de redigir acordo ilegal ou inexequível;

VI. Respeito à ordem pública e às leis vigentes – dever de velar para que eventual acordo entre os envolvidos não viole a ordem pública, nem contrarie as leis vigentes;

VII. Empoderamento – dever de estimular os interessados a aprenderem a melhor resolverem seus conflitos futuros em função da experiência de justiça vivenciada na autocomposição;

VIII. Validação – dever de estimular os interessados perceberem-se reciprocamente como serem humanos merecedores de atenção e respeito.

Das regras que regem o procedimento de conciliação/ mediação

Art. 2º As regras que regem o procedimento da conciliação/mediação são normas de conduta a serem observadas pelos conciliadores/mediadores para o bom desenvolvimento daquele, permitindo que haja o engajamento dos envolvidos, com vistas à sua pacificação e ao comprometimento com eventual acordo obtido, sendo elas:

I. Informação – dever de esclarecer os envolvidos sobre o método de trabalho a ser empregado, apresentando-o de forma completa, clara e precisa, informando sobre os princípios deontológicos referidos no Capítulo I, as regras de conduta e as etapas do processo;

II. Autonomia da vontade – dever de respeitar os diferentes pontos de vista dos envolvidos, assegurando-lhes que cheguem a uma decisão voluntária e não coercitiva, com liberdade para tomar as próprias decisões durante ou ao final do processo e de interrompê-lo a qualquer momento;

III. Ausência de obrigação de resultado – dever de não forçar um acordo e de não tomar decisões pelos envolvidos, podendo, quando muito, no caso da conciliação, criar opções, que podem ou não ser acolhidas por eles;

IV. Desvinculação da profissão de origem – dever de esclarecer aos envolvidos que atuam desvinculados de sua profissão de origem, informando que, caso seja necessária orientação ou aconselhamento afetos a qualquer área do conhecimento poderá ser convocado para a sessão o profissional respectivo, desde que com o consentimento de todos;

V. Compreensão quanto à conciliação e à mediação – Dever de assegurar que os envolvidos, ao chegarem a um acordo, compreendam perfeitamente suas disposições, que devem ser exequíveis, gerando o comprometimento com seu cumprimento.

Das responsabilidades e sanções do conciliador/mediador

Art. 3º Apenas poderão exercer suas funções perante o Poder Judiciário conciliadores e mediadores devidamente capacitados e cadastrados pelos Tribunais, aos quais competirá regulamentar o processo de inclusão e exclusão no cadastro.

Art. 4º O conciliador/mediador deve exercer sua função com lisura, respeitar os princípios e regras deste Código, assinar, para tanto, no início do exercício, termo de compromisso e submeter-se às orientações do Juiz Coordenador da unidade a que esteja vinculado.

Art. 5º Aplicam-se aos conciliadores/mediadores os motivos de impedimento e suspeição dos juízes, devendo, quando constatados, serem informados aos envolvidos, com a interrupção da sessão e a substituição daqueles.

Art. 6º No caso de impossibilidade temporária do exercício da função, o conciliador ou mediador deverá informar com antecedência ao responsável para que seja providenciada sua substituição.

Art. 7º O conciliador ou mediador fica absolutamente impedido de prestar serviços profissionais, de qualquer natureza, aos envolvidos em processo de conciliação/mediação sob sua condução.

Art. 8º O descumprimento dos princípios e regras estabelecidos neste Código, bem como a condenação definitiva em processo criminal, resultará na exclusão do conciliador/mediador do respectivo cadastro e no impedimento para atuar nesta função em qualquer outro órgão do Poder Judiciário nacional.

Parágrafo único – Qualquer pessoa que venha a ter conhecimento de conduta inadequada por parte do conciliador/mediador poderá representar ao Juiz Coordenador a fim de que sejam adotadas as providências cabíveis.

RESOLUÇÃO Nº 154 DE 13 DE JULHO DE 2012

Define a política institucional do Poder Judiciário na utilização dos recursos oriundos da aplicação da pena de prestação pecuniária.

O PRESIDENTE DO CONSELHO NACIONAL DE JUSTIÇA, no uso de suas atribuições constitucionais e regimentais,

CONSIDERANDO a Resolução nº 101, de 15 de dezembro de 2009, deste Conselho, que definiu a política institucional do Poder Judiciário na execução de penas e medidas alternativas à prisão;

CONSIDERANDO que as destinações das penas pecuniárias, espécie de pena restritiva de direitos, têm que ser aprimoradas, para evitar total descrédito e inutilidade ao sistema penal, já que a execução da pena é o arremate de todo o processo criminal;

CONSIDERANDO a necessidade de dar maior efetividade às prestações pecuniárias, aprimorando-se a qualidade da destinação das penas impostas;

CONSIDERANDO a necessidade de uniformizar as práticas para o fomento à aplicação da pena de prestação pecuniária em substituição à prisão, como condição da suspensão condicional do processo ou transação penal, visando melhor fiscalização do emprego dos valores recebidos pelas instituições beneficiadas;

CONSIDERANDO a necessidade de regulamentação da destinação, controle e aplicação de valores oriundos de prestação pecuniária aplicada pela justiça criminal, assegurando a publicidade e transparência na destinação dos aludidos recursos;

CONSIDERANDO a decisão do plenário do Conselho Nacional de Justiça, tomada no julgamento do Ato nº 0005096-40.2011.2.00.0000, na 147ª Sessão Ordinária, realizada em 21 de maio de 2012;

RESOLVE:

Art. 1º Adotar como política institucional do Poder Judiciário, na execução da pena de prestação pecuniária, o recolhimento dos valores pagos em conta judicial vinculada à unidade gestora, com movimentação apenas por meio de alvará judicial, vedado o recolhimento em cartório ou secretaria.

Parágrafo único. A unidade gestora, assim entendida o juízo da execução da pena ou medida alternativa de prestação pecuniária, deverá encaminhar para a instituição financeira estadual ou federal, os dados do processo – número da autuação, comarca, vara e nome do réu – para depósito judicial, que será feito pelo apenado, na forma e periodicidade fixada na sentença, se mais de uma prestação, e cujos valores somente poderão ser movimentados por alvará judicial. (Redação dada pela Resolução nº 206, de 21.09.15)

Art. 2º Os valores depositados, referidos no art. 1º, quando não destinados à vítima ou aos seus dependentes, serão, preferencialmente, destinados à entidade pública ou privada com finalidade social, previamente conveniada, ou para atividades de caráter essencial à segurança pública, educação e saúde, desde que estas atendam às áreas vitais de relevante cunho social, a critério da unidade gestora.

§ 1º A receita da conta vinculada irá financiar projetos apresentados pelos beneficiários citados no *caput* deste artigo, priorizando-se o repasse desses valores aos beneficiários que:

I.   Mantenham, por maior tempo, número expressivo de cumpridores de prestação de serviços à comunidade ou entidade pública;

II. Atuem diretamente na execução penal, assistência à ressocialização de apenados, assistência às vítimas de crimes e prevenção da criminalidade, incluídos os conselhos da comunidade;

III. Prestem serviços de maior relevância social;

IV. Apresentem projetos com viabilidade de implementação, segundo a utilidade e a necessidade, obedecendo-se aos critérios estabelecidos nas políticas públicas específicas.

V.   Projetos de prevenção e ou atendimento a situações de conflitos, crimes e violências, inclusive em fase de execução, que sejam baseados em princípios e práticas da Justiça Restaurativa. (Incluído pela Resolução nº 225, de 31.05.16)

§ 3º É vedada a escolha arbitrária e aleatória dos beneficiários.

Art. 3º É vedada a destinação de recursos:

I.   Ao custeio do Poder Judiciário;

II. Para a promoção pessoal de magistrados ou integrantes das entidades beneficiadas e, no caso destas, para pagamento de quaisquer espécies de remuneração aos seus membros;

III. Para fins político-partidários;

IV. A entidades que não estejam regularmente constituídas, obstando a responsabilização caso haja desvio de finalidade.

Art. 4º O manejo e a destinação desses recursos, que são públicos, devem ser norteados pelos princípios constitucionais da Administração Pública, previstos, dentre outros, dispositivos no art. 37, *caput*, da Constituição Federal, sem se olvidar da indispensável e formal prestação de contas perante a unidade gestora, sob pena de responsabilidade, ficando assegurada a publicidade e a transparência na destinação dos recursos.

Parágrafo único. A homologação da prestação de contas será precedida de manifestação da seção de serviço social do Juízo competente para a execução da pena ou medida alternativa, onde houver, e do Ministério Público.

Art. 5º Caberá às Corregedorias, no prazo de seis meses, contados da publicação da presente Resolução, regulamentar:

I. Os procedimentos atinentes à forma de apresentação e aprovação de projetos;

II. A forma de prestação de contas das entidades conveniadas perante a unidade gestora;

III. Outras vedações ou condições, se necessárias, além daquelas disciplinadas nesta Resolução, observadas as peculiaridades locais.

Art. 6º Esta Resolução entra em vigor na data de sua publicação.

Ministro AYRES BRITTO

RESOLUÇÃO Nº 270, DE 11 DE DEZEMBRO DE 2018

Dispõe sobre o uso do nome social pelas pessoas trans, travestis e transexuais usuárias dos serviços judiciários, membros, servidores, estagiários e trabalhadores terceirizados dos tribunais brasileiros.

O PRESIDENTE DO CONSELHO NACIONAL DE JUSTIÇA, no uso de suas atribuições legais e regimentais,

CONSIDERANDO a importância do princípio da eficiência para a Administração Pública, art. 37 da Constituição Federal;

CONSIDERANDO a dignidade humana, fundamento da República Federativa previsto no art. 1º, III, da Constituição Federal;

CONSIDERANDO o art. 3º da Constituição Federal que determina ser objetivo fundamental da República Federativa do Brasil constituir uma sociedade livre, justa e solidária, além da promoção do bem de todos, sem preconceitos de origem, raça, sexo, cor, idade e quaisquer outras formas de discriminação;

CONSIDERANDO a necessidade de se dar a máxima efetividade aos direitos fundamentais;

CONSIDERANDO a necessidade de se dar tratamento isonômico aos usuários dos serviços judiciários, membros, servidores, terceirizados e estagiários no âmbito dos órgãos do Poder Judiciário;

CONSIDERANDO a publicação do Decreto nº 8.727, de 28 de abril de 2016, da Presidência da República, que dispõe sobre o uso do nome social e o reconhecimento da identidade de gênero de pessoas travestis e transexuais no âmbito da administração pública federal direta, autárquica e fundacional;

CONSIDERANDO os Princípios de Yogyakarta, de novembro de 2006, que dispõem sobre a aplicação da legislação internacional de Direitos Humanos em relação à orientação sexual e identidade de gênero;

CONSIDERANDO que o Estado deve assegurar o pleno respeito às pessoas, independentemente da identidade de gênero, respeitando a igualdade, a liberdade e a autonomia individual, que deve constituir a base do Estado Democrático de Direitos e nortear a realização de políticas públicas destinadas à promoção da cidadania e respeito às diferenças humanas, incluídas as diferenças sexuais;

CONSIDERANDO a deliberação do Plenário do CNJ no Procedimento de Ato Normativo nº 0002026-39.2016.2.00.0000, na 40ª Sessão Virtual, realizada entre 22 e 30 de novembro de 2018;

RESOLVE:

Art. 1º Fica assegurada a possibilidade de uso do nome social às pessoas trans, travestis e transexuais usuárias dos serviços judiciários, aos magistrados, aos estagiários, aos servidores e aos trabalhadores terceirizados do Poder Judiciário, em seus registros funcionais, sistemas e documentos, na forma disciplinada por esta Resolução.

Parágrafo único. Entende-se por nome social aquele adotado pela pessoa, por meio do qual se identifica e é reconhecida na sociedade, e por ela declarado.

Art. 2º Os sistemas de processos eletrônicos deverão conter campo especificamente destinado ao registro do nome social desde o cadastramento inicial ou a qualquer tempo, quando requerido.

§ 1º O nome social do usuário deve aparecer na tela do sistema de informática em espaço que possibilite a sua imediata identificação, devendo ter destaque em relação ao respectivo nome constante do registro civil.

§ 2º Nos casos de menores de dezoito anos não emancipados, o nome social deve ser requerido pelos pais ou responsáveis legais.

§ 3º As testemunhas e quaisquer outras pessoas que não forem parte do processo poderão requerer que sejam tratadas pelo nome social, nos termos do art. 1º desta Resolução.

§ 4º Os agentes públicos deverão respeitar a identidade de gênero e tratar a pessoa pelo prenome indicado nas audiências, nos pregões e nos demais atos processuais, devendo, ainda, constar nos atos escritos.

§ 5º Em caso de divergência entre o nome social e o nome constante do registro civil, o prenome escolhido deve ser utilizado para os atos que ensejarão a emissão de documentos externos, acompanhado do prenome constante do registro civil, devendo haver a inscrição "registrado(a)civilmente como", para identificar a relação entre prenome escolhido e prenome civil.

Art. 3º Será utilizado, em processos judiciais e administrativos em trâmite nos órgãos judiciários, o nome social em primeira posição, seguido da menção do nome registral precedido de "registrado(a) civilmente como".

Parágrafo único. Nas comunicações dirigidas a órgãos externos, não havendo espaço específico para registro de nome social, poderá ser utilizado o nome registral desde que se verifique que o uso do nome social poderá acarretar prejuízo à obtenção do direito pretendido pelo assistido.

Art. 4º A solicitação de uso do nome social por magistrado, servidor, estagiário ou terceirizado poderá ser requerida por escrito no momento da posse, ou a qualquer tempo à Secretaria de Gestão de Pessoas ou ao responsável pelos recursos humanos da respectiva unidade de lotação.

Art. 5º Sem prejuízo de outras circunstâncias em que se constatar necessário, o nome social será utilizado nas seguintes ocorrências:

I. Comunicações internas de uso social;

II. Cadastro de dados, prontuários, informações de uso social e endereço de correio eletrônico;

III. Identificação funcional de uso interno;

IV. Listas de números de telefones e ramais; e

V. Nome de usuário em sistemas de informática.

Parágrafo único. É garantido, no caso do inciso III, bem como nos demais instrumentos internos de identificação, o uso exclusivo do nome social, mantendo registro administrativo **que faça a vinculação entre o nome social e a identificação civil.**

Art. 6º Os setores administrativos responsáveis promoverão a divulgação da presente Resolução e expedirão orientações e esclarecimentos sobre a questão de identidade de gênero.

Art. 7º As Escolas Nacionais da Magistratura (ENFAM e ENAMAT) e o CEAJUD, em cooperação com as escolas judiciais, promoverão a formação continuada de magistrados, servidores, terceirizados e estagiários sobre a temática de identidade de gênero para a devida aplicação de presente Resolução.

Art. 8º As denúncias referentes a não utilização do nome social deverão ser encaminhadas às respectivas Corregedorias dos Tribunais, estabelecendo um prazo de noventa dias para verificação e inclusão do nome social em todos os documentos descritos no art. 5º e em outros específicos de cada Tribunal, bem como aos sistemas de informação e congêneres.

Art. 9º Esta Resolução entra em vigor na data de sua publicação, fixando-se prazo de noventa dias, para adequação dos documentos e sistemas de informática pelos tribunais.

Ministro DIAS TOFFOLI

RESOLUÇÃO Nº 305 DE 17 DE DEZEMBRO DE 2019

Estabelece os parâmetros para o uso das redes sociais pelos membros do Poder Judiciário.

O PRESIDENTE DO CONSELHO NACIONAL DE JUSTIÇA, no uso de suas atribuições legais e regimentais;

CONSIDERANDO que compete ao CNJ zelar pela autonomia e independência do Poder Judiciário, pelo cumprimento do Estatuto da Magistratura e pela observância do art. 37 da Constituição Federal, notadamente os princípios da impessoalidade e da moralidade, podendo, para tanto, expedir atos regulamentares, nos termos do art. 103-B, § 4º, da Constituição Federal;

CONSIDERANDO que é dever do Estado assegurar que os magistrados possam "decidir todos os casos que lhes sejam submetidos com imparcialidade, baseando-se nos fatos e em conformidade com a lei, sem quaisquer restrições e sem quaisquer outras influências, aliciamentos, pressões, ameaças ou intromissões indevidas, sejam diretas ou indiretas, de qualquer setor ou por qualquer motivo" (Resolução nº 40/32, de 29 de novembro de 1985, da Assembleia Geral das Nações Unidas, que assentou os Princípios Básicos Relativos à Independência da Magistratura);

CONSIDERANDO o disposto na Lei Orgânica da Magistratura Nacional no Código de Ética da Magistratura Nacional, nos Princípios de Bangalore de Conduta Judicial e no Código Ibero-Americano de Ética Judicial;

CONSIDERANDO o teor das diretrizes éticas a respeito do uso das redes sociais por magistrados expedidas pela Comissão Ibero-Americana de Ética Judicial e pela Rede Global de Integridade Judicial;

CONSIDERANDO que a integridade de conduta do magistrado fora do âmbito estrito da atividade jurisdicional contribui para uma fundada confiança dos cidadãos na judicatura, impondo-lhe restrições e exigências pessoais distintas das acometidas aos cidadãos em geral (arts. 15 e 16 do Código de Ética da Magistratura Nacional);

CONSIDERANDO que a atuação dos membros do Poder Judiciário deve ser pautada pelos valores da independência, da imparcialidade, da transparência, da integridade pessoal e profissional, da idoneidade, da dignidade, honra e decoro, da igualdade, da diligência e dedicação, da responsabilidade institucional, da cortesia, da prudência, do sigilo profissional, do conhecimento e capacitação;

CONSIDERANDO a multiplicidade de tecnologias digitais e a forma como as variadas plataformas de mídias e redes sociais transformaram a comunicação na sociedade, ampliando a possibilidade de interação com distintos públicos-alvo e o modo como as informações são coletadas, divulgadas e assimiladas, permitindo manifestações com alcance amplificado, difuso, indefinido e com efeitos permanentes e incontroláveis;

CONSIDERANDO os profundos impactos, positivos e negativos, que a conduta individual do magistrado nas redes sociais pode acarretar sobre a percepção da sociedade em relação à credibilidade, à legitimidade e à respeitabilidade da atuação da Justiça;

CONSIDERANDO que a confiança da sociedade no Poder Judiciário está diretamente relacionada à imagem dos magistrados, inclusive no uso que fazem das redes sociais fora do âmbito estrito da atividade jurisdicional;

CONSIDERANDO que a manifestação de pensamento e a liberdade de expressão são direitos fundamentais constitucionais dos magistrados que, por não serem absolutos, devem se compatibilizar com os direitos e garantias constitucionais fundamentais dos cidadãos, notadamente o direito de ser julgado perante um Poder Judiciário imparcial, independente, isento e íntegro;

CONSIDERANDO os riscos à segurança pessoal e à privacidade dos magistrados e de seus familiares relacionados com o uso das redes sociais, com a exposição de informações e dados relacionados à vida privada, sem as devidas precauções;

CONSIDERANDO a necessidade de formação profissional específica e de atualização dos magistrados sobre a natureza e o funcionamento das tecnologias digitais e das plataformas das mídias sociais, assim como seus riscos e implicações, particularmente sob a égide da independência, da imparcialidade judicial, da isenção dos julgamentos e da dignidade do cargo e da Justiça;

CONSIDERANDO a deliberação do Plenário do CNJ, no Procedimento de Ato nº 0004450-49.2019.2.00.0000, na 302ª Sessão Ordinária, realizada em 17 de dezembro de 2019;

RESOLVE:

CAPÍTULO I
DAS DISPOSIÇÕES GERAIS

Art. 1º Estabelecer os parâmetros para o uso das redes sociais pelos membros do Poder Judiciário, de modo a compatibilizar o exercício da liberdade de expressão com os deveres inerentes ao cargo.

Art. 2º O uso das redes sociais pelos magistrados deve observar os preceitos da Lei Orgânica da Magistratura Nacional, do Código de Ética da Magistratura Nacional, os valores estabelecidos nos Princípios de Bangalore de Conduta Judicial e o disposto nesta Resolução.

Parágrafo único. Consideram-se rede social todos os sítios da internet, plataformas digitais e aplicativos de computador ou dispositivo eletrônico móvel voltados à interação pública e social, que possibilitem a comunicação, a criação ou o compartilhamento de mensagens, de arquivos ou de informações de qualquer natureza.

CAPÍTULO II
DAS DIRETRIZES DE ATUAÇÃO DOS MAGISTRADOS NAS REDES SOCIAIS

Seção I
Das Recomendações de Conduta

Art. 3º A atuação dos magistrados nas redes sociais deve observar as seguintes recomendações:

I. Relativas à presença nas redes sociais:

   a. Adotar postura seletiva e criteriosa para o ingresso em redes sociais, bem como para a identificação em cada uma delas;

   b. Observar que a moderação, o decoro e a conduta respeitosa devem orientar todas as formas de atuação nas redes sociais;

- c. Atentar que a utilização de pseudônimos não isenta a observância dos limites éticos de conduta e não exclui a incidência das normas vigentes; e
- d. Abster-se de utilizar a marca ou a logomarca da instituição como forma de identificação pessoal nas redes sociais.

II. Relativas ao teor das manifestações, independentemente da utilização do nome real ou de pseudônimo:

- a. Evitar expressar opiniões ou compartilhar informações que possam prejudicar o conceito da sociedade em relação à independência, à imparcialidade, à integridade e à idoneidade do magistrado ou que possam afetar a confiança do público no Poder Judiciário;
- b. Evitar manifestações que busquem autopromoção ou superexposição;
- c. Evitar manifestações cujo conteúdo, por impróprio ou inadequado, possa repercutir negativamente ou atente contra a moralidade administrativa, observada sempre a prudência da linguagem;
- d. Procurar apoio institucional caso seja vítima de ofensas ou abusos (*cyberbullying*, *trolls* e *haters*), em razão do exercício do cargo;
- e. Evitar expressar opiniões ou aconselhamento em temas jurídicos concretos ou abstratos que, mesmo eventualmente, possam ser de sua atribuição ou competência jurisdicional,

ressalvadas manifestações em obras técnicas ou no exercício do magistério; e

f. Abster-se de compartilhar conteúdo ou a ele manifestar apoio sem convicção pessoal sobre a veracidade da informação, evitando a propagação de notícias falsas (*fake news*).

III. Relativas à privacidade e à segurança:

a. Atentar para o fato de que o uso das redes sociais, sem as devidas precauções, e a exposição de informações e dados relacionados à vida profissional e privada podem representar risco à segurança pessoal e à privacidade do magistrado e de seus familiares;

b. Conhecer as políticas, as regras e as configurações de segurança e privacidade das redes sociais que utiliza, revisando-as periodicamente; e

c. Evitar seguir pessoas e entidades nas redes sociais sem a devida cautela quanto à sua segurança.

Parágrafo único. É estimulado o uso educativo e instrutivo das redes sociais por magistrados, para fins de divulgar publicações científicas, conteúdos de artigos de doutrina, conhecimentos teóricos, estudos técnicos, iniciativas sociais para a promoção da cidadania, dos direitos humanos fundamentais e de iniciativas de acesso à justiça.

Seção II
Das Vedações

Art. 4º Constituem condutas vedadas aos magistrados nas redes sociais:

I. Manifestar opinião sobre processo pendente de julgamento, seu ou de outrem, ou juízo depreciativo sobre despachos, votos ou sentenças, de órgãos judiciais, ressalvada a crítica nos autos e em obras técnicas ou no exercício do magistério (art. 36, inciso III, da Loman; arts. 4º e 12, inciso II, do Código de Ética da Magistratura Nacional);

II. Emitir opinião que demonstre atuação em atividade político-partidária ou manifestar-se em apoio ou crítica públicos a candidato, lideranças políticas ou partidos políticos (art. 95, parágrafo único, inciso III, da Constituição Federal; art. 7º do Código de Ética da Magistratura Nacional);

III. Emitir ou compartilhar opinião que caracterize discurso discriminatório ou de ódio, especialmente os que revelem racismo, LGBT-fobia, misoginia, antissemitismo, intolerância religiosa ou ideológica, entre outras manifestações de preconceitos concernentes a orientação sexual, condição física, de idade, de gênero, de origem, social ou cultural (art. 3º, inciso IV, da Constituição Federal; art. 20 da Lei nº 7.716/89);

IV. Patrocinar postagens com a finalidade de autopromoção ou com intuito comercial (art. 95, parágrafo único, inciso I, da Constituição Federal; art. 36, inciso I, primeira parte, da Loman; art. 13 do Código de Ética da Magistratura Nacional);

V. Receber patrocínio para manifestar opinião, divulgar ou promover serviços ou produtos comerciais (art. 95, parágrafo único, inciso IV, da Constituição Federal; art. 17 do Código de Ética da Magistratura Nacional); e

VI. Associar a sua imagem pessoal ou profissional à de marca de empresas ou de produtos comerciais (art. 95, parágrafo único, inciso I, da Constituição Federal; art. 36, inciso I, primeira parte, da Loman; art. 13 do Código de Ética da Magistratura Nacional).

§ 1º Para os fins do inciso II deste artigo, a vedação de atividade político-partidária não abrange manifestações, públicas ou privadas, sobre projetos e programas de governo, processos legislativos ou outras questões de interesse público, de interesse do Poder Judiciário ou da carreira da magistratura, desde que respeitada a dignidade do Poder Judiciário.

§ 2º A divulgação de obras técnicas de autoria ou com participação do magistrado, bem como de cursos em que ele atue como professor, não se insere nas vedações previstas nos incisos IV, V e VI, desde que não caracterizada a exploração direta de atividade econômica lucrativa.

Seção III
Da abrangência das recomendações e vedações

Art. 5º As recomendações e vedações previstas nesta Resolução aplicam-se também aos magistrados afastados por questões disciplinares ou em disponibilidade.

Art. 6º As recomendações e vedações previstas nesta Resolução não se aplicam aos magistrados representantes legais e demais diretores das entidades e associações de classe, durante o exercício de seus mandatos, que poderão se manifestar nas redes sociais, com vistas à representação dos interesses dos associados, bem como na defesa dos interesses de classe, no debate de temas de interesse público nacional e na defesa do Estado Democrático de Direito.

Seção IV
Das ações de capacitação

Art. 7º As Escolas divulgarão informes contendo orientações e promoverão eventos e cursos voltados à capacitação dos magistrados nos temas das novas tecnologias e ética nas redes sociais, em suas diversas perspectivas, sob coordenação da Enfam e da Enamat, que definirão o conteúdo mínimo e o prazo de implementação em todos os Tribunais, assim como promoverão a inserção do tema de forma permanente em todas as fases da formação profissional.

Art. 8º A Comissão de Eficiência Operacional e Gestão de Pessoas estabelecerá, no prazo de 30 dias, diretrizes para capacitação de âmbito nacional dos servidores, incumbindo ao CEAJud o desenvolvimento e o oferecimento de curso na modalidade de educação a distância, no prazo de 120 dias.

CAPÍTULO III
DAS DISPOSIÇÕES FINAIS E TRANSITÓRIAS

Art. 9º Os tribunais manterão serviços de comunicação social para oferecer apoio técnico-profissional aos magistrados, especialmente para a atuação em casos sob julgamento que tenham ampla repercussão na mídia ou nas redes sociais e, se for o caso, possibilitar o auxílio previsto no art. 3º, inciso II, alínea 'd'.

Art. 10. Os juízes que já possuírem páginas ou perfis abertos nas redes sociais deverão adequá-las às exigências desta Resolução, no prazo de até seis meses contados da data de sua publicação.

Art. 11. A Corregedoria Nacional de Justiça e as demais Corregedorias acompanharão o cumprimento desta Resolução.

Art. 12. Esta Resolução entra em vigor na data de sua publicação.

Ministro DIAS TOFFOLI

RESOLUÇÃO Nº 332, DE 21 DE AGOSTO DE 2020

Dispõe sobre a ética, a transparência e a governança na produção e no uso de Inteligência Artificial no Poder Judiciário e dá outras providências.

O PRESIDENTE DO CONSELHO NACIONAL DE JUSTIÇA, no uso de suas atribuições legais e regimentais;

CONSIDERANDO que a Inteligência Artificial, ao ser aplicada no Poder Judiciário, pode contribuir com a agilidade e coerência do processo de tomada de decisão;

CONSIDERANDO que, no desenvolvimento e na implantação da Inteligência Artificial, os tribunais deverão observar sua compatibilidade com os Direitos Fundamentais;

CONSIDERANDO que a Inteligência Artificial aplicada nos processos de tomada de decisão deve atender a critérios éticos de transparência, previsibilidade, possibilidade de auditoria e garantia de imparcialidade e justiça substancial;

CONSIDERANDO que as decisões judiciais apoiadas pela Inteligência Artificial devem preservar a igualdade, a não discriminação, a pluralidade, a solidariedade e o julgamento justo, com a viabilização de meios destinados a eliminar ou minimizar a opressão, a marginalização do ser humano e os erros de julgamento decorrentes de preconceitos;

CONSIDERANDO que os dados utilizados no processo de aprendizado de máquina deverão ser provenientes de fontes seguras, preferencialmente governamentais, passíveis de serem rastreados e auditados;

CONSIDERANDO que, no seu processo de tratamento, os dados utilizados devem ser eficazmente protegidos contra riscos de destruição, modificação, extravio, acessos e transmissões não autorizadas;

CONSIDERANDO que o uso da Inteligência Artificial deve respeitar a privacidade dos usuários, cabendo-lhes ciência e controle sobre o uso de dados pessoais;

CONSIDERANDO que os dados coletados pela Inteligência Artificial devem ser utilizados de forma responsável para proteção do usuário;

CONSIDERANDO que a utilização da Inteligência Artificial deve se desenvolver com vistas à promoção da igualdade, da liberdade e da justiça, bem como para garantir e fomentar a dignidade humana;

CONSIDERANDO o contido na Carta Europeia de Ética sobre o Uso da Inteligência Artificial em Sistemas Judiciais e seus ambientes;

CONSIDERANDO a ausência, no Brasil, de normas específicas quanto à governança e aos parâmetros éticos para o desenvolvimento e uso da Inteligência Artificial;

CONSIDERANDO as inúmeras iniciativas envolvendo Inteligência Artificial no âmbito do Poder Judiciário e a necessidade de observância de parâmetros para sua governança e desenvolvimento e uso éticos;

CONSIDERANDO a competência do Conselho Nacional de Justiça para zelar pelo cumprimento dos princípios da administração pública no âmbito do Poder Judiciário, à exceção do Supremo Tribunal Federal, conforme art. 103- B, § 4º, II, da Constituição da República Federativa do Brasil;

CONSIDERANDO a decisão proferida pelo Plenário do Conselho Nacional de Justiça no julgamento do Procedimento de Ato Normativo nº 0005432- 29.2020.2.00.0000, na 71ª Sessão Virtual, realizada em 14 de agosto de 2020;

RESOLVE:

CAPÍTULO I
DAS DISPOSIÇÕES GERAIS

Art. 1º O conhecimento associado à Inteligência Artificial e a sua implementação estarão à disposição da Justiça, no sentido de promover e aprofundar maior compreensão entre a lei e o agir humano, entre a liberdade e as instituições judiciais.

Art. 2º A Inteligência Artificial, no âmbito do Poder Judiciário, visa promover o bem-estar dos jurisdicionados e a prestação equitativa da jurisdição, bem como descobrir métodos e práticas que possibilitem a consecução desses objetivos.

Art. 3º Para o disposto nesta Resolução, considera-se:

I. Algoritmo: sequência finita de instruções executadas por um programa de computador, com o objetivo de processar informações para um fim específico;

II. Modelo de Inteligência Artificial: conjunto de dados e algoritmos computacionais, concebidos a partir de modelos matemáticos, cujo objetivo é oferecer resultados inteligentes, associados ou comparáveis a determinados aspectos do pensamento, do saber ou da atividade humana;

III. Sinapses: solução computacional, mantida pelo Conselho Nacional de Justiça, com o objetivo de armazenar, testar, treinar, distribuir e auditar modelos de Inteligência Artificial;

IV. Usuário: pessoa que utiliza o sistema inteligente e que tem direito ao seu controle, conforme sua posição endógena ou exógena ao Poder Judiciário, pode ser um usuário interno ou um usuário externo;

V. Usuário interno: membro, servidor ou colaborador do Poder Judiciário que desenvolva ou utilize o sistema inteligente;

VI. Usuário externo: pessoa que, mesmo sem ser membro, servidor ou colaborador do Poder Judiciário, utiliza ou mantém qualquer espécie de contato com o sistema inteligente, notadamente jurisdicionados, advogados, defensores públicos, procuradores, membros do Ministério Público, peritos, assistentes técnicos, entre outros.

CAPÍTULO II
DO RESPEITO AOS DIREITOS FUNDAMENTAIS

Art. 4º No desenvolvimento, na implantação e no uso da Inteligência Artificial, os tribunais observarão sua compatibilidade com os Direitos Fundamentais, especialmente aqueles previstos na Constituição ou em tratados de que a República Federativa do Brasil seja parte.

Art. 5º A utilização de modelos de Inteligência Artificial deve buscar garantir a segurança jurídica e colaborar para que o Poder Judiciário respeite a igualdade de tratamento aos casos absolutamente iguais.

Art. 6º Quando o desenvolvimento e treinamento de modelos de Inteligência exigir a utilização de dados, as amostras devem ser representativas e observar as cautelas necessárias quanto aos dados pessoais sensíveis e ao segredo de justiça.

Parágrafo único. Para fins desta Resolução, são dados pessoais sensíveis aqueles assim considerados pela Lei nº 13.709/2018, e seus atos regulamentares.

CAPÍTULO III
DA NÃO DISCRIMINAÇÃO

Art. 7º As decisões judiciais apoiadas em ferramentas de Inteligência Artificial devem preservar a igualdade, a não discriminação, a pluralidade e a solidariedade, auxiliando no julgamento justo, com criação de condições que visem eliminar ou minimizar a opressão, a marginalização do ser humano e os erros de julgamento decorrentes de preconceitos.

§ 1º Antes de ser colocado em produção, o modelo de Inteligência Artificial deverá ser homologado de forma a identificar se preconceitos ou generalizações influenciaram seu desenvolvimento, acarretando tendências discriminatórias no seu funcionamento.

§ 2º Verificado viés discriminatório de qualquer natureza ou incompatibilidade do modelo de Inteligência Artificial com os princípios previstos nesta Resolução, deverão ser adotadas medidas corretivas.

§ 3º A impossibilidade de eliminação do viés discriminatório do modelo de Inteligência Artificial implicará na descontinuidade de sua utilização, com o consequente registro de seu projeto e as razões que levaram a tal decisão.

CAPÍTULO IV
DA PUBLICIDADE E TRANSPARÊNCIA

Art. 8º Para os efeitos da presente Resolução, transparência consiste em:

I. Divulgação responsável, considerando a sensibilidade própria dos dados judiciais;

II. Indicação dos objetivos e resultados pretendidos pelo uso do modelo de Inteligência Artificial;

III. Documentação dos riscos identificados e indicação dos instrumentos de segurança da informação e controle para seu enfrentamento;

IV. Possibilidade de identificação do motivo em caso de dano causado pela ferramenta de Inteligência Artificial;

V. Apresentação dos mecanismos de auditoria e certificação de boas práticas;

VI. Fornecimento de explicação satisfatória e passível de auditoria por autoridade humana quanto a qualquer proposta de decisão apresentada pelo modelo de Inteligência Artificial, especialmente quando essa for de natureza judicial.

CAPÍTULO V
DA GOVERNANÇA E DA QUALIDADE

Art. 9º Qualquer modelo de Inteligência Artificial que venha a ser adotado pelos órgãos do Poder Judiciário deverá observar as regras de governança de dados aplicáveis aos seus próprios sistemas computacionais, as Resoluções e as Recomendações do Conselho Nacional de Justiça, a Lei nº 13.709/2018, e o segredo de justiça.

Art. 10. Os órgãos do Poder Judiciário envolvidos em projeto de Inteligência Artificial deverão:

I. Informar ao Conselho Nacional de Justiça a pesquisa, o desenvolvimento, a implantação ou o uso da Inteligência Artificial, bem como os respectivos objetivos e os resultados que se pretende alcançar;

II. Promover esforços para atuação em modelo comunitário, com vedação a desenvolvimento paralelo quando a iniciativa possuir objetivos e resultados alcançados idênticos a modelo de Inteligência Artificial já existente ou com projeto em andamento;

III. Depositar o modelo de Inteligência Artificial no Sinapses.

Art. 11. O Conselho Nacional de Justiça publicará, em área própria de seu sítio na rede mundial de computadores, a relação dos modelos de Inteligência Artificial desenvolvidos ou utilizados pelos órgãos do Poder Judiciário.

Art. 12. Os modelos de Inteligência Artificial desenvolvidos pelos órgãos do Poder Judiciário deverão possuir interface de programação de aplicativos (API) que permitam sua utilização por outros sistemas.

Parágrafo único. O Conselho Nacional de Justiça estabelecerá o padrão de interface de programação de aplicativos (API) mencionado no *caput* deste artigo.

CAPÍTULO VI
DA SEGURANÇA

Art. 13. Os dados utilizados no processo de treinamento de modelos de Inteligência Artificial deverão ser provenientes de fontes seguras, preferencialmente governamentais.

Art. 14. O sistema deverá impedir que os dados recebidos sejam alterados antes de sua utilização nos treinamentos dos modelos, bem como seja mantida sua cópia (*dataset*) para cada versão de modelo desenvolvida.

Art. 15. Os dados utilizados no processo devem ser eficazmente protegidos contra os riscos de destruição, modificação, extravio ou acessos e transmissões não autorizados.

Art. 16. O armazenamento e a execução dos modelos de Inteligência Artificial deverão ocorrer em ambientes aderentes a padrões consolidados de segurança da informação.

CAPÍTULO VII
DO CONTROLE DO USUÁRIO

Art. 17. O sistema inteligente deverá assegurar a autonomia dos usuários internos, com uso de modelos que:

I. Proporcione incremento, e não restrição;
II. Possibilite a revisão da proposta de decisão e dos dados utilizados para sua elaboração, sem que haja qualquer espécie de vinculação à solução apresentada pela Inteligência Artificial.

Art. 18. Os usuários externos devem ser informados, em linguagem clara e precisa, quanto à utilização de sistema inteligente nos serviços que lhes forem prestados.

Parágrafo único. A informação prevista no *caput* deve destacar o caráter não vinculante da proposta de solução apresentada pela Inteligência Artificial, a qual sempre é submetida à análise da autoridade competente.

Art. 19. Os sistemas computacionais que utilizem modelos de Inteligência Artificial como ferramenta auxiliar para a elaboração de decisão judicial observarão, como critério preponderante para definir a técnica utilizada, a explicação dos passos que conduziram ao resultado.

Parágrafo único. Os sistemas computacionais com atuação indicada no *caput* deste artigo deverão permitir a supervisão do magistrado competente.

CAPÍTULO VIII
DA PESQUISA, DO DESENVOLVIMENTO E DA IMPLANTAÇÃO DE SERVIÇOS DE INTELIGÊNCIA ARTIFICIAL

Art. 20. A composição de equipes para pesquisa, desenvolvimento e implantação das soluções computacionais que se utilizem de Inteligência Artificial será orientada pela busca da diversidade em seu mais amplo espectro, incluindo gênero, raça, etnia, cor, orientação sexual, pessoas com deficiência, geração e demais características individuais.

§ 1º A participação representativa deverá existir em todas as etapas do processo, tais como planejamento, coleta e processamento de dados, construção, verificação, validação e implementação dos modelos, tanto nas áreas técnicas como negociais.

§ 2º A diversidade na participação prevista no *caput* deste artigo apenas será dispensada mediante decisão fundamentada, dentre outros motivos, pela ausência de profissionais no quadro de pessoal dos tribunais.

§ 3º As vagas destinadas à capacitação na área de Inteligência Artificial serão, sempre que possível, distribuídas com observância à diversidade.

§ 4º A formação das equipes mencionadas no *caput* deverá considerar seu caráter interdisciplinar, incluindo profissionais de Tecnologia da Informação e de outras áreas cujo conhecimento científico possa contribuir para pesquisa, desenvolvimento ou implantação do sistema inteligente.

Art. 21. A realização de estudos, pesquisas, ensino e treinamentos de Inteligência Artificial deve ser livre de preconceitos, sendo vedado:

I. Desrespeitar a dignidade e a liberdade de pessoas ou grupos envolvidos em seus trabalhos;

II. Promover atividades que envolvam qualquer espécie de risco ou prejuízo aos seres humanos e à equidade das decisões;

III. Subordinar investigações a sectarismo capaz de direcionar o curso da pesquisa ou seus resultados.

Art. 22. Iniciada pesquisa, desenvolvimento ou implantação de modelos de Inteligência Artificial, os tribunais deverão comunicar imediatamente ao Conselho Nacional de Justiça e velar por sua continuidade.

§ 1º As atividades descritas no *caput* deste artigo serão encerradas quando, mediante manifestação fundamentada, for reconhecida sua desconformidade com os preceitos éticos estabelecidos nesta Resolução ou em outros atos normativos aplicáveis ao Poder Judiciário e for inviável sua readequação.

§ 2º Não se enquadram no *caput* deste artigo a utilização de modelos de Inteligência Artificial que utilizem técnicas de reconhecimento facial, os quais exigirão prévia autorização do Conselho Nacional de Justiça para implementação.

Art. 23. A utilização de modelos de Inteligência Artificial em matéria penal não deve ser estimulada, sobretudo com relação à sugestão de modelos de decisões preditivas.

§ 1º Não se aplica o disposto no *caput* quando se tratar de utilização de soluções computacionais destinadas à automação e ao oferecimento de subsídios destinados ao cálculo de penas, prescrição, verificação de reincidência, mapeamentos, classificações e triagem dos autos para fins de gerenciamento de acervo.

§ 2º Os modelos de Inteligência Artificial destinados à verificação de reincidência penal não devem indicar conclusão mais prejudicial ao réu do que aquela a que o magistrado chegaria sem sua utilização.

Art. 24. Os modelos de Inteligência Artificial utilizarão preferencialmente software de código aberto que:

I. Facilite sua integração ou interoperabilidade entre os sistemas utilizados pelos órgãos do Poder Judiciário;

II. Possibilite um ambiente de desenvolvimento colaborativo;

III. Permita maior transparência;

IV. Proporcione cooperação entre outros segmentos e áreas do setor público e a sociedade civil.

CAPÍTULO IX
DA PRESTAÇÃO DE CONTAS E DA RESPONSABILIZAÇÃO

Art. 25. Qualquer solução computacional do Poder Judiciário que utilizar modelos de Inteligência Artificial deverá assegurar total transparência na prestação de contas, com o fim de garantir o impacto positivo para os usuários finais e para a sociedade.

Parágrafo único. A prestação de contas compreenderá:

I. Os nomes dos responsáveis pela execução das ações e pela prestação de contas;

II. Os custos envolvidos na pesquisa, desenvolvimento, implantação, comunicação e treinamento;

III. A existência de ações de colaboração e cooperação entre os agentes do setor público ou desses com a iniciativa privada ou a sociedade civil;

IV. Os resultados pretendidos e os que foram efetivamente alcançados;

V. A demonstração de efetiva publicidade quanto à natureza do serviço oferecido, técnicas utilizadas, desempenho do sistema e riscos de erros.

Art. 26. O desenvolvimento ou a utilização de sistema inteligente em desconformidade aos princípios e regras estabelecidos nesta Resolução será objeto de apuração e, sendo o caso, punição dos responsáveis.

Art. 27. Os órgãos do Poder Judiciário informarão ao Conselho Nacional de Justiça todos os registros de eventos adversos no uso da Inteligência Artificial.

CAPÍTULO X
DAS DISPOSIÇÕES FINAIS

Art. 28. Os órgãos do Poder Judiciário poderão realizar cooperação técnica com outras instituições, públicas ou privadas, ou sociedade civil, para o desenvolvimento colaborativo de modelos de Inteligência Artificial, observadas as disposições contidas nesta Resolução, bem como a proteção dos dados que venham a ser utilizados.

Art. 29. As normas previstas nesta Resolução não excluem a aplicação de outras integrantes do ordenamento jurídico pátrio, inclusive por incorporação de tratado ou convenção internacional de que a República Federativa do Brasil seja parte.

Art. 30. As disposições desta Resolução aplicam-se inclusive aos projetos e modelos de Inteligência Artificial já em desenvolvimento ou implantados nos tribunais, respeitados os atos já aperfeiçoados.

Art. 31. Esta Resolução entra em vigor na data da sua publicação.

Ministro DIAS TOFFOLI

RESOLUÇÃO Nº 345, DE 9 DE OUTUBRO DE 2020

Texto compilado a partir da redação dada pela Resolução nº 378/2021 e pela Resolução nº 481/2022.

Dispõe sobre o "Juízo 100% Digital" e dá outras providências.

O PRESIDENTE DO CONSELHO NACIONAL DE JUSTIÇA, no uso de suas atribuições legais e regimentais,

CONSIDERANDO que cabe ao Poder Judiciário implementar mecanismos que concretizem o princípio constitucional de amplo acesso à Justiça (art. 5º, XXXV, da Constituição Federal);

CONSIDERANDO as diretrizes da Lei nº 11.419/2006, que dispõe sobre a informatização do processo judicial e dá outras providências;

CONSIDERANDO que o art. 18 da Lei nº 11.419/2006 autoriza os órgãos do Poder Judiciário a regulamentarem a informatização do processo judicial;

CONSIDERANDO que a tramitação de processos em meio eletrônico promove o aumento da celeridade e da eficiência da prestação jurisdicional;

CONSIDERANDO a necessidade de racionalização da utilização de recursos orçamentários pelos órgãos do Poder Judiciário;

CONSIDERANDO que o Conselho Nacional de Justiça detém atribuição para regulamentar a prática de atos processuais por meio eletrônico, nos termos do art. 196 do Código de Processo Civil;

CONSIDERANDO as diretrizes contidas na Resolução CNJ nº 185/2013, que instituiu o Processo Judicial Eletrônico (PJe) como sistema informatizado de processo judicial no Poder Judiciário;

CONSIDERANDO as atribuições do Conselho Nacional de Justiça, previstas no art. 103-B, § 4º, da Constituição Federal, especialmente no que concerne ao controle da atuação administrativa e financeira e à coordenação do planejamento estratégico do Poder Judiciário, inclusive na área de tecnologia da informação;

CONSIDERANDO as mudanças introduzidas nas relações e nos processos de trabalho em virtude do fenômeno da transformação digital;

CONSIDERANDO a decisão plenária tomada no julgamento do Ato Normativo nº 0007913-62.2020.2.00.0000, na 319ª Sessão Ordinária, realizada em 6 de outubro de 2020;

RESOLVE:

Art. 1º Autorizar a adoção, pelos tribunais, das medidas necessárias à implementação do "Juízo 100% Digital" no Poder Judiciário.

§ 1º No âmbito do "Juízo 100% Digital", todos os atos processuais serão exclusivamente praticados por meio eletrônico e remoto por intermédio da rede mundial de computadores. (redação dada pela Resolução nº 378, de 9.03.2021)

§ 2º Inviabilizada a produção de meios de prova ou de outros atos processuais de forma virtual, a sua realização de modo presencial não impedirá a tramitação do processo no âmbito do "Juízo 100% Digital". (redação dada pela Resolução nº 378, de 9.03.2021)

§ 3º O "Juízo 100% Digital" poderá se valer também de serviços prestados presencialmente por outros órgãos do Tribunal, como os de solução adequada de conflitos, de cumprimento de mandados, centrais de cálculos, tutoria dentre outros, desde que os atos processuais possam ser convertidos em eletrônicos. (redação dada pela Resolução nº 378, de 9.03.2021)

Art. 2º As unidades jurisdicionais de que tratam este ato normativo não terão a sua competência alterada em razão da adoção do "Juízo 100% Digital".

Parágrafo único. No ato do ajuizamento do feito, a parte e seu advogado deverão fornecer endereço eletrônico e linha telefônica móvel celular, sendo admitida a citação, a notificação e a intimação por qualquer meio eletrônico, nos termos dos arts. 193 e 246, V, do Código de Processo Civil.

Art. 3º A escolha pelo "Juízo 100% Digital" é facultativa e será exercida pela parte demandante no momento da distribuição da ação, podendo a parte demandada opor-se a essa opção até o momento da contestação.

§ 1º A parte demandada poderá se opor a essa escolha até sua primeira manifestação no processo, salvo no processo do trabalho, em que essa oposição deverá ser deduzida em até 05 dias úteis contados do recebimento da primeira notificação. (redação dada pela Resolução nº 378, de 9.03.2021)

§ 2º Adotado o "Juízo 100% Digital", as partes poderão retratar-se dessa escolha, por uma única vez, até a prolação da sentença, preservados todos os atos processuais já praticados. (redação dada pela Resolução nº 378, de 9.03.2021)

§ 3º No processo do trabalho, ocorrida a aceitação tácita pelo decurso do prazo, a oposição à adoção do "Juízo 100% Digital" consignada na primeira manifestação escrita apresentada não inviabilizará a retratação prevista no § 2º. (redação dada pela Resolução nº 378, de 9.03.2021)

§ 4º A qualquer tempo, o magistrado poderá instar as partes a manifestarem o interesse na adoção do "Juízo 100% Digital", ainda que em relação a processos anteriores à entrada em vigor desta Resolução, importando o silêncio, após duas intimações, aceitação tácita. (redação dada pela Resolução nº 378, de 9.03.2021)

§ 5º Havendo recusa expressa das partes à adoção do "Juízo100% Digital", o magistrado poderá propor às partes a realização de atos processuais isolados de forma digital, ainda que em relação a processos anteriores à entrada em vigor desta Resolução. (redação dada pela Resolução nº 481, de 22.11.2022)

§ 6º Em hipótese alguma, a retratação ensejará a mudança do juízo natural do feito. (redação dada pela Resolução nº 378, de 9.03.2021)

Art. 3º-A. As partes poderão, a qualquer tempo, celebrar negócio jurídico processual, nos termos do art. 190 do CPC, para a escolha do "Juízo 100% Digital" ou para, ausente esta opção, a realização de atos processuais isolados de forma digital." (incluído pela Resolução nº 378, de 9.03.2021)

Art. 4º Os tribunais fornecerão a infraestrutura de informática e telecomunicação necessárias ao funcionamento das unidades jurisdicionais incluídas no "Juízo 100% Digital" e regulamentarão os critérios de utilização desses equipamentos e instalações.

Parágrafo único. O "Juízo 100% Digital" deverá prestar atendimento remoto durante o horário de atendimento ao público por telefone, por e-mail, por vídeo chamadas, por aplicativos digitais ou por outros meios de comunicação que venham a ser definidos pelo tribunal, inclusive por intermédio do "Balcão Virtual", nos termos da Resolução CNJ nº 372/2021. (redação dada pela Resolução nº 378, de 9.03.2021)

Art. 5º As audiências e sessões no "Juízo 100% Digital" ocorrerão exclusivamente por videoconferência.

Parágrafo único. As partes poderão requerer ao juízo a participação na audiência por videoconferência em sala disponibilizada pelo Poder Judiciário.

Art. 6º O atendimento exclusivo de advogados pelos magistrados e servidores lotados no "Juízo 100% Digital" ocorrerá durante o horário fixado para o atendimento ao público de forma eletrônica, nos termos do parágrafo único do artigo 4º, observando-se a ordem de solicitação, os casos urgentes e as preferências legais.

§ 1º A demonstração de interesse do advogado de ser atendido pelo magistrado será devidamente registrada, com dia e hora, por meio eletrônico indicado pelo tribunal.

§ 2º A resposta sobre o atendimento deverá ocorrer no prazo de até 48 horas, ressalvadas as situações de urgência.

Art. 7º Os tribunais deverão acompanhar os resultados do "Juízo 100% Digital" mediante indicadores de produtividade e celeridade informados pelo Conselho Nacional de Justiça.

Art. 8º Os tribunais que implementarem o "Juízo 100% Digital" deverão, no prazo de trinta dias, comunicar ao Conselho Nacional de Justiça, enviando o detalhamento da implantação e as varas abrangidas. (redação dada pela Resolução nº 378, de 9.03.2021)

§ 1º O "Juízo 100% Digital" poderá ser adotado de modo a abranger ou não todas as unidades jurisdicionais de mesma competência territorial e material, assegurada, em qualquer hipótese, a livre distribuição. (redação dada pela Resolução nº 378, de 9.03.2021)

§ 2º Na hipótese de o "Juízo 100% Digital" não abranger todas as unidades jurisdicionais de mesma competência territorial e material, a escolha pelo "Juízo 100% Digital" será ineficaz quando o processo for distribuído para juízo em que este ainda não tiver sido contemplado. (redação dada pela Resolução nº 378, de 9.03.2021)

§ 3º Nas unidades jurisdicionais dotadas de mais de uma competência material, o "Juízo 100% Digital" poderá abarcá-las total ou parcialmente. (redação dada pela Resolução nº 378, de 9.03.2021)

§ 4º A implementação do "Juízo 100% Digital" pelos tribunais poderá ser precedida de consulta a ser feita exclusivamente aos magistrados titulares dos juízos a serem contemplados. (redação dada pela Resolução nº 378, de 9.03.2021)

§ 5º A existência de processos físicos em uma unidade jurisdicional não impedirá a implementação do "Juízo 100% Digital" em relação aos processos que tramitem eletronicamente. (redação dada pela Resolução nº 378, de 9.03.2021)

§ 6º Os tribunais envidarão esforços para identificar em seus sistemas processuais os processos que tramitam no ambiente do "Juízo 100% Digital", com a correspondente marca ou sinalização instituída por meio de portaria da Presidência do CNJ. (redação dada pela Resolução nº 378, de 9.03.2021)

§ 7º O "Juízo 100% Digital" será avaliado após um ano de sua implementação, podendo o tribunal optar pela manutenção, pela descontinuidade ou por sua ampliação, comunicando a sua deliberação ao Conselho Nacional de Justiça. (redação dada pela Resolução nº 378, de 9.03.2021)

Art. 9º Esta Resolução entra em vigor na data de sua publicação.

Ministro LUIZ FUX

RESOLUÇÃO Nº 350, DE 27 DE OUTUBRO DE 2020

Texto compilado a partir da redação dada pela Resolução nº 421/2021, pela Resolução nº 436/2021, pela Resolução nº 498/2023 e pela Resolução nº 499/2023.

Estabelece diretrizes e procedimentos sobre a cooperação judiciária nacional entre os órgãos do Poder Judiciário e outras instituições e entidades, e dá outras providências.

O PRESIDENTE DO CONSELHO NACIONAL DE JUSTIÇA, no uso de suas atribuições legais e regimentais,

CONSIDERANDO que cabe ao Conselho Nacional de Justiça a função de planejamento estratégico do Poder Judiciário, podendo regulamentar a administração judiciária, nos termos do artigo 103-B, § 4º, I, da Constituição da República;

CONSIDERANDO o Pacto Federativo e as competências jurisdicionais referentes à Justiça Federal, à Justiça do Trabalho, à Justiça Eleitoral, à Justiça Militar e à Justiça Estadual previstas, respectivamente, nos arts. 1º, *caput*; 5º, LXXVIII; 37, *caput*; 106 e seguintes; 111 e seguintes; 118 e seguintes, todos da Constituição da República;

CONSIDERANDO o princípio constitucional da eficiência na administração pública (art. 37 da Constituição Federal), aplicável à administração judiciária, e a importância do processo de desburocratização instituído pela Lei nº 13.726/2018, ao serviço público nacional;

CONSIDERANDO o princípio da duração razoável do processo, instituído pela Emenda Constitucional nº 45/2004 (art. 5º, LXXVIII);

CONSIDERANDO os arts. 6º e 8º da Lei nº 13.105/2015 – Código de Processo Civil –, que consagram os princípios da cooperação e da eficiência no processo civil, bem como os arts. 67 a 69, que preveem os mecanismos de cooperação entre órgãos do Poder Judiciário para a realização de atividades administrativas e para o exercício das funções jurisdicionais;

CONSIDERANDO a Recomendação CNJ nº 38/2011, e seu respectivo anexo, que previu mecanismos para a cooperação judiciária entre os órgãos do Poder Judiciário, a merecer adensamento normativo, em especial diante das leis federais que entraram em vigor após a publicação da referida Recomendação;

CONSIDERANDO que a cooperação judiciária, em especial por meio de auxílio direto, constitui mecanismo contemporâneo, desburocratizado e ágil para o cumprimento de atos judiciais fora da esfera de competência do juízo requerente ou em interseção com ele;

CONSIDERANDO que os atos conjuntos e concertados entre os juízos cooperantes são instrumento de gestão processual, permitindo a coordenação de funções e o compartilhamento de competências;

CONSIDERANDO a decisão plenária tomada no julgamento do Ato Normativo nº 0006094-90.2020.2.00.0000, na 75ª Sessão Virtual, realizada em 16 de outubro de 2020;

RESOLVE:

CAPÍTULO I
DAS DISPOSIÇÕES GERAIS SOBRE A COOPERAÇÃO NACIONAL

Art. 1º Esta Resolução dispõe sobre a cooperação judiciária nacional, para a realização de atividades administrativas e para o exercício das funções jurisdicionais, abrangendo as seguintes dimensões: (redação dada pela Resolução nº 436, de 28.10.2021)

I. A cooperação ativa, passiva e simultânea entre os órgãos do Poder Judiciário, no âmbito das respectivas competências, observados o princípio do juiz natural e as atribuições administrativas (arts. 67 a 69, CPC); e

II. A cooperação interinstitucional entre os órgãos do Poder Judiciário e outras instituições e entidades, integrantes ou não do sistema de justiça, que possam, direta ou indiretamente, contribuir para a administração da justiça.

Art. 2º Aos órgãos do Poder Judiciário, estadual ou federal, especializado ou comum, em todas as instâncias e graus de jurisdição, inclusive aos tribunais superiores, incumbe o dever de recíproca cooperação, por meio de seus magistrados e servidores, a fim de incrementar mutuamente a eficiência de suas atividades.

Art. 3º Os juízos poderão formular entre si pedido de cooperação para a prática de qualquer ato processual, intimando-se as partes do processo.

Art. 4º A cooperação judiciária pode realizar-se por concertação entre os juízos.

Parágrafo único. A concertação vincula apenas os órgãos judiciários que dela participaram.

Art. 5º A cooperação judiciária nacional:

I. Pode ser realizada entre órgãos jurisdicionais de diferentes ramos do Poder Judiciário;

II. Pode ser instrumentalizada por auxílio direto, atos

concertados, atos conjuntos e outros instrumentos adequados;

III. Deve ser documentada nos autos, observadas as garantias fundamentais do processo;

IV. Deve ser realizada de forma fundamentada, objetiva e imparcial; e

V. Deve ser comunicada às partes do processo.

Parágrafo único. As cartas de ordem e precatória seguirão o regime previsto no Código de Processo Civil.

Art. 6º Além de outros definidos consensualmente, os atos de cooperação poderão consistir:

I. Na prática de quaisquer atos de comunicação processual, podendo versar sobre a comunicação conjunta a pessoa cuja participação seja necessária em diversos processos;

II. Na prestação e troca de informações relevantes para a solução dos processos;

III. Na redação de manuais de atuação, rotinas administrativas, diretrizes gerais para a conduta dos sujeitos do processo e dos servidores públicos responsáveis por atuar em mecanismos de gestão coordenada;

IV. Na reunião ou apensamento de processos, inclusive a reunião de execuções contra um mesmo devedor em um único juízo;

V. Na definição do juízo competente para a decisão sobre questão comum ou questões semelhantes ou de algum modo relacionadas, respeitadas as regras constantes nos artigos 62 e 63 do Código de Processo Civil;

VI. Na obtenção e apresentação de provas, na coleta de depoimentos e meios para o compartilhamento de seu teor;

VII. Na produção de prova única relativa a fato comum;

VIII. Na efetivação de medidas e providências para recuperação e preservação de empresas;

IX. Na facilitação de habilitação de créditos na falência e na recuperação judicial;

X. Na disciplina da gestão dos processos repetitivos, inclusive da respectiva centralização (art. 69, § 2º, VI, do Código de Processo Civil), e da realização de mutirões para sua adequada tramitação;

XI. Na efetivação de tutela provisória ou na execução de decisão jurisdicional;

XII. Na investigação patrimonial, busca por bens e realização prática de penhora, arrecadação, indisponibilidade ou qualquer outro tipo de constrição judicial;

XIII. Na regulação de procedimento expropriatório de bem penhorado ou dado em garantia em diversos processos;

XIV. XIV- no traslado de pessoas;

XV. Na transferência de presos;

XVI. Na transferência de bens e de valores;

XVII. No acautelamento e gestão de bens e valores apreendidos;

XVIII. No compartilhamento temporário de equipe de auxiliares da justiça, inclusive de servidores públicos;

XIX. Na efetivação de medidas e providências referentes a práticas consensuais de resolução de conflitos;

XX. No compartilhamento de infraestrutura, tecnologia e informação, respeitada a legislação de proteção de dados pessoais; (incluído pela Resolução nº 436, de 28.10.2021)

XXI. Na transferência interestadual ou intermunicipal de crianças e adolescentes ameaçados(as) de morte e inseridos(as) no Programa de Proteção a Crianças e Adolescentes Ameaçados de Morte (PPCAAM). (Incluído pela Resolução nº 498, de 4.5.2023)

XXII. Na formulação de consulta dirigida a outro magistrado ou órgão do Poder Judiciário (incluindo comitês, comissões e grupos de trabalho instituídos em seu âmbito) ou, ainda, no caso de cooperação interinstitucional, a pessoa, órgão, instituição ou entidade externa ao Judiciário, solicitando manifestação ou opinião em resposta, facultada a participação do consultor no processo, a critério do juízo consulente; (redação dada pela Resolução nº 499/2023)

§ 1º Os tribunais e juízes(as) poderão adotar a cooperação judiciária como estratégia para implementação das políticas nacionais do Poder Judiciário. (redação dada pela Resolução nº 436, de 28.10.2021)

§ 2º Caberá ao CNJ, com o apoio técnico do Departamento de Monitoramento e Fiscalização do Sistema Carcerário e Socioeducativo, propor ato normativo regulamentando a transferência de presos(as), no prazo de 180 dias. (redação dada pela Resolução nº 436, de 28.10.2021)

Art. 7º A Rede Nacional de Cooperação Judiciária é composta pelo(s):

I. Magistrados(as) de Cooperação Judiciária; (redação dada pela Resolução nº 436, de 28.10.2021)

II. Núcleos de Cooperação Judiciária de cada um dos tribunais brasileiros; e

III. Comitê Executivo da Rede Nacional de Cooperação Judiciária, instituído pelo CNJ.

§ 1º O Supremo Tribunal Federal e os Tribunais Superiores poderão aderir à Rede Nacional de Cooperação Judiciária.

§ 2º Os órgãos judiciários de todos os ramos com sede em um mesmo estado da Federação poderão articular-se em Comitês Executivos Estaduais compostos por representantes de cada um dos ramos do Poder Judiciário.

CAPÍTULO II
DOS PEDIDOS DE COOPERAÇÃO E DOS ATOS CONCERTADOS E CONJUNTOS

Art. 8º O pedido de cooperação judiciária deve ser prontamente atendido, prescinde de forma específica e pode ser executado por auxílio direto (Anexo I) e por atos conjuntos (Anexo II) ou concertados (Anexo III) entre os(as) magistrados(as) cooperantes. (redação dada pela Resolução nº 436, de 28.10.2021)

§ 1º O processamento dos pedidos de cooperação será informado pelos princípios da celeridade, da concisão, da instrumentalidade das formas e da unidade da jurisdição nacional, dando-se prioridade ao uso dos meios eletrônicos.

§ 2º Os atos e pedidos de cooperação judiciária deverão ser realizados de forma fundamentada, objetiva e imparcial.

§ 3º Na forma do artigo 357, § 1º, do Código de Processo Civil, as partes poderão também requerer esclarecimentos e solicitar ajustes nos atos de cooperação praticados.

§ 4º Fica deferida às partes e às pessoas naturais ou jurídicas, órgãos ou entidades especializadas, com representatividade adequada, requerer ao juízo a realização de ato de cooperação para as hipóteses previstas nesta Resolução.

Art. 9º Os juízos cooperantes, quando a complexidade da matéria recomendar, poderão intimar as partes a se manifestarem acerca do ato de cooperação a ser praticado.

Parágrafo único. Os atos de cooperação poderão ser objeto de impugnação pelos meios previstos na legislação processual.

Art. 10. Os pedidos de cooperação judiciária serão encaminhados diretamente entre os(as) juízes(as) cooperantes ou poderão ser remetidos por meio do(a) Magistrado(a) de Cooperação. (redação dada pela Resolução nº 436, de 28.10.2021)

Art. 11. Os atos conjuntos e concertados são adequados para disciplinar a cooperação entre órgãos jurisdicionais em torno de um ou alguns processos, ou a prática de atos mais complexos relacionados a esses mesmos processos.

§ 1º Observadas as normas fundamentais do processo, o ajuste celebrado para a prática de atos de cooperação deve ser assinado pelos juízos cooperantes, e o instrumento consensual será juntado aos autos dos processos a ele relacionados previamente à prática dos atos de cooperação.

§ 2º O termo de ajuste deve ser redigido de modo claro e conciso, com identificação precisa das competências dos juízos cooperantes e indicação das fontes de custeio para a prática dos atos descritos, quando necessário.

§ 3º Os atos de cooperação podem ser revistos e adaptados a qualquer tempo pelos juízos cooperantes, preservados os atos praticados com base na concertação anterior.

§ 4º Os atos de cooperação devem ser informados ao(à) Magistrado(a) de Cooperação, para adequada publicidade, e este(a) remeterá a informação ao respectivo Núcleo de Cooperação Judiciária. (redação dada pela Resolução nº 436, de 28.10.2021)

§ 5º Os atos de cooperação celebrados por juízos de ramos distintos do Poder Judiciário devem ser informados aos respectivos tribunais, para conhecimento.

CAPÍTULO III
DO(A) MAGISTRADO(A) DE COOPERAÇÃO JUDICIÁRIA (REDAÇÃO DADA PELA RESOLUÇÃO Nº 436, DE 28.10.2021)

Art. 12. Cada tribunal, por seus órgãos competentes, designará um(a) ou mais magistrados(as) para atuarem como Magistrados(as) de Cooperação, também denominados(as) de ponto de contato. (redação dada pela Resolução nº 436, de 28.10.2021)

§ 1º Os tribunais deverão comunicar ao Conselheiro do CNJ, Coordenador do Comitê Executivo da Rede Nacional de Cooperação Judiciária, no prazo de dez dias, sempre que houver alteração no rol dos magistrados de cooperação, informando o nome, o cargo, a função e os contatos telefônicos e eletrônicos do novo ponto de contato.

§ 2º Os tribunais disciplinarão as suas regras de escolha e o prazo da designação do magistrado para essa função.

§ 3º Os tribunais poderão designar também magistrados de cooperação de segundo grau.

Art. 13. Os(As) Magistrados(as) de Cooperação terão a função de facilitar a prática de atos de cooperação judiciária e integrarão a Rede Nacional de Cooperação Judiciária. (redação dada pela Resolução nº 436, de 28.10.2021)

§ 1º Os(As) Magistrados(as) de Cooperação poderão atuar em seções, subseções, comarcas, foros, polos regionais ou em unidades jurisdicionais especializadas, sendo sua esfera de atuação definida por cada tribunal. (redação dada pela Resolução nº 436, de 28.10.2021)

§ 2º Observado o volume de trabalho, o(a) Magistrado(a) de Cooperação poderá cumular a função de intermediação da cooperação com a jurisdicional ordinária, ou ser designado(a) em caráter exclusivo para o desempenho de tal função. (redação dada pela Resolução nº 436, de 28.10.2021)

Art. 14. O(A) Magistrado(a) de Cooperação tem por atribuições específicas: (redação dada pela Resolução nº 436, de 28.10.2021)

I. Identificar soluções para os problemas que possam surgir no processamento de pedido de cooperação judiciária;

II. Facilitar a coordenação do tratamento dos pedidos de cooperação judiciária no âmbito do respectivo tribunal;

III. Fornecer todas as informações necessárias a permitir a elaboração eficaz de pedido de cooperação judiciária, bem como estabelecer contatos diretos entre os diversos órgãos e juízes;

IV. Intermediar o concerto de atos entre magistrados(as) cooperantes e ajudar na solução dos problemas dele decorrentes; (redação dada pela Resolução nº 436, de 28.10.2021)

V. Comunicar ao Núcleo de Cooperação Judiciária a prática de atos de cooperação, quando os(as) magistrados(as) cooperantes não o tiverem feito; (redação dada pela Resolução nº 436, de 28.10.2021)

VI. Participar das comissões de planejamento estratégico dos tribunais; (redação dada pela Resolução nº 436, de 28.10.2021)

VII. Participar das reuniões convocadas pela Corregedoria de Justiça, pelo CNJ ou pelos(as) magistrados(as) cooperantes; e (redação dada pela Resolução nº 436, de 28.10.2021)

VIII. Promover a integração de outros sujeitos do processo à rede de cooperação.

§ 1º Sempre que um(a) Magistrado(a) de Cooperação receber, de outro membro da rede, pedido de informação a que não possa dar seguimento, deverá comunicá-lo à autoridade competente ou ao membro da rede mais apto a fazê-lo. (redação dada pela Resolução nº 436, de 28.10.2021)

§ 2º O(A) Magistrado(a) de Cooperação deve prestar toda a assistência para contatos ulteriores. (redação dada pela Resolução nº 436, de 28.10.2021)

§ 3º O(A) Magistrado(a) de Cooperação deverá registrar em arquivo eletrônico próprio todos os atos que praticar no exercício dessa atividade, que será gerido pelo Núcleo de Cooperação Judiciária do tribunal a que o(a) magistrado(a) estiver vinculado(a). (redação dada pela Resolução nº 436, de 28.10.2021)

CAPÍTULO IV
DA COOPERAÇÃO INTERINSTITUCIONAL

Art. 15. A cooperação interinstitucional poderá abranger, entre outras providências:

I. A harmonização de procedimentos e rotinas administrativas;

II. Gestão judiciária;

III. A elaboração e adoção de estratégias para o tratamento adequado de processos coletivos e ou repetitivos, inclusive para a sua prevenção; e

IV. Mutirões para análise do enquadramento de processos ou de recursos nas hipóteses em que há precedentes obrigatórios.

Art. 16. A cooperação interinstitucional poderá ser realizada entre quaisquer instituições, do sistema de justiça ou fora dele, que possam contribuir para a execução da estratégia nacional do Poder Judiciário, promover o aprimoramento da administração da justiça, a celeridade e a efetividade da prestação jurisdicional, dentre as quais:

I. Ministério Público;

II. Ordem dos Advogados do Brasil;

III. Defensoria Pública;

IV. Procuradorias Públicas; (redação dada pela Resolução nº 421);

V. Administração Pública; e (redação dada pela Resolução nº 421);

VI. Tribunais arbitrais e árbitros(as)".

CAPÍTULO V
DOS NÚCLEOS DE COOPERAÇÃO JUDICIÁRIA

Art. 17. Os Tribunais Regionais Federais, os Tribunais Regionais do Trabalho, os Tribunais Regionais Eleitorais, os órgãos da Justiça Militar da União, os Tribunais de Justiça e os Tribunais de Justiça Militar deverão constituir e instalar, em sessenta dias, pondo em funcionamento em até noventa dias, Núcleos de Cooperação Judiciária, com a função de sugerir diretrizes gerais, harmonizar rotinas e procedimentos de cooperação, consolidar os dados e as boas práticas junto ao respectivo tribunal.

Art. 18. Os Núcleos de Cooperação Judiciária serão compostos, nos tribunais, por um(a) desembargador(a) supervisor(a) e por um(a) juiz(a) coordenador(a), ambos(as) pertencentes aos quadros de magistrados(as) de cooperação, podendo ser integrados também por servidores(as) do Judiciário. (redação dada pela Resolução nº 436, de 28.10.2021)

Art. 19. Os Núcleos de Cooperação Judiciária poderão definir as funções dos(as) seus(suas) Magistrados(as) de Cooperação, dividindo-as por comarcas, regiões, unidades de especialização ou unidades da federação. (redação dada pela Resolução nº 436, de 28.10.2021)

§ 1º Os núcleos deverão informar ao Comitê Executivo da Rede Nacional de Cooperação Judiciária a definição das funções de cada um(a) de seus(suas) Magistrados(as) de Cooperação, a fim de que elas constem no cadastro nacional que será gerenciado pelo comitê. (redação dada pela Resolução nº 436, de 28.10.2021)

§ 2º Os núcleos deverão organizar reuniões periódicas entre os(as) seus(suas) Magistrados(as) de Cooperação e incentivar a melhoria dos processos de cooperação judiciária com os demais núcleos. (redação dada pela Resolução nº 436, de 28.10.2021)

§ 3º Caberá aos Núcleos de Cooperação Judiciária de cada tribunal estabelecer critérios e procedimentos para registro de dados relevantes e boas práticas de cooperação judiciária.

CAPÍTULO VI
DO COMITÊ EXECUTIVO DA REDE NACIONAL DE COOPERAÇÃO JUDICIÁRIA E DAS DISPOSIÇÕES GERAIS

Art. 20. O CNJ manterá o adequado funcionamento do Comitê Executivo da Rede Nacional de Cooperação Judiciária, que organizará as ações nacionais dos núcleos de cooperação judiciária e providenciará a reunião, pelo menos uma vez por ano, mediante convocatória, dos núcleos e dos(as) Magistrados(as) de Cooperação de todos os tribunais. (redação dada pela Resolução nº 436, de 28.10.2021)

§ 1º O Comitê Executivo será coordenado por um Conselheiro do Conselho Nacional de Justiça e a sua composição será definida por Portaria da Presidência do CNJ.

§ 2º Na referida reunião, sempre que houver deliberação a ser colhida na plenária, será colhido o voto de cada tribunal, que será representado por um único ponto de contato.

§ 3º Essas reuniões anuais terão por objeto a troca de experiências, melhora dos mecanismos de cooperação nacional pelo uso de processos e instrumentos de inovação e identificação das melhores práticas.

§ 4º O Conselho Nacional de Justiça consolidará e divulgará na rede mundial de computadores as boas práticas de cooperação judiciária nacional.

Art. 21. Compete ao Comitê Executivo da Rede Nacional de Cooperação Judiciária dirimir conflitos de natureza administrativa entre os Núcleos de Cooperação e sanar eventuais dúvidas pertinentes à cooperação judiciária, sem prejuízo de eventual atuação:

I. Das Corregedorias de Justiça e da Corregedoria Nacional de Justiça, caso a questão envolva a apuração e aplicação de sanções pela prática de infrações disciplinares; e

II. Do Departamento de Monitoramento e Fiscalização do Sistema Carcerário e Socioeducativo em todas as questões pertinentes à execução penal e de medidas socioeducativas.

Art. 22. O Comitê Executivo da Rede Nacional de Cooperação Judiciária realizará anualmente um Encontro Nacional de Magistrados(as) de Cooperação Judiciária, com o objetivo de difundir a cultura da cooperação, compartilhar e fomentar boas práticas de cooperação judiciária, discutir, conceber e formular proposições voltadas à consolidação e ao aperfeiçoamento da Rede Nacional de Cooperação Judiciária. (redação dada pela Resolução nº 436, de 28.10.2021)

Parágrafo único. O encontro deverá ser realizado prioritariamente no mesmo período da reunião prevista no art. 20 desta Resolução.

Art. 23. O Conselho Nacional de Justiça manterá em seu sítio eletrônico relação dos núcleos de cooperação judiciária com meios de comunicação que deverão ser permanentemente atualizados pelos respectivos tribunais, na forma prevista neste Ato Normativo.

Art. 24. Fica revogada a Recomendação CNJ nº 38/2011 e seu respectivo anexo.

Art. 25. Essa Resolução entra em vigor na data de sua publicação.

Ministro LUIZ FUX

RESOLUÇÃO Nº 354, DE 18 DE NOVEMBRO DE 2020

Texto compilado a partir da redação dada pela Resolução nº 481/2022.

Dispõe sobre o cumprimento digital de ato processual e de ordem judicial e dá outras providências.

O PRESIDENTE DO CONSELHO NACIONAL DE JUSTIÇA (CNJ), no uso de suas atribuições legais e regimentais;

CONSIDERANDO que cabe ao CNJ a fiscalização e a normatização do Poder Judiciário e dos atos praticados por seus órgãos (artigo 103-B, § 4º, I, II e III, da CF);

CONSIDERANDO que o Estado deve observar os princípios da legalidade, da impessoalidade, da moralidade, da publicidade e da eficiência (art. 37, CF);

CONSIDERANDO os vetores constitucionais da efetividade jurisdicional, da duração razoável do processo e da eficiência administrativa (CF, artigos 5º, XXXV e LXXVIII, e 37, *caput*);

CONSIDERANDO que eficiência operacional, alinhamento e integração são temas estratégicos a serem perseguidos pelo Poder Judiciário;

CONSIDERANDO o disposto no art. 236, § 3º, do Código de Processo Civil, que admite a prática de atos processuais por meio de videoconferência;

CONSIDERANDO o disposto nos arts. 3º, 185 e 222, § 3º, do Código de Processo Penal;

CONSIDERANDO as disposições insculpidas nos art. 385, § 3º (depoimento pessoal), art. 453, § 1º (oitiva de testemunha),

461, § 2º (acareação), art. 937, § 4º (sustentação oral), art. 449, parágrafo único (possibilidade do juiz designar dia, hora e lugar para inquirir parte e testemunha quando o comparecimento em juízo não foi possível) e art. 460 (possibilidade de registro do depoimento por meio de gravação), todos do Código de Processo Civil, aplicáveis de forma supletiva e subsidiária ao processo penal, nos termos do art. 3º do Código de Processo Penal;

CONSIDERANDO o disposto no art. 769 da Consolidação das Leis do Trabalho, bem como a previsão expressa de aplicação supletiva e subsidiária do Código de Processo Civil, nos termos de seu art. 15, ao Processo do Trabalho;

CONSIDERANDO a decisão plenária tomada no julgamento do Ato Normativo nº 0009209-22.2020.2.00.0000, na 321ª Sessão Ordinária, realizada em 10 de novembro de 2020;

RESOLVE:

Art. 1º Esta Resolução regulamenta a realização de audiências e sessões por videoconferência e telepresenciais e a comunicação de atos processuais por meio eletrônico nas unidades jurisdicionais de primeira e segunda instâncias da Justiça dos Estados, Federal, Trabalhista, Militar e Eleitoral, bem como nos Tribunais Superiores, à exceção do Supremo Tribunal Federal.

Art. 2º Para fins desta Resolução, entende-se por:

I. Videoconferência: comunicação a distância realizada em ambientes de unidades judiciárias; e

II. Telepresenciais: as audiências e sessões realizadas a partir de ambiente físico externo às unidades judiciárias.

Parágrafo único. A participação por videoconferência, via rede mundial de computadores, ocorrerá:

I. Em unidade judiciária diversa da sede do juízo que preside a audiência ou sessão, na forma da Resolução CNJ nº 341/2020; e

II. Em estabelecimento prisional.

Art. 3º As audiências só poderão ser realizadas na forma telepresencial a pedido da parte, ressalvado o disposto no § 1º, bem como nos incisos I a IV do § 2º do art. 185 do CPP, cabendo ao juiz decidir pela conveniência de sua realização no modo presencial. Em qualquer das hipóteses, o juiz deve estar presente na unidade judiciária. (redação dada pela Resolução nº 481, de 22.11.2022)

§ 1º O juiz poderá determinar excepcionalmente, de ofício, a realização de audiências telepresenciais, nas seguintes hipóteses: (redação dada pela Resolução nº 481, de 22.11.2022)

I. Urgência; (redação dada pela Resolução nº 481, de 22.11.2022)

II. Substituição ou designação de magistrado com sede funcional diversa; (redação dada pela Resolução nº 481, de 22.11.2022)

III. Mutirão ou projeto específico; (redação dada pela Resolução nº 481, de 22.11.2022)

IV. Conciliação ou mediação no âmbito dos Centros Judiciários de Solução de Conflito e Cidadania (Cejusc); (redação dada pela Resolução nº 481, de 22.11.2022)

V. Indisponibilidade temporária do foro, calamidade pública ou força maior. (redação dada pela Resolução nº 481, de 22.11.2022)

§ 2º A oposição à realização de audiência telepresencial deve ser fundamentada, submetendo-se ao controle judicial. (redação dada pela Resolução nº 481, de 22.11.2022)

Art. 4º Salvo requerimento de apresentação espontânea, o ofendido, a testemunha e o perito residentes fora da sede do juízo serão inquiridos e prestarão esclarecimentos por videoconferência, na sede do foro de seu domicílio ou no estabelecimento prisional ao qual estiverem recolhidos.

§ 1º No interesse da parte que residir distante da sede do juízo, o depoimento pessoal ou interrogatório será realizado por videoconferência, na sede do foro de seu domicílio.

§ 2º Salvo impossibilidade técnica ou dificuldade de comunicação, deve-se evitar a expedição de carta precatória inquiritória.

Art. 5º Os advogados, públicos e privados, e os membros do Ministério Público poderão requerer a participação própria ou de seus representados por videoconferência.

§ 1º No interesse de partes, advogados, públicos ou privados, ou membros do Ministério Público, que não atuarem frequentemente perante o juízo, o requerimento será instruído por cópia do documento de identidade.

§ 2º O deferimento da participação por videoconferência depende de viabilidade técnica e de juízo de conveniência pelo magistrado.

§ 3º É ônus do requerente comparecer na sede do juízo, em caso de indeferimento ou de falta de análise do requerimento de participação por videoconferência.

Art. 6º O réu preso fora da sede da Comarca ou em local distante da Subseção Judiciária participará da audiência por videoconferência, a partir do estabelecimento prisional ao qual estiver recolhido.

Parágrafo único. A pedido da defesa, a participação de réu preso na sede da Comarca ou do réu solto poderá ocorrer por videoconferência.

Art. 7º A audiência telepresencial e a participação por videoconferência em audiência ou sessão observará as seguintes regras:

I. As oitivas telepresenciais ou por videoconferência serão equiparadas às presenciais para todos os fins legais, asseguradas a publicidade dos atos praticados e as prerrogativas processuais de advogados, membros do Ministério Público, defensores públicos, partes e testemunhas;

II. As testemunhas serão inquiridas cada uma de per si, de modo que umas não saibam nem ouçam os depoimentos umas das outras;

III. Quando o ofendido ou testemunha manifestar desejo de depor sem a presença de uma das partes do processo, na forma da legislação pertinente, a imagem poderá ser desfocada, desviada ou inabilitada, sem prejuízo da possibilidade de transferência para lobby ou ambiente virtual similar;

IV. As oitivas telepresenciais ou por videoconferência serão gravadas, devendo o arquivo audiovisual ser juntado aos autos ou disponibilizado em repositório oficial de mídias indicado pelo CNJ (PJe Mídia) ou pelo tribunal;

V. A publicidade será assegurada, ressalvados os casos de segredo de justiça, por transmissão em tempo real ou por meio hábil que possibilite o acompanhamento por terceiros estranhos ao feito, ainda que mediante a exigência de prévio cadastro;

VI. A participação em audiência telepresencial ou por videoconferência exige que as partes e demais participantes sigam a mesma liturgia dos atos processuais presenciais, inclusive quanto às vestimentas; e

VII. A critério do juiz e em decisão fundamentada, poderão ser repetidos os atos processuais dos quais as partes, as testemunhas ou os advogados não tenham conseguido participar em virtude de obstáculos de natureza técnica, desde que devidamente justificados.

Parágrafo único. A participação por videoconferência a partir de estabelecimento prisional observará também as seguintes regras:

I. Os estabelecimentos prisionais manterão sala própria para a realização de videoconferência, com estrutura material, física e tecnológica indispensável à prática do ato, e disponibilizarão pessoal habilitado à operação dos equipamentos e à segurança da audiência;

II. Magistrado, advogados, defensores públicos e membros do Ministério Público poderão participar na sala do estabelecimento prisional em que a pessoa privada da liberdade estiver, na sede do foro ou em ambos;

III. O Juiz tomará as cautelas necessárias para assegurar a inexistência de circunstâncias ou defeitos que impeçam a manifestação livre;

IV. O Juiz garantirá ao réu o direito de entrevista prévia e reservada com seu defensor, presencial ou telepresencialmente; e

V. Ao réu deverá ser disponibilizada linha de comunicação direta e reservada para contato com seu defensor durante o ato, caso não estejam no mesmo ambiente.

Art. 8º Nos casos em que cabível a citação e a intimação pelo correio, por oficial de justiça ou pelo escrivão ou chefe de secretaria, o ato poderá ser cumprido por meio eletrônico que assegure ter o destinatário do ato tomado conhecimento do seu conteúdo.

Parágrafo único. As citações e intimações por meio eletrônico serão realizadas na forma da lei (art. 246, V, do CPC, combinado com art. 6º e 9º da Lei nº 11.419/2006), não se lhes aplicando o disposto nesta Resolução.

Art. 9º As partes e os terceiros interessados informarão, por ocasião da primeira intervenção nos autos, endereços eletrônicos para receber notificações e intimações, mantendo-os atualizados durante todo o processo.

Parágrafo único. Aquele que requerer a citação ou intimação deverá fornecer, além dos dados de qualificação, os dados necessários para comunicação eletrônica por aplicativos de mensagens, redes sociais e correspondência eletrônica (e-mail), salvo impossibilidade de fazê-lo.

Art. 10. O cumprimento da citação e da intimação por meio eletrônico será documentado por:

I. Comprovante do envio e do recebimento da comunicação processual, com os respectivos dia e hora de ocorrência; ou

II. Certidão detalhada de como o destinatário foi identificado e tomou conhecimento do teor da comunicação.

§ 1º O cumprimento das citações e das intimações por meio eletrônico poderá ser realizado pela secretaria do juízo ou pelos oficiais de justiça.

§ 2º Salvo ocultação, é vedado o cumprimento eletrônico de atos processuais por meio de mensagens públicas.

Art. 11. A intimação e a requisição de servidor público, bem como a cientificação do chefe da repartição, serão realizadas preferencialmente por meio eletrônico.

Art. 12. O CNJ disponibilizará sistema para agendamento de participação por videoconferência em unidade judiciária diversa da sede do juízo que preside a audiência ou sessão, na forma da Resolução CNJ nº 341/2020, e em estabelecimento prisional.

Art. 13. Caberá aos tribunais regulamentar a aplicação desta Resolução no âmbito de sua competência e dos juízos de primeiro grau que lhe são vinculados, à exceção da Justiça do Trabalho, cuja regulamentação competirá ao Conselho Superior da Justiça do Trabalho.

Art. 14. Esta Resolução entra em vigor na data de sua publicação, não alterando e nem derrogando a Resolução CNJ nº 345/2020.

Ministro LUIZ FUX

RESOLUÇÃO Nº 363, DE 12 DE JANEIRO DE 2021

Estabelece medidas para o processo de adequação à Lei Geral de Proteção de Dados Pessoais a serem adotadas pelos tribunais.

O PRESIDENTE DO CONSELHO NACIONAL DE JUSTIÇA (CNJ), no uso de suas atribuições legais e regimentais,

CONSIDERANDO que é missão do CNJ desenvolver políticas judiciárias que promovam a efetividade e a unidade ao Poder Judiciário, para os valores de justiça e de paz social;

CONSIDERANDO a entrada em vigor da Lei nº 13.709/2018 – Lei Geral de Proteção de dados Pessoais (LGPD), bem como a crescente utilização da Internet e de modelos digitais estruturados para acesso e processamento de dados disponibilizados pelos órgãos do Poder Judiciário;

CONSIDERANDO a criação, por intermédio da Portaria CNJ nº 212/2020, do Grupo de Trabalho destinado à elaboração de estudos e propostas voltadas à adequação dos tribunais à Lei nº 13.709/2018 (LGPD);

CONSIDERANDO a necessidade de proteção da privacidade e dos dados pessoais dos titulares nos atos processuais e administrativos;

CONSIDERANDO a necessidade de padronização de critérios mínimos para os programas de implementação prática da Lei nº 13.709/2018 (LGPD) em todos os tribunais do país;

CONSIDERANDO os termos já constantes na Recomendação CNJ nº 73/2020, que recomenda aos órgãos do

Poder Judiciário brasileiro a adoção de medidas preparatórias e ações iniciais para adequação às disposições contidas na (LGPD);

CONSIDERANDO a decisão plenária tomada no julgamento do Ato Normativo nº 0010276-22.2020.2.00.0000, na 323ª Sessão Ordinária, realizada em 15 de dezembro de 2020;

RESOLVE:

Art. 1º Estabelecer medidas para o processo de adequação à Lei Geral de Proteção de Dados Pessoais (LGPD) a serem adotadas pelos tribunais do país (primeira e segunda instâncias e Cortes Superiores), à exceção do Supremo Tribunal Federal, para facilitar o processo de implementação no âmbito do sistema judicial, consistentes em:

I. Criar o Comitê Gestor de Proteção de Dados Pessoais (CGPD), que será o responsável pelo processo de implementação da Lei nº 13.709/2018 em cada tribunal, com as seguintes características:

  a. A composição do referido Comitê deverá ter caráter multidisciplinar e ter em vista o porte de cada tribunal;

  b. Caberá a cada tribunal a decisão de promover a capacitação dos membros do CGPD sobre a LGPD e normas afins, o que poderá ser viabilizado pelas academias ou escolas judiciais das respectivas Cortes de Justiça;

II. Designar o encarregado pelo tratamento de dados pessoais, conforme o disposto no art. 41 da LGPD;

III. Formar Grupo de Trabalho Técnico de caráter multidisciplinar para auxiliar nas funções junto ao encarregado pelo GT, composto, entre outros, por servidores da área de tecnologia, segurança da informação e jurídica;

IV. Elaborar, por meio de canal do próprio encarregado, ou em parceria com as respectivas ouvidorias dos tribunais:

   a. Formulário eletrônico ou sistema para atendimento das requisições e/ou reclamações apresentadas por parte dos titulares dos dados pessoais;

   b. Fluxo para atendimento aos direitos dos titulares (art. 18, 19 e 20 da LGPD), requisições e/ou reclamações apresentadas, desde o seu ingresso até o fornecimento da respectiva resposta;

V. Criar um *site* com informações sobre a aplicação da LGPD aos tribunais, incluindo:

   a. Os requisitos para o tratamento legítimo de dados;

   b. As obrigações dos controladores e os direitos dos titulares nos termos do art. 1º, II, "a" da Recomendação do CNJ nº 73/2020;

   c. As informações sobre o encarregado (nome, endereço e e-mail para contato), referidas no art. 41, § 1º, da LGPD;

VI. Disponibilizar informação adequada sobre o tratamento de dados pessoais, nos termos do art. 9º da LGPD, por meio de:

a. Avisos de cookies no portal institucional de cada tribunal;

b. Política de privacidade para navegação na página da instituição;

c. Política geral de privacidade e proteção de dados pessoais a ser aplicada internamente no âmbito de cada tribunal e supervisionada pelo CGPD;

VII. Zelar para que as ações relacionadas à LGPD sejam cadastradas com os assuntos pertinentes da tabela processual unificada;

VIII. Determinar aos serviços extrajudiciais que, sob a supervisão da respetiva Corregedoria-Geral da Justiça, analisem a adequação à LGPD no âmbito de suas atribuições;

IX. Organizar programa de conscientização sobre a LGPD, destinado a magistrados, a servidores, a trabalhadores terceirizados, a estagiários e residentes judiciais, das áreas administrativas e judiciais de primeira e segunda instâncias e Cortes Superiores, à exceção do Supremo Tribunal Federal;

X. Revisar os modelos de minutas de contratos e convênios com terceiros já existentes, que autorizem o compartilhamento de dados, bem como elaborar orientações para as contratações futuras, em conformidade com a LGPD, considerando os seguintes critérios:

a. Para uma determinada operação de tratamento de dados pessoais deve haver:
a1. Uma respectiva finalidade específica;
a2. Em consonância ao interesse público; e

a3. Com lastro em regra de competência administrativa aplicável à situação concreta;

b. O tratamento de dados pessoais previsto no respectivo ato deve ser:
b1. Compatível com a finalidade especificada; e
b2. Necessário para a sua realização;

c. Inclusão de cláusulas de eliminação de dados pessoais nos contratos, convênios e instrumentos congêneres, à luz dos parâmetros da finalidade e da necessidade acima indicados;

d. Realizar relatório de impacto de proteção de dados previamente ao contrato ou convênio, com observância do princípio da transparência;

XI. Implementar medidas de segurança, técnicas e administrativas aptas a proteger os dados pessoais de acessos não autorizados e de situações acidentais ou ilícitas de destruição, perda, alteração, comunicação ou qualquer forma de tratamento inadequado ou ilícito, nos termos do art. 46 e seguintes da LGPD, por meio:

a. Da elaboração de política de segurança da informação que contenha plano de resposta a incidentes (art. 48 da LGPD), bem como a previsão de adoção de mecanismos de segurança desde a concepção de novos produtos ou serviços (art. 46, § 1º);

b. Da avaliação dos sistemas e dos bancos de dados, em que houver tratamento de dados pessoais, submetendo tais resultados à apreciação do CGPD para as devidas deliberações;

c. Da avaliação da segurança de integrações de sistemas;

d. Da análise da segurança das hipóteses de compartilhamento de dados pessoais com terceiros;

XII. Elaborar e manter os registros de tratamentos de dados pessoais contendo informações sobre:

a. Finalidade do tratamento;

b. Base legal;

c. Descrição dos titulares;

d. Categorias de dados;

e. Categorias de destinatários;

f. Eventual transferência internacional; e

g. Prazo de conservação e medidas de segurança adotadas, nos termos do art. 37 da LGPD;

XIII. Informar o CGPD sobre os projetos de automação e inteligência artificial.

Art. 2º Para o cumprimento do disposto nesta Resolução, recomenda-se que o processo de implementação da LGPD contemple, ao menos, as seguintes ações:

I. Realização do mapeamento de todas as atividades de tratamento de dados pessoais por meio de questionário, conforme modelo a ser elaborado pelo CNJ;

II. Realização da avaliação das vulnerabilidades (*gap assessment*) para a análise das lacunas da instituição em relação à proteção de dados pessoais; e

III. Elaboração de plano de ação (Roadmap), com a previsão de todas as atividades constantes nesta Resolução.

Art. 3º Esta Resolução entra em vigor na data da sua publicação.

Ministro LUIZ FUX

RESOLUÇÃO Nº 372, DE 12 DE FEVEREIRO DE 2021

Texto compilado a partir da redação dada pela **Resolução nº 403/2021** e pela **Resolução nº 473/2022**.

Regulamenta a criação de plataforma de videoconferência denominada "Balcão Virtual."

O PRESIDENTE DO CONSELHO NACIONAL DE JUSTIÇA (CNJ), no uso de suas atribuições legais e regimentais;

CONSIDERANDO que cabe ao Poder Judiciário implementar mecanismos que concretizem o princípio constitucional de amplo acesso à Justiça (art. 5º, XXXV, da Constituição Federal);

CONSIDERANDO as diretrizes da Lei nº 11.419/2006, que dispõe sobre a informatização do processo judicial e dá outras providências;

CONSIDERANDO que o art. 18 da Lei nº 11.419/2006 autoriza os órgãos do Poder Judiciário a regulamentarem a informatização do processo judicial;

CONSIDERANDO que a tramitação de processos em meio eletrônico promove o aumento da celeridade e da eficiência da prestação jurisdicional;

CONSIDERANDO que o CNJ detém atribuição para regulamentar a prática de atos processuais por meio eletrônico, nos termos do que dispõe o art. 196 do Código de Processo Civil;

CONSIDERANDO que os tribunais devem manter soluções de videoconferência para atender ao disposto nas Resoluções CNJ nº 341/2020 e nº 354/2020;

CONSIDERANDO as atribuições do CNJ previstas no art. 103-B, § 4º, da Constituição da República, especialmente no que concerne ao controle da atuação administrativa e financeira e à coordenação do planejamento estratégico do Poder Judiciário, inclusive na área de tecnologia da informação;

CONSIDERANDO as mudanças introduzidas nas relações e nos processos de trabalho em virtude do fenômeno da transformação digital;

CONSIDERANDO que os artigos 4º e 6º da Resolução CNJ nº 345/2020 preveem que os tribunais regulamentarão o atendimento eletrônico durante o horário fixado para atendimento ao público pelos servidores e magistrados lotados no "Juízo 100% Digital";

CONSIDERANDO os termos das Resoluções CNJ nºs 313/2020, 314/2020, 318/2020 e 322/2020, que mantêm, preferencialmente, o atendimento virtual, adotando-se o atendimento presencial apenas quando estritamente necessário;

CONSIDERANDO a necessidade de manutenção de um canal permanente de comunicação entre os jurisdicionados e as secretarias e serventias judiciais durante o horário de atendimento ao público;

CONSIDERANDO que a tecnologia permite simular em ambiente virtual o atendimento presencial prestado nas unidades jurisdicionais;

CONSIDERANDO a exitosa experiência do Tribunal Regional do Trabalho da 14ª Região;

CONSIDERANDO a necessidade de redução dos custos indiretos decorrentes do ajuizamento da demanda (custos de transação), o que poderá se dar por meio da diminuição do deslocamento físico das partes e dos advogados para as dependências do fórum;

CONSIDERANDO o deliberado pelo Plenário do CNJ no procedimento Ato nº 0000092-70.2021.2.00.0000, na 324ª Sessão Ordinária, realizada em 9 de fevereiro de 2021;

RESOLVE:

Art. 1º Os tribunais e os conselhos, à exceção do Supremo Tribunal Federal, deverão disponibilizar, em seu sítio eletrônico, ferramenta de videoconferência que permita imediato contato com o setor de atendimento de cada unidade judiciária, popularmente denominado como balcão, durante o horário de atendimento ao público. (redação dada pela Resolução nº 473, de 9.9.2022)

Parágrafo único. Essa plataforma de videoconferência será doravante denominada "Balcão Virtual".

Art. 2º O tribunal ou o conselho poderá utilizar qualquer ferramenta tecnológica que se mostre adequada para o atendimento virtual, ainda que diversa da solução empregada para a realização das audiências, sessões de julgamento ou, ainda, para a prática dos demais atos judiciais. (redação dada pela Resolução nº 473, de 9.9.2022)

§ 1º O tribunal ou o conselho poderá, em unidades judiciárias localizadas em regiões do interior onde a deficiência de infraestrutura tecnológica for notória e inviabilizar o atendimento por videoconferência, prever o uso de ferramenta de comunicação assíncrona para o atendimento por meio do Balcão Virtual, hipótese em que a resposta ao solicitante deverá ocorrer em prazo razoável. (redação dada pela Resolução nº 473, de 9.9.2022)

§ 2º O CNJ, por meio do Departamento de Tecnologia da Informação e Comunicação, poderá indicar, mediante requerimento dos tribunais interessados, solução de uso público e gratuito disponível, bem como manual de instalação e de utilização.

Art. 3º O Balcão Virtual deverá funcionar durante todo o horário de atendimento ao público, de forma similar à do balcão de atendimento presencial.

Art. 4º O servidor designado para atuar no Balcão Virtual prestará o primeiro atendimento aos advogados e às partes, podendo convocar outros servidores da unidade ou realizar agendamento, pelos meios eletrônicos disponíveis, para complementação do atendimento solicitado.

Parágrafo único. O Balcão Virtual não substitui o sistema de peticionamento dos sistemas de processo eletrônico adotados pelos tribunais, sendo vedado o seu uso para o protocolo de petições, assim como não é aplicável aos gabinetes dos magistrados.

Art. 5º O *link* de acesso ao Balcão Virtual da unidade deverá ser publicado no sítio eletrônico dos tribunais ou dos conselhos, preferencialmente junto aos telefones e endereços eletrônicos de cada unidade judiciária, com a expressa menção de que o atendimento por aquela via se dará apenas durante o horário de atendimento ao público estipulado por cada tribunal ou conselho. (Redação dada pela Resolução nº 473, de 9.9.2022)

Art. 6º Os Balcões Virtuais deverão ser regulamentados e instalados no prazo de trinta dias a contar da entrada em vigor desta Resolução, com a devida disponibilização dos *links* de acesso no sítio do tribunal ou do conselho e comunicação ao Conselho Nacional de Justiça. (Redação dada pela Resolução nº 473, de 9.9.2022)

Art. 6-A Para o cumprimento desta Resolução, a Justiça Eleitoral deverá disponibilizar a plataforma de videoconferência Balcão Virtual para atendimento virtual relativo aos feitos de caráter jurisdicional, sendo facultativa sua utilização para o atendimento de matéria administrativa. (Incluído pela Resolução nº 403, de 29.6.2021)

Art. 7º Esta Resolução entra em vigor na data de sua publicação.

Ministro LUIZ FUX

RESOLUÇÃO Nº 385, DE 6 DE ABRIL DE 2021

Texto compilado a partir da redação dada pela Resolução nº 398/2021.

Dispõe sobre a criação dos "Núcleos de Justiça 4.0" e dá outras providências.

O PRESIDENTE DO CONSELHO NACIONAL DE JUSTIÇA (CNJ), no uso de suas atribuições legais e regimentais,

CONSIDERANDO que cabe ao Poder Judiciário implementar mecanismos que concretizem o princípio constitucional de amplo acesso à Justiça (art. 5º, XXXV, da Constituição Federal);

CONSIDERANDO a publicação da Lei nº 14.129/2021, dispondo sobre o Governo Digital e o aumento da eficiência pública, especialmente por meio da desburocratização, da inovação e da transformação digital, inclusive instituindo como alguns de seus princípios, a modernização, o fortalecimento e a simplificação da relação do poder público com a sociedade, mediante serviços digitais, acessíveis inclusive por dispositivos móveis, bem como a possibilidade aos cidadãos, às pessoas jurídicas e aos outros entes públicos de demandar e de acessar serviços públicos por meio digital, sem necessidade de solicitação presencial;

CONSIDERANDO as diretrizes da Lei nº 11.419/2006, que dispõe sobre a informatização do processo judicial e dá outras providências;

CONSIDERANDO que o art. 18 da Lei nº 11.419/2006 autoriza os órgãos do Poder Judiciário a regulamentarem a informatização do processo judicial;

CONSIDERANDO que a tramitação de processos em meio eletrônico promove o aumento da celeridade e da eficiência da prestação jurisdicional;

CONSIDERANDO a necessidade de racionalização da utilização de recursos orçamentários pelos órgãos do Poder Judiciário;

CONSIDERANDO que o CNJ detém atribuição para regulamentar a prática de atos processuais por meio eletrônico, nos termos do art. 196 do Código de Processo Civil;

CONSIDERANDO a Resolução CNJ nº 345/2020, que dispõe sobre o "Juízo 100% Digital" e dá outras providências;

CONSIDERANDO a Resolução CNJ nº 372/2021, que dispõe sobre o "Balcão Digital" e dá outras providências;

CONSIDERANDO o deliberado pelo Plenário do CNJ no procedimento Ato nº 0001113-81.2021.2.00.0000, na 328ª Sessão Ordinária, realizada em 6 de abril de 2021;

RESOLVE:

Art. 1º Os tribunais poderão instituir "Núcleos de Justiça 4.0" especializados em razão de uma mesma matéria e com competência sobre toda a área territorial situada dentro dos limites da jurisdição do tribunal.

§ 1º Os "Núcleos de Justiça 4.0" também poderão abranger apenas uma ou mais regiões administrativas do tribunal.

§ 2º Ressalvadas as disposições em contrário previstas neste ato normativo, nos "Núcleos de Justiça 4.0" tramitarão apenas processos em conformidade com o "Juízo 100% Digital", disciplinado na Resolução CNJ nº 345/2020, notadamente o que previsto no seu art. 6º, no sentido de que o interesse do advogado de ser atendido pelo magistrado será devidamente registrado, com dia e hora, por meio eletrônico indicado pelo tribunal e de que a resposta sobre o atendimento deverá, ressalvadas as situações de urgência, ocorrer no prazo de até 48 horas.

§ 3º Cada "Núcleo de Justiça 4.0" deverá contar com um juiz, que o coordenará, e com, no mínimo, dois outros juízes.

Art. 2º A escolha do "Núcleo de Justiça 4.0" pela parte autora é facultativa e deverá ser exercida no momento da distribuição da ação.

§ 1º O processo atribuído a um "Núcleo de Justiça 4.0" será distribuído livremente entre os magistrados para ele designados.

§ 2º É irretratável a escolha da parte autora pela tramitação de seu processo no "Núcleo de Justiça 4.0".

§ 3º O demandado poderá se opor à tramitação do processo no "Núcleo de Justiça 4.0" até a apresentação da primeira manifestação feita pelo advogado ou defensor público.

§ 4º Havendo oposição da parte ré, o processo será remetido ao juízo físico competente indicado pelo autor, submetendo-se o feito à nova distribuição.

§ 5º A oposição do demandado à tramitação do feito pelo "Núcleo de Justiça 4.0" poderá ser feita na forma prevista no art. 340 do CPC.

§ 6º A não oposição do demandado, na forma dos parágrafos anteriores, aperfeiçoará o negócio jurídico processual, nos termos do art. 190 do CPC/15, fixando a competência no "Núcleo de Justiça 4.0".

Art. 3º Ato do Tribunal definirá a estrutura de funcionamento dos "Núcleos de Justiça 4.0", de acordo com seu volume processual, bem como providenciará a designação de servidores para atuarem na unidade, o que poderá ocorrer cumulativamente às atividades desenvolvidas na sua lotação de origem ou com exclusividade no núcleo, observado, neste caso, o disposto na Resolução CNJ nº 227/2016, do Conselho Nacional de Justiça.

Art. 4º A designação de magistrados para os "Núcleos de Justiça 4.0" dependerá dos seguintes requisitos cumulativos:

I. Publicação de edital pelo tribunal com a indicação dos "Núcleos de Justiça 4.0" disponíveis, com prazo de inscrição mínimo de cinco dias, e

II. Requerimento do magistrado interessado com indicação da ordem de prioridade da designação específica pretendida.

§ 1º A designação do magistrado para atuar nos "Núcleos de Justiça 4.0" obedecerá aos critérios de antiguidade e merecimento dos inscritos.

§ 2º Terão prioridade para designação em "Núcleos de Justiça 4.0", em caso de empate no critério de merecimento, os magistrados que atendam cumulativamente aos requisitos insculpidos no art. 5º, incisos I e II, da Resolução CNJ nº 227/2016. (redação dada pela Resolução nº 398, de 9.6.2021)

§ 3º A designação de magistrados para atuar em "Núcleos de Justiça 4.0" poderá ser exclusiva ou cumulativa à atuação na unidade de lotação original.

§ 4º O exercício cumulativo poderá ser convertido em exclusivo quando, a critério do tribunal, a distribuição média de processos ao Núcleo justificar.

§ 5º O magistrado designado de forma cumulativa poderá ser posto em regime de trabalho remoto parcial, dimensionado de forma a não prejudicar a realização de audiências, a prestação da jurisdição e nem a administração da unidade de lotação original.

Art. 5º Ato do Tribunal poderá dispor sobre o prazo de designação de magistrado para atuar no "Núcleo de Justiça 4.0", observado o limite mínimo de 1 (um) ano e máximo de 2 (dois) anos, permitindo-se reconduções desde que atendido o disposto no art. 4º.

Parágrafo único. Na hipótese de o tribunal viabilizar a transformação de unidades jurisdicionais físicas em unidades jurisdicionais virtuais no âmbito do Núcleo de Justiça 4.0, poderá substituir o sistema de designação por tempo certo previsto no *caput* pelo de lotação permanente.

Art. 6º Os tribunais deverão avaliar periodicamente, em prazo não superior a 1 (um) ano, a quantidade de processos distribuídos para cada juiz do "Núcleo de Justiça 4.0" e a de processos distribuídos para cada unidade jurisdicional física, bem como o volume de trabalho dos servidores, a fim de aferir a necessidade de transformação de unidades físicas em núcleos, readequação da sua estrutura de funcionamento ou de alteração da abrangência de área de atuação.

§ 1º Os tribunais deverão adotar medidas para manter uma correlação adequada entre o número de processos distribuídos para cada juiz do Núcleo de Justiça 4.0 e o número de processos distribuídos para cada juiz da mesma matéria e competência em uma unidade jurisdicional física.

§ 2º Dentre as medidas possíveis para o cumprimento da regra prevista no parágrafo anterior, o Tribunal poderá aumentar o número de magistrados designados para o Núcleo de Justiça 4.0 ou providenciar a transformação de unidades jurisdicionais físicas em núcleos.

Art. 7º O § 1º do art. 9º da Resolução CNJ nº 184/2013 passa a vigorar com a seguinte redação:

"§ 1º Para os fins do *caput*, o tribunal pode transferir a jurisdição da unidade judiciária ou Comarca para outra, ou convertê-la em Núcleo de Justiça 4.0, de modo a propiciar aumento da movimentação processual para patamar superior".

Art. 8º Esta Resolução entra em vigor na data de sua publicação.

Ministro LUIZ FUX

RESOLUÇÃO N° 410, DE 23 DE AGOSTO DE 2021

Dispõe sobre normas gerais e diretrizes para a instituição de sistemas de integridade no âmbito do Poder Judiciário.

O PRESIDENTE DO CONSELHO NACIONAL DE JUSTIÇA (CNJ), no uso de suas atribuições legais e regimentais,

CONSIDERANDO o trabalho realizado em matéria de combate à corrupção e boa governança pelas Nações Unidas, consagrado em particular na Convenção das Nações Unidas contra a Corrupção e na Agenda 2030 das Nações Unidas para o Desenvolvimento Sustentável, composta por 17 objetivos de desenvolvimento sustentável (ODS's);

CONSIDERANDO que o Objetivo no 16 dos ODS's busca "promover sociedades pacíficas e inclusivas para o desenvolvimento sustentável, proporcionar o acesso à justiça para todos e construir instituições eficazes, responsáveis e inclusivas em todos os níveis", inclusive pela redução substancial da corrupção e do suborno em todas as suas formas, pelo desenvolvimento de instituições eficazes, responsáveis e transparentes em todos os níveis, e pela garantia da tomada de decisão responsiva, inclusiva, participativa e representativa em todos os níveis;

CONSIDERANDO as Recomendações do Conselho da Organização para Cooperação e Desenvolvimento Econômico (OCDE) sobre integridade pública;

CONSIDERANDO, na mesma linha que a Organização para Cooperação e Desenvolvimento Econômico (OCDE), que a integridade é um dos pilares das estruturas políticas, econômicas e sociais e, portanto, essencial ao bem-estar econômico e social e à prosperidade dos indivíduos e das sociedades como um todo;

CONSIDERANDO que a integridade é vital para a governança pública, salvaguardando o interesse público e reforçando valores fundamentais como o compromisso com uma democracia pluralista baseada no estado de direito e no respeito dos direitos humanos;

CONSIDERANDO que a integridade é uma pedra angular do sistema geral de boa governança e que a orientação atualizada sobre a integridade pública deve, portanto, promover a coerência com outros elementos-chave da governança pública;

CONSIDERANDO que os riscos de integridade existem nas várias interações entre o setor público e o setor privado, a sociedade civil e os indivíduos em todas as etapas do processo político e de políticas, portanto, essa interconectividade requer uma abordagem integrativa de toda a sociedade para aumentar a integridade pública e reduzir a corrupção no setor público;

CONSIDERANDO que o reforço da integridade pública é uma missão compartilhada e responsabilidade para todos os níveis de governo, por meio de seus diferentes mandatos e níveis de autonomia, de acordo com os quadros jurídicos e institucionais nacionais, sendo fundamental para fomentar a confiança pública;

CONSIDERANDO os princípios da legalidade, da publicidade, impessoalidade, da probidade administrativa, da moralidade e da eficiência;

CONSIDERANDO a edição da Lei nº 12.846/2013, denominada Lei Anticorrupção Empresarial, que dispõe sobre a responsabilização administrativa e civil das pessoas jurídicas pela prática de atos contra a administração pública, nacional ou estrangeira;

CONSIDERANDO a necessidade de se implementar um novo modelo de gestão e de governança no Poder Judiciário, seguindo a legislação brasileira em vigor, as diretrizes dos Objetivos de Desenvolvimento Sustentável da ONU e as Recomendações do Conselho da Organização para Cooperação e Desenvolvimento Econômico (OCDE), de modo a disseminar a cultura de integridade e a aprimorar os mecanismos de prevenção, detecção e correção de condutas ilícitas e antiéticas;

CONSIDERANDO o que constou no Processo do Sistema Eletrônico de Informações – SEI nº 06384/2021;

CONSIDERANDO a deliberação do Plenário do CNJ, no Procedimento de Ato Normativo nº 0003991-76.2021.2.00.0000, na 335ª Sessão Ordinária, realizada em 3 de agosto de 2021;

RESOLVE:

Art. 1º Esta Resolução dispõe sobre a instituição de normas gerais para sistemas de integridade no âmbito do Poder Judiciário brasileiro.

Art. 2º Os órgãos do Poder Judiciário poderão contar com sistemas de integridade, cujos principais objetivos serão a disseminação e a implementação de uma cultura de integridade e a promoção de medidas e ações institucionais destinadas à prevenção, à detecção e à punição de fraudes e demais irregularidades, bem como à correção das falhas sistêmicas identificadas.

Parágrafo único. Os sistemas de integridade serão estruturados nos seguintes eixos:

I. Comprometimento e apoio explícito da alta administração dos respectivos órgãos;

II. Existência de órgão gestor responsável pela sua implementação e coordenação em cada tribunal;

III. Análise, avaliação e gestão dos riscos; e

IV. Monitoramento permanente, aprimoramento contínuo e capacitação.

Art. 3º São diretrizes para concepção e implementação de sistemas de integridade:

I. Comprometimento e engajamento pessoal da Alta Administração;

II. A ampla e efetiva participação de membros e servidores do Poder Judiciário em sua elaboração e consecução, a fim de neles gerar o devido senso de pertencimento ao sistema de integridade;

III. O aprimoramento do fluxo de informações relacionadas a denúncias, elogios ou sugestões, de modo a simplificar o canal de ingresso dessas comunicações e otimizar a análise e o encaminhamento do material recebido;

IV. Avaliação do grau de risco de integridade nas contratações e convênios públicos; e

V. Tratamento e correção das falhas sistêmicas identificadas.

Parágrafo único. Na realização dessas diretrizes, deverão ser observados os seguintes limites:

VI. A independência funcional da magistratura;

VII. As normas que regulam a conduta de magistrados e servidores;

VIII. As atribuições das Ouvidorias e das Corregedorias; e

IX. A preservação da cadeia de custódia e do sigilo legal de dados e informações, bem como o seu tratamento responsável e supervisionado, conforme a Lei nº 13.709/2018 (Lei Geral de Proteção de Dados).

Art. 4º São elementos fundamentais que devem nortear o sistema de integridade dos órgãos do Poder Judiciário:

I. Governança pública;

II. Transparência;

III. *Compliance*;

IV. Profissionalismo e meritocracia;

V. Inovação;

VI. Sustentabilidade e responsabilidade social;

VII. Prestação de contas e responsabilização;

VIII. Tempestividade e capacidade de resposta;

IX. Aprimoramento e simplificação regulatória;

X. Decoro profissional e reputação;

XI. Estímulo à renovação dos cargos de chefia e assessoramento da alta administração; e

XII. Vedação ao nepotismo.

Art. 5º Para os efeitos do disposto nesta Resolução, considera-se:

I. Integridade pública: alinhamento consistente e adesão a valores, princípios e normas éticas comuns que sustentam e priorizam o interesse público sobre os interesses privados no setor público;

II. *Compliance*: conjunto de mecanismos e procedimentos de controle interno, auditoria, incentivo à denúncia de irregularidades e de aplicação efetiva do código de conduta ética, políticas e diretrizes com objetivo de prevenir, detectar e sanar desvios, fraudes, irregularidades e atos ilícitos praticados por membros ou servidores do Poder Judiciário;

III. Alta administração: presidentes, vice-presidentes, corregedores, ouvidores e respectivos assessores diretos dos órgãos do Poder Judiciário; e

IV. Gestão de riscos: processo de natureza permanente, estabelecido, direcionado e monitorado pela alta administração, que contempla as atividades de identificar, avaliar e gerenciar potenciais eventos que possam afetar a organização dos órgãos do Poder Judiciário, destinado a fornecer segurança razoável quanto à realização de suas atividades.

Art. 6º Fica criado o Comitê de Integridade do Poder Judiciário (CINT), que terá como finalidade assessorar o Presidente do Conselho Nacional de Justiça na implementação do sistema de integridade indicado nesta Resolução, realizar o seu monitoramento e sugerir aprimoramentos a partir das melhores práticas nacionais e internacionais.

Parágrafo único. Os tribunais poderão solicitar ao Presidente do CNJ o auxílio do CINT para a implementação e o aprimoramento de seus sistemas de integridade.

Art. 7º O CINT é composto pelos seguintes membros titulares:

I. Conselheiro do Conselho Nacional de Justiça, que o coordenará;

II. Secretário-Geral do Conselho Nacional de Justiça;

III. Secretário Especial de Programas, Pesquisas e Gestão Estratégica do Conselho Nacional de Justiça;

IV. Juiz assessor da Presidência do Conselho Nacional de Justiça;

V. Juiz assessor da Corregedoria do Conselho Nacional de Justiça;

VI. Dois profissionais de notório e reconhecido conhecimento técnico e científico em sistemas de integridade;

VII. Dois gestores de tribunais com experiência no tema integridade;

VIII. Representante de Tribunal de Justiça dos Estados;

IX. Representante de Tribunal Regional Federal;

X. Representante de Tribunal Regional do Trabalho;

XI. Representante da Justiça Militar; e

XII. Representante da Justiça Eleitoral.

§ 1º Os membros do CINT serão indicados pelo Presidente do Conselho Nacional de Justiça para um mandato de 2 (dois) anos, prorrogável uma única vez.

§ 2º O CINT se reunirá sempre que necessário, sendo as reuniões convocadas pelo seu Coordenador.

§ 3º O CINT deliberará por maioria simples, sendo que, além do voto ordinário, o Coordenador do CINT terá o voto de qualidade em caso de empate.

§ 4º Representantes de outros órgãos e entidades da administração pública direta e indireta, bem como professores de notório e reconhecido conhecimento técnico em sistemas de integridade, poderão ser convidados a participar de reuniões do CINT, sem direito a voto.

Art. 8º Caberá à alta administração dos tribunais, observados as normas e os procedimentos específicos aplicáveis, implementar e manter mecanismos, instâncias e práticas que guardem consonância com os princípios, postulados e diretrizes estabelecidos nesta Resolução.

§ 1º Os mecanismos, as instâncias e as práticas de que trata o *caput* incluirão, dentre outros:

I. Eficiência dos controles internos;

II. Formas de acompanhamento de resultados;

III. Soluções para melhoria dos mecanismos e práticas implementados;

IV. Tratamento diferenciado ao erro de boa-fé; e

V. Desburocratização e aprimoramento de processos.

§ 2º O tratamento conferido às denúncias anônimas seguirá o disposto nos instrumentos normativos específicos a respeito do tema.

Art. 9º Esta Resolução entre em vigor na data de sua publicação.

Ministro LUIZ FUX

RESOLUÇÃO Nº 420, DE 29 DE SETEMBRO DE 2021

Texto compilado a partir da redação dada pela Resolução nº 469/2022.

Dispõe sobre a adoção do processo eletrônico e o planejamento nacional da conversão e digitalização do acervo processual físico remanescente dos órgãos do Poder Judiciário.

O PRESIDENTE DO CONSELHO NACIONAL DE JUSTIÇA (CNJ), no uso de suas atribuições legais e regimentais,

CONSIDERANDO as disposições da Estratégia Nacional do Poder Judiciário, instituída pela Resolução CNJ nº 325/2020;

CONSIDERANDO as disposições da Estratégia Nacional de Tecnologia da Informação e Comunicação do Poder Judiciário, ENTIC-JUD, para o período de 2021 a 2026, instituída pela Resolução CNJ nº 370/2021;

CONSIDERANDO as disposições da Estratégia Nacional de Segurança Cibernética do Poder Judiciário, ENSEC-JUD, para o período de 2021 a 2026, instituída pela Resolução CNJ nº 396/2021 e a Portaria CNJ nº 162/2021;

CONSIDERANDO a instituição da política pública para a governança e gestão de processo judicial eletrônico, integrando todos os tribunais do país com a criação da Plataforma Digital do Poder Judiciário Brasileiro – PDPJ-Br, na forma da Resolução CNJ nº 335/2020;

CONSIDERANDO a disponibilidade de sistemas processuais para adoção de processo eletrônico independentemente da competência;

CONSIDERANDO que a digitalização dos processos físicos é condição inexorável para a existência de uma prestação jurisdicional célere e eficiente;

CONSIDERANDO que, no médio e longo prazo, a digitalização de processos permitirá uma progressiva redução de despesas no âmbito do Poder Judiciário, na medida em que viabilizará a redução do tamanho da estrutura física dos tribunais.

CONSIDERANDO o deliberado pelo Plenário do CNJ no procedimento Ato nº 0006956-27.2021.2.00.0000, na 338ª Sessão Ordinária, realizada em 21 de setembro de 2021;

RESOLVE:

Art. 1º Fica vedado o recebimento e a distribuição de casos novos em meio físico em todos os tribunais, à exceção do Supremo Tribunal Federal, a partir de 1º de março de 2022.

§ 1º Será excepcionalmente admitido o recebimento de casos novos em meio físico, em razão de ocasional impossibilidade técnica eventual ou urgência comprovada que o exija.

§ 2º Os processos físicos recebidos na forma do parágrafo anterior deverão ser digitalizados e convertidos em eletrônicos no prazo máximo de dois meses.

Art. 2º A partir de 1º de março de 2022, os tribunais, à exceção do Supremo Tribunal Federal, exigirão que os inquéritos policiais, termos circunstanciados e demais procedimentos investigatórios que ainda tramitarem em meio físico sejam digitalizados por ocasião do oferecimento da denúncia ou da queixa, ressalvadas as hipóteses insculpidas no art. 1º, § 1º, da presente Resolução.

§ 1º A exigência de digitalização de procedimentos investigativos ou de procedimentos administrativos será facultativa, quando forem objeto de pedido de arquivamento, desde que o respectivo sistema processual registre a decisão judicial e faça referência às peças físicas que a instruem.

§ 2º Os tribunais exigirão que, a partir de 1º de março de 2022, representações por medidas cautelares, bem como eventuais pedidos incidentais que demandem decisão judicial, apresentados durante a fase de investigação, sejam recebidos e distribuídos eletronicamente, além de instruídos com todas as peças digitalizadas da investigação, ressalvadas as hipóteses insculpidas no art. 1º, § 1º, da presente Resolução.

Art. 3º A digitalização do acervo processual físico em eletrônico deverá ser concluída:

I. Até 31/12/2022, nos tribunais que, em 30 de setembro de 2021, ostentarem acervo físico inferior a 5% (cinco por cento) do total dos feitos em tramitação;

II. Até 31/12/2023, nos tribunais que, em 30 de setembro de 2021, ostentarem acervo físico superior a 5% (cinco por cento) e inferior a 20% (vinte por cento) do total dos feitos em tramitação;

III. Até 31/12/2024, nos tribunais que, em 30 de setembro de 2021, ostentarem acervo físico superior a 20% (vinte por cento) e inferior a 40% (quarenta por cento) do total dos feitos em tramitação; e

IV. Até 31/12/2025, nos tribunais que, em 30 de setembro de 2021, ostentarem acervo físico superior a 40% (quarenta por cento) do total dos feitos em tramitação;

Parágrafo único. A digitalização de processos suspensos nos tribunais em decorrência de repercussão geral ou recurso repetitivo, enquanto não definida a tese pelo tribunal superior, poderá ocorrer de forma subsidiária, priorizando-se os processos em tramitação regular.

Art. 4º Os presidentes dos tribunais, à exceção do Supremo Tribunal Federal, deverão, até 19 de dezembro de 2021, apresentar ao Conselho Nacional de Justiça um Plano de Trabalho contendo as informações previstas no § 1º deste artigo, que se destinam ao detalhamento do planejamento das iniciativas a serem realizadas para atender aos prazos acima previstos.

§ 1º O Plano de Trabalho deverá conter, no mínimo, as seguintes informações a serem apresentadas e enviadas por meio eletrônico de maneira clara e objetiva:

I. Total de processos físicos existentes;

II. Percentual que o número de processos físicos representa em relação ao total de processos existentes;

III. Cronograma de digitalização dos processos físicos existentes para o atendimento dos prazos estabelecidos no artigo anterior com indicação detalhada das unidades jurisdicionais que serão abrangidas em cada período;

IV. Informação sobre o montante estimado ou exato, este último quando conhecido, de recursos públicos a serem destinados anualmente nos próximos dois anos para a digitalização de processos;

V. Custo total estimado para a digitalização total de seus processos físicos;

VI. Detalhamento do planejamento e cronograma para a contratação do serviço de digitalização, caso a contratação de terceiros seja necessária, devendo indicar, neste caso, a data provável em que a licitação ocorrerá ou, no caso de contratação direta, quando o contrato será provavelmente celebrado; e

VII. Demais informações que o tribunal julgar relevantes.

§ 2º Em 30 de junho e 10 de dezembro de cada ano, os tribunais que tenham acervo físico superior a 10% (dez por cento) do seu acervo total deverão informar ao CNJ o percentual de processos em relação ao total de seus processos físicos que foi digitalizado no mesmo período (semestre).

§ 3º Os tribunais poderão realizar parcerias com outras entidades, tais como a OAB, o Ministério Público, a Advocacia-Geral da União, a Procuradoria do Estado, Procuradoria do Município e a Defensoria Pública, para conferir maior celeridade à sua programação de digitalização, podendo, ademais, priorizar, de forma fundamentada administrativamente, a digitalização de determinadas classes processuais, de regiões, de comarcas, de subseções ou com amparo em outro critério juridicamente aceitável.

§ 4º Adicionalmente ao Plano de Trabalho enviado ao CNJ no prazo do *caput*, os tribunais poderão, até 30 de março de 2022, apresentar retificações ou informações complementares ao referido documento.

Art. 5º Os tribunais, à exceção do Supremo Tribunal Federal, deverão apresentar ao Conselho Nacional de Justiça, até 31 de julho de cada exercício, a respectiva programação orçamentária para o ano subsequente, indicando recursos suficientes ao cumprimento do cronograma de digitalização e conversão estabelecido.

§ 1º Para os fins a que se refere o disposto no *caput*, os tribunais deverão criar rubrica orçamentária própria, com destinação orçamentária compatível com o objetivo a ser alcançado conforme este ato.

§ 2º Na hipótese insculpida no inciso IV do art. 3º, os tribunais deverão assegurar destinação orçamentária apta a assegurar a digitalização, a cada ano, de pelo menos 25% (vinte e cinco por cento) do acervo físico remanescente, de modo que ocorra de forma integral até 31/12/2025.

§ 3º A transferência de recursos da rubrica orçamentária mencionada no § 1º para qualquer outra depende de prévia autorização do Conselho Nacional de Justiça.

§ 4º Para o exercício de 2022, os tribunais deverão empregar recursos suficientes ao início do respectivo cronograma de conversão e digitalização.

Art. 6º A digitalização dos processos físicos e sua gestão deverão observar as normas e os instrumentos do Programa Nacional de Gestão Documental e Memória do Poder Judiciário (Proname) do Conselho Nacional de Justiça, em especial a Resolução CNJ nº 324/2020. (Redação dada pela Resolução nº 469, de 31.8.2022)

Parágrafo único. As diretrizes, as normas e os requisitos necessários para a digitalização de documentos do Poder Judiciário são disciplinados em Resolução específica do Conselho Nacional de Justiça. (Redação dada pela Resolução nº 469, de 31.8.2022)

Art. 7º Esta Resolução entra em vigor na data de sua publicação.

Ministro LUIZ FUX

RECOMENDAÇÃO Nº 123, DE 7 DE JANEIRO DO 2022

Recomenda aos órgãos do Poder Judiciário brasileiro a observância dos tratados e convenções internacionais de direitos humanos e o uso da jurisprudência da Corte Interamericana de Direitos Humanos.

O PRESIDENTE DO CONSELHO NACIONAL DE JUSTIÇA (CNJ), no uso de suas atribuições legais e regimentais,

CONSIDERANDO que o Brasil assinou a Declaração Universal dos Direitos Humanos proclamada pela Assembleia Geral das Nações Unidas em 10 de dezembro de 1948;

CONSIDERANDO que a República Federativa do Brasil adota como princípios fundamentais a dignidade da pessoa humana e a prevalência dos direitos humanos nas relações internacionais (art. 1º, inciso III, c/c. arts. 3º e 4º, inciso II, da CRFB);

CONSIDERANDO que a Constituição da República Federativa do Brasil estabelece em seu § 2º do art. 5º, que os "direitos e garantias expressos nesta Constituição não excluem outros decorrentes do regime e dos princípios por ela adotados, ou dos tratados internacionais em que a República Federativa do Brasil seja parte";

CONSIDERANDO que a Constituição da República Federativa do Brasil estabelece em seu § 3º do art. 5º, que os "tratados e convenções internacionais sobre direitos humanos que forem aprovados, em cada Casa do Congresso Nacional, em dois turnos, por três quintos dos votos dos respectivos membros, serão equivalentes às emendas constitucionais";

CONSIDERANDO que a Convenção Americana sobre Direitos Humanos, de 22 de novembro de 1969, promulgada por meio do Decreto nº 678, de 6 de novembro de 1992, dispõe no art. 1º que os "Estados Partes nesta Convenção comprometem-se a respeitar os direitos e liberdades nela reconhecidos e a garantir seu livre e pleno exercício a toda pessoa que esteja sujeita à sua jurisdição, sem discriminação alguma por motivo de raça, cor, sexo, idioma, religião, opiniões políticas ou de qualquer outra natureza, origem nacional ou social, posição econômica, nascimento ou qualquer outra condição social";

CONSIDERANDO ainda que a Convenção Americana sobre Direitos Humanos dispõe no art. 68 que os "Estados Partes na Convenção comprometem-se a cumprir a decisão da Corte em todo caso em que forem partes";

CONSIDERANDO que a Convenção de Viena sobre o Direito dos Tratados, de 23 de maio de 1969, promulgada por meio do Decreto nº 7.030, de 14 de dezembro de 2009, estabelece no art. 27 que "uma parte não pode invocar as disposições de seu direito interno para justificar o inadimplemento de um tratado";

CONSIDERANDO que o Código de Processo Civil em seu art. 8º dispõe que "ao aplicar o ordenamento jurídico, o juiz atenderá aos fins sociais e às exigências do bem comum, resguardando e promovendo a dignidade humana e observando a proporcionalidade, a razoabilidade, a legalidade, a publicidade e a eficiência";

CONSIDERANDO a diretriz estratégica para orientar a atuação do Judiciário brasileiro de 2016, aprovada pelo Conselho Nacional de Justiça, estabelece que "é diretriz estratégica do Poder Judiciário, e compromisso de todos os tribunais brasileiros, dar concretude aos direitos previstos em tratados, convenções e demais instrumentos internacionais sobre a proteção dos direitos humanos";

CONSIDERANDO que a Corte Interamericana de Direitos Humanos reiterou em sua jurisprudência, inclusive nos casos em que o Estado Brasileiro foi condenado diretamente, o dever de controlar a convencionalidade pelo Poder Judiciário, no sentido de que cabe aos juízes e juízas aplicar a norma mais benéfica à promoção dos direitos humanos no equilíbrio normativo impactado pela internacionalização cada vez mais crescente e a necessidade de se estabelecer um diálogo entre os juízes;

CONSIDERANDO que cabe aos juízes extrair o melhor dos ordenamentos buscando o caminho para o equilíbrio normativo impactado pela internacionalização cada vez mais crescente e a necessidade de se estabelecer um diálogo entre os juízes;

CONSIDERANDO os termos das condenações, em especial as medidas de reparação integral ordenadas em face do Estado Brasileiro em todas as 10 (dez) sentenças expedidas pela Corte Interamericana de Direitos Humanos contra o Estado;

CONSIDERANDO o deliberado pelo Plenário do CNJ no procedimento Ato Normativo nº 0008759-45.2021.2.00.0000, na 61ª Sessão Extraordinária, realizada em 14 de dezembro de 2021;

RESOLVE:

Art. 1º Recomendar aos órgãos do Poder Judiciário:

I. A observância dos tratados e convenções internacionais de direitos humanos em vigor no Brasil e a utilização da jurisprudência da Corte Interamericana de Direitos Humanos (Corte IDH), bem como a necessidade de controle de convencionalidade das leis internas.

II. A priorização do julgamento dos processos em tramitação relativos à reparação material e imaterial das vítimas de violações a direitos humanos determinadas pela Corte Interamericana de Direitos Humanos em condenações envolvendo o Estado brasileiro e que estejam pendentes de cumprimento integral.

Art. 2º Esta Recomendação entra em vigor na data da sua publicação.

Ministro LUIZ FUX

RECOMENDAÇÃO Nº 134, DE 9 DE SETEMBRO DE 2022

Dispõe sobre o tratamento dos precedentes no Direito brasileiro.

O **PRESIDENTE DO CONSELHO NACIONAL DE JUSTIÇA (CNJ)**, no uso de suas atribuições legais e regimentais,

CONSIDERANDO o disposto nos arts. 926 e 927 da Lei nº 13.105/2015 – Código de Processo Civil (CPC/2015);

CONSIDERANDO o disposto nos arts. 896-B e 896-C da Consolidação das Leis do Trabalho (CLT), com a redação que lhes foi dada pela Lei nº 13.015/2014;

CONSIDERANDO a relevância dos precedentes judiciais para a promoção da segurança jurídica, da estabilidade e do ambiente de negócios no Brasil;

CONSIDERANDO as sugestões e proposições formuladas pelo Grupo de Trabalho, instituído pela Portaria CNJ nº 240/2020, destinado à elaboração de estudos e de propostas voltadas ao fortalecimento dos precedentes no sistema jurídico;

CONSIDERANDO a deliberação do Plenário do CNJ no Ato Normativo nº 0005217-82.2022.2.00.0000, na 63ª Sessão Extraordinária, realizada em 6 de setembro de 2022;

RESOLVE:

Art. 1º O sistema de precedentes representa uma nova concepção de jurisdição, em que o Poder Judiciário procura não apenas resolver de modo atomizado e repressivamente os conflitos já instaurados, mas se preocupa em fornecer, de modo mais estruturado e geral, respostas às controvérsias atuais, latentes e potenciais, de modo a propiciar a efetiva segurança jurídica.

Art. 2º Recomenda-se aos tribunais que, nos termos do art. 926 do CPC/2015, com regularidade, zelem pela uniformização das questões de direito controversas que estejam sob julgamento, utilizando-se, com a devida prioridade, dos instrumentos processuais cabíveis.

Art. 3º Recomenda-se aos tribunais, mediante os seus respectivos órgãos, administrativos ou judiciais, e aos magistrados que realizem um trabalho permanente de identificação das questões de direito controversas, que sejam comuns, em uma quantidade razoável de processos, ou de repercussão geral, para que possam ser objeto de uniformização.

Art. 4º Recomenda-se aos magistrados que contribuam com o bom funcionamento do sistema de precedentes legalmente estabelecido, zelando pela uniformização das soluções dadas às questões controversas e observando e fazendo observar as teses fixadas pelos tribunais superiores e, na falta de precedentes e jurisprudência por parte destes, pelos respectivos tribunais regionais ou estaduais.

Art. 5º Recomenda-se que a uniformização da jurisprudência seja realizada, preferencialmente, mediante a formulação de precedentes vinculativos (qualificados), previstos no art. 927 do CPC/2015.

Art. 6º A sistemática de solução de questões comuns e casos repetitivos, estabelecida pelo CPC/2015, deve ser utilizada com regularidade e representa uma técnica de gestão, processamento e julgamento dos processos, com a metodologia de decisão concentrada sobre questões essenciais de direito e a eventual suspensão de processos que versem sobre a controvérsia que está sendo decidida de modo concentrado.

Art. 7º Os meios de resolução concentrada de questões comuns de direito são importantes para o acesso à justiça, para a segurança jurídica, para a garantia da isonomia, para o equilíbrio entre as partes e para o cumprimento do direito material.

Art. 8º Os precedentes devem ser respeitados, a fim de concretizar o princípio da isonomia e da segurança jurídica, bem como de proporcionar a racionalização do exercício da magistratura.

Art. 9º Recomenda-se que a observância dos precedentes dos tribunais superiores ocorra quando houver, subsequentemente, casos idênticos, ou análogos, que devem ser decididos à luz da mesma razão determinante.

Art. 10. Recomenda-se que haja menção expressa, na decisão, sobre as razões que levam à necessidade de afastamento ou ao acolhimento dos precedentes trazidos pelas partes (art. 489, § 1º, V e VI, do CPC/2015).

Art. 11. Recomenda-se aos membros de um órgão colegiado que, ao redigir decisões que possam servir como precedente obrigatório ou persuasivo, indiquem tese que espelhe a orientação a ser seguida.

Art. 12. Recomenda-se que os acórdãos proferidos no julgamento do incidente de assunção de competência, de resolução de demandas repetitivas e no julgamento de recursos extraordinário e especial repetitivos contenham:

I. Indicação de todos os fundamentos suscitados, favoráveis e contrários à tese jurídica discutida;

II. Delimitação dos dispositivos normativos relevantes relacionados à questão jurídica;

III. Identificação das circunstâncias fáticas subjacentes à controvérsia, em torno da questão jurídica;

IV. Enunciação da tese jurídica firmada pelo órgão julgador em destaque, evitando a utilização de sinônimos de expressões técnicas ou em desuso.

Art. 13. Recomenda-se que as teses:

I. Sejam redigidas de forma clara, simples e objetiva;

II. Não contenham enunciados que envolvam mais de uma tese jurídica;

III. Indiquem brevemente e com precisão as circunstâncias fáticas as quais diz respeito;

Parágrafo único. Recomenda-se que os tribunais desenvolvam na PDPJ ferramentas de busca eficientes para localização do(s) acórdão(s) de que resultou a tese.

Art. 14. Poderá o juiz ou tribunal, excepcionalmente, identificada distinção material relevante e indiscutível, afastar precedente de natureza obrigatória ou somente persuasiva, mediante técnica conhecida como distinção ou *distinguishing*.

§ 1º Recomenda-se que, ao realizar a distinção (*distinguishing*), o juiz explicite, de maneira clara e precisa, a situação material relevante e diversa capaz de afastar a tese jurídica (*ratio decidendi*) do precedente tido por inaplicável.

§ 2º A distinção (*distinguishing*) não deve ser considerada instrumento hábil para afastar a aplicação da legislação vigente, bem como estabelecer tese jurídica (*ratio decidendi*) heterodoxa e em descompasso com a jurisprudência consolidada sobre o assunto.

§ 3º Recomenda-se que o *distinguishing* não seja confundido e não seja utilizado como simples mecanismo de recusa à aplicação de tese consolidada.

§ 4º Recomenda-se considerar imprópria a utilização do *distinguishing* como via indireta de superação de precedentes (*overruling*).

§ 5º A indevida utilização do *distinguishing* constitui vício de fundamentação (art. 489, § 1º, VI, do CPC/2015), o que pode ensejar a cassação da decisão.

Art. 15. A intimação das partes, nos processos que dependam da resolução da questão comum de direito, encontra-se prevista expressamente apenas para os recursos repetitivos, nos termos do art. 1.037, § 8º, do CPC/2015, mas recomenda-se considerar que a sua aplicação é fundamental e deve ocorrer também na sistemática do Incidente de Resolução de Demandas Repetitivas, não apenas para efetivar a suspensão em concreto, mas principalmente para que os interessados possam tomar, de fato, conhecimento do incidente, postular eventual distinção e possibilitar a interposição do pertinente recurso diante do não reconhecimento da diferenciação.

Art. 16. A precisão na definição da questão jurídica ou das questões jurídicas a serem apreciadas, quando da afetação, é de grande importância e deve ser destacada a partir de:

I. Uma indagação geral e comum, presente em uma quantidade significativa de processos, podendo ser utilizada a técnica da especificação de questões;

II. Uma questão de direito e não de fato;

III. Controvérsia atual e relevante entre órgãos julgadores, pois, do contrário, não haverá interesse (necessidade-utilidade) para a instauração do incidente.

Art. 17. Recomenda-se que, no âmbito interno dos tribunais, a competência para a fixação do precedente qualificado seja do órgão responsável pela uniformização da jurisprudência na matéria, sendo altamente recomendável, sempre que possível, a especialização.

Art. 18. Versando o incidente sobre arguição de inconstitucionalidade ou sobre tema afeto a mais de um órgão especializado, a competência será do Pleno ou do Órgão Especial, em observância à reserva constitucionalmente prevista no art. 97 ou por decorrência lógica da limitação material, respectivamente.

Art. 19. Recomenda-se que o objeto da tese do precedente qualificado seja a questão jurídica controversa.

§ 1º Recomenda-se que a aplicação da tese jurídica fixada ao caso concreto seja feita pelo juízo natural dos processos pendentes.

§ 2º A observância dessa sistemática é fundamental para que não haja a confluência de número excessivo de questões fáticas e de processos para o órgão competente para a uniformização da jurisprudência, inviabilizando-se a pretendida economia processual e a duração razoável dos processos.

Art. 20. Recomenda-se que a comunicação e o acesso às informações pertinentes aos precedentes sejam materializados mediante o registro nos bancos ou cadastros de precedentes dos tribunais e no Banco Nacional de Precedentes, nos termos da Resolução CNJ nº 444/2022, e também de todas as demais formas possíveis, como divulgação no site dos tribunais, nas redes sociais, nos meios de comunicação de massa e outros que possam ser utilizados, de modo módico e eficiente.

Art. 21. Recomenda-se que desdobramentos com potencial de repetição possam ser suscitados e julgados mediante o Incidente de Assunção de Competência, julgados em colegiados de uniformização e eventuais recursos indicados como relevantes.

Art. 22. Recomenda-se que seja adotado o procedimento do recurso especial ou extraordinário representativo da controvérsia (CPC/2015, art. 1.036, § 1º) em situações que indiquem distinção ou superação de precedentes. Com isso, haverá a admissão de 2 (dois) ou mais processos e o sobrestamento dos demais feitos com mesma questão jurídica possivelmente distinta ou superada.

Art. 23. Recomenda-se aos tribunais a prioridade da análise de casos repetitivos em que se discuta a distinção em relação a precedentes relevantes e a avaliação da possibilidade de instauração de incidente de resolução de demandas repetitivas.

Art. 24. Recomenda-se aos tribunais que avaliem o uso do incidente de resolução de demandas repetitivas para pacificação de temas de direito local com jurisprudência uniforme.

Art. 25. A suspensão dos processos pendentes é elemento extremamente importante dentro da lógica do funcionamento e dos resultados pretendidos, sob o prisma do sistema dos julgamentos de questões comuns ou repetitivas, especialmente no que diz respeito à economia processual e, consequentemente, da própria duração razoável dos processos.

§ 1º A concepção global e a regra geral não devem ser inflexíveis, a ponto de tornar-se inadequado o mecanismo processual, ou os seus efeitos, para determinadas situações.

§ 2º A suspensão poderá, a juízo do tribunal, em caráter excepcional, não ocorrer ou ser limitada.

Art. 26. Não obstante a previsão contida no art. 982, *caput* e inciso I, do CPC/2015, a questão da suspensão, no âmbito do tribunal, poderá ser decidida monocrática ou coletivamente, de modo respectivo, pelo relator ou pelo colegiado do órgão competente.

Art. 27. A formação do precedente dentro de prazo razoável é fundamental para a consecução dos objetivos do sistema processual.

Parágrafo único. Recomenda-se que, diante da ausência de limitação expressa e da fórmula relativamente aberta, a exigir apenas a devida decisão fundamentada, inexista restrição quanto à possibilidade de uma ou mais prorrogações, desde que este lapso temporal não acabe representando afronta ao acesso à justiça e à duração razoável dos processos.

Art. 28. Para que o sistema de precedentes funcione a contento, deve ser eficiente, sendo fundamental, para tanto, que os tribunais de segundo grau e as cortes superiores possam julgar rapidamente as questões centrais comuns controversas e que tenham propiciado ou estejam ainda fomentando controvérsias repetitivas.

Parágrafo único. Recomenda-se que a possibilidade de rápido encaminhamento dessas questões, inclusive a partir dos juízos de primeiro grau, para os tribunais regionais e estaduais, com recurso direto para os tribunais superiores, seja considerada parte da essência ou da concepção pura deste sistema.

Art. 29. A comunicação dos órgãos jurisdicionais em relação à suspensão dos processos assume importância capital, na medida em que as partes dos processos suspensos devem ser intimadas da respectiva decisão.

Parágrafo único. A determinação descrita no *caput* se encontra expressamente prevista para a sistemática dos recursos repetitivos, nos §§ 8º a 13 do art. 1.037 do CPC/2015, mas recomenda-se que seja aplicada também nos demais incidentes e procedimentos de uniformização.

Art. 30. A intimação mencionada no item anterior serve exatamente para que as partes possam, eventualmente, de modo similar ao previsto no § 9º do art. 1.038 do CPC/2015, demonstrar a distinção entre a questão a ser decidida no processo e aquela que está sendo objeto de uniformização, requerendo, nesse caso, o prosseguimento do seu processo.

Art. 31. Recomenda-se que seja considerada plenamente aplicável também a previsão contida no § 13 do art. 1.038 do CPC/2015, no sentido de que, contra a decisão proferida, para resolver o requerimento de suspensão, caberá, conforme o caso:

I. Agravo de instrumento, se o processo estiver em primeiro grau;

II. Agravo interno, se a decisão for do relator.

Art. 32. No sistema de processos paralelos adotado no Brasil, trabalha-se, por um lado, dentro de uma lógica de precedente, com o respectivo efeito vinculativo, e, por outro, com a possibilidade de participação e influência por parte dos interessados, bem como ainda com a intervenção necessária do Ministério Público.

Parágrafo único. A oportunidade de manifestação das partes e interessados, especialmente considerados os titulares de direitos que possam ser afetados pelo efeito vinculativo do precedente, deve ser considerado ponto fundamental para a legitimação do procedimento modelo estabelecido no ordenamento brasileiro.

Art. 33. Recomenda-se que o precedente produzido no IRDR ou no IAC seja aplicado com efeito vinculativo no âmbito do respectivo tribunal, em sentido horizontal e vertical.

§ 1º Se não houver a interposição ou julgamento de recurso especial ou extraordinário, bem como a superação indireta da tese a partir de jurisprudência firmada por tribunal superior, recomenda-se que a observância da tese esteja limitada aos órgãos judiciais na área do respectivo tribunal de justiça ou tribunal regional, inclusive aos concernentes juizados especiais.

§ 2º A tese fixada poderá, naturalmente, ter efeito persuasivo em relação aos juízos situados fora da área de jurisdição do tribunal que tenha julgado o incidente.

Art. 34. Recomenda-se aos tribunais que se atenham, no juízo de admissibilidade do Incidente de Resolução de Demandas Repetitivas, somente aos requisitos legalmente estabelecidos no art. 976 do CPC/2015, levando em consideração a análise da conveniência quanto à quantidade de processos e ao risco à isonomia.

Art. 35. Recomenda-se aos tribunais de segundo grau e às cortes superiores que julguem rapidamente as questões centrais comuns controversas e que tenham propiciado ou estejam ainda fomentando controvérsias repetitivas.

§ 1º A possibilidade de rápido encaminhamento dessas questões, inclusive a partir dos juízos de primeiro grau, para os tribunais regionais e estaduais, com recurso direto para os tribunais superiores, faz parte da essência ou da concepção pura deste sistema.

§ 2º Essa formulação encontra-se em sintonia com essa nova concepção de jurisdição, menos burocrática e mais efetiva, em que o instrumentalismo é ampliado e aprofundado.

Art. 36. Para que haja a admissibilidade e julgamento do Incidente de Resolução de Demandas Repetitivas, a multiplicidade e risco à isonomia precisam ser atuais, nos termos do art. 976 do CPC/2015, com a pendência de causas em primeiro grau ou no próprio tribunal, quando suscitado o incidente, não podendo ser provocado o incidente como sucedâneo recursal.

Art. 37. Recomenda-se aos tribunais que criem, no âmbito dos Juizados Especiais, órgãos uniformizadores da respectiva jurisprudência, para que possam, nos termos do art. 98 da CRFB/1988, apreciar os Incidentes de Resolução de Demandas Repetitivas suscitados a partir de processos da sua competência.

§ 1º Recomenda-se que seja considerado incabível o incidente de resolução de demandas repetitivas quando o respectivo tribunal regional ou estadual, no âmbito de sua respectiva competência, já tiver afetado IRDR para definição de tese sobre questão de direito material ou processual repetitiva, a partir de processos da sua competência.

§ 2º Recomenda-se que, em caso de superveniência de tese firmada pelos tribunais estaduais, regionais ou superiores, a tese constituída no sistema dos juizados especiais seja tida por ineficaz diante do entendimento estabelecido pelos tribunais, em caso de incompatibilidade entre os posicionamentos adotados, para que haja a prevalência e incidência das teses estabelecidas pelos tribunais.

Art. 38. A inexistência de previsão expressa no CPC/2015 quanto à possibilidade de solução consensual no âmbito do Incidente de Resolução de Demandas Repetitivas não impede a sua utilização, por estar em harmonia com o próprio instituto e com normas fundamentais do Estatuto Processual.

Art. 39. A aplicação do precedente envolve operação cognitiva e deve ser sempre devidamente fundamentada. Parágrafo único. Recomenda-se que o efeito vinculativo estabelecido se encontre limitado às questões e fundamentos que tenham sido suscitados e analisados no precedente.

Art. 40. Recomenda-se que, para se efetuar uma interpretação sistemática e teleológica coerente da previsão insculpida no art. 1.041 do CPC/2015, a possibilidade de manutenção do acórdão pelo tribunal a quo mencionada pelo dispositivo somente seja tida por autorizada quando houver:

I. O reconhecimento da distinção entre o caso concreto e a tese firmada pelo tribunal superior; ou

II. A superação da tese, em razão da formulação ou acolhimento de fundamentos jurídicos não enfrentados pelo tribunal superior quando do julgamento da questão de direito.

Art. 41. Recomenda-se que não haja enquadramento e, portanto, efeito vinculativo, se o tribunal que julgar a questão, no precedente firmado, não houver enfrentado e se pronunciado sobre fundamento existente no caso concreto futuro.

Parágrafo único. O magistrado poderá se afastar da tese fixada se adotar fundamento não analisado no precedente, que, na hipótese, terá somente o efeito persuasivo.

Art. 42. Sendo hipótese de distinção ou de superação, haverá, naturalmente, a necessidade de ser exposta a devida fundamentação no sentido da inaplicabilidade da tese ao caso concreto em julgamento ou da formulação de novos fundamentos que denotem que a tese não deverá mais ser aplicada, em razão de modificações ocorridas, como, por exemplo, a decorrente de alteração legislativa.

Art. 43. Não obstante a literalidade dos arts. 985, *caput* (IRDR) e 1.040, *caput* (repetitivos) do CPC/2015, no que diz respeito à eficácia do acórdão enquanto precedente, recomenda-se aos tribunais, em razão de uma interpretação lógica e sistemática, que deem efeito suspensivo aos recursos interpostos dessas decisões, para que não se corra grave risco de ofensa a isonomia.

Art. 44. Recomenda-se que os embargos de declaração em que se pede a manifestação do tribunal sobre modulação sejam recebidos com efeito suspensivo.

Art. 45. A superação da tese jurídica firmada no precedente pode acontecer de ofício, pelo próprio tribunal que fixou a tese, ou a requerimento dos legitimados para suscitar o incidente, isto é, pelas partes, pelo Ministério Público ou pela Defensoria Pública.

Art. 46. Recomenda-se que na própria decisão que altera orientação jurisprudencial pacificada anterior ou adotada em precedente vinculante haja manifestação expressa sobre a modulação dos efeitos da nova orientação, sob pena de que a decisão possa ser tida por omissa, e considerada, portanto, embargável de declaração.

Art. 47. Recomenda-se que o tribunal leve em consideração preferencialmente o momento da conduta da parte e a orientação jurisprudencial firme existente à época, para fixar parâmetros da eficácia temporal do novo precedente.

Art. 48. Recomenda-se que os tribunais analisem a pertinência da realização de audiências públicas e/ou de oitiva de *amicus curiae* para fixação de modulação, quando necessária, da tese fixada.

Art. 49. Recomenda-se que os precedentes, assim como as disposições contidas o presente ato, sejam aplicados por todos os tribunais e órgão judiciais, independentemente do ramo e da matéria.

Parágrafo único. A Comissão de Gestão Estratégica, Estatística e Orçamento zelará pelo fortalecimento da cultura de precedentes no sistema jurídico, realizando monitoramento por meio de indicadores e estatísticas, bem como fomentando a troca de experiências entre os tribunais, além de, eventualmente, propor o aprimoramento da presente normativa.

Art. 50. Esta Recomendação entra em vigor na data de sua publicação.

Ministro LUIZ FUX

RECOMENDAÇÃO Nº 139, DE 12 DE DEZEMBRO DE 2022

Recomenda aos magistrados e às magistradas que observem as regras e práticas destinadas ao combate ao trabalho infantil, nos procedimentos pertinentes à expedição de alvarás para participação de crianças e adolescentes em ensaios, espetáculos públicos, certames e atividades afins.

A PRESIDENTE DO CONSELHO NACIONAL DE JUSTIÇA (CNJ), no uso de suas atribuições legais e regimentais,

CONSIDERANDO a proibição do trabalho infantil constante nas Convenções nº 138 e 182 da Organização Internacional do Trabalho (OIT), ambas ratificadas pelo Brasil e integrantes da lista de convenções que conformam a Declaração de Princípios e Direitos Fundamentais do Trabalho, de 1998, da OIT;

CONSIDERANDO o Princípio nº 9 da Declaração dos Direitos da Criança, adotada pela Assembleia das Nações Unidas de 20 de novembro de 1959, dispõe que "não será permitido à criança empregar-se antes da idade mínima conveniente; de nenhuma forma será levada ou ser-lhe-á permitido empenhar-se em qualquer ocupação ou emprego que lhe prejudique a saúde ou a educação ou que interfira em seu desenvolvimento físico, mental ou moral";

CONSIDERANDO a Convenção sobre os Direitos da Criança (1989), formalmente incorporada ao ordenamento positivo brasileiro por meio do Decreto nº 99.710/1990;

CONSIDERANDO a vedação ao trabalho infantojuvenil constante no art. 7º, inciso XXXIII, da CF/88, nos arts. 60 a 69

do ECA e no Capítulo IV, "Da Proteção do Trabalho do Menor", do Título III da CLT;

CONSIDERANDO os direitos das crianças e dos adolescentes preconizados pelo art. 227 da CF/88;

CONSIDERANDO o Pedido de Providências nº 0005573-63.2011.2.00.0000, advindo do Conselho Nacional de Justiça, no qual figura como requerente o Ministério Público do Trabalho e como requeridas as Corregedorias-Gerais dos Tribunais de Justiça brasileiros, que estabelece que os Corregedores-Gerais dos tribunais sejam provocados a verificar o cumprimento da Constituição da República e das normas de regência no tangente à concessão de autorização para trabalho de crianças e adolescentes;

CONSIDERANDO o teor da decisão do Supremo Tribunal Federal na ADI nº 5.326, em que consta que "ausente controvérsia a envolver relação de trabalho, compete ao Juízo da Infância e da Juventude, inserido no âmbito da Justiça Comum, apreciar, no campo da jurisdição voluntária, pedido de autorização visando a participação de crianças e adolescentes em eventos de caráter artístico";

CONSIDERANDO os fundamentos apresentados pelo Relator da ADI nº 5.326, em seu voto condutor da decisão do Supremo Tribunal Federal, quanto à autorização prevista no art. 149 do ECA, que trata das condições da representação artística de crianças e adolescentes;

CONSIDERANDO os fundamentos apresentados pelo Relator da ADI nº 2.096, em seu voto condutor da decisão do Supremo Tribunal Federal, em que consta que "o direito à profissionalização [...] pressupõe que a atividade laboral mostre-se compatível com o estágio de desenvolvimento do adolescente, tornando-se um fator coadjuvante no processo individual de descoberta de suas potencialidades e de conquista de sua autonomia, devendo ser realizada em ambiente de trabalho adequado, que o mantenha a salvo de toda forma de negligência, de violência, de crueldade e de exploração";

CONSIDERANDO o teor do art. 149 do ECA, referente à expedição de portarias e alvarás judiciais afetos à participação de crianças ou adolescentes em espetáculos públicos, ensaios e certames;

CONSIDERANDO que não há previsão da exigência de autorização ou alvará judicial na legislação ordinária que instituiu o contrato de aprendizagem (Lei nº 10.097/2000), o contrato de estágio (Lei nº 11.788/2008), o trabalho socioeducativo (ECA, art. 68) e a atividade desportiva formadora dos atletas mirins (Lei nº 9.615/1998, art. 29, § 4º);

CONSIDERANDO que a legislação ordinária afeta aos contratos de aprendizagem (Lei nº 10.097/2000), de estágio (Lei nº 11.788/2008), de trabalho socioeducativo (ECA, art. 68) e de atividade desportiva formadora dos atletas mirins (Lei nº 9.615/98, art. 29, § 4º) não condiciona a celebração de tais modalidades contratuais à prévia apreciação judicial;

CONSIDERANDO a necessidade de emprestar efetividade aos objetivos de desenvolvimento sustentável previstos na Agenda 2030 da ONU, o que abrange a "eliminação das piores formas de trabalho infantil" (item "8.7");

RESOLVE:

Art. 1º Recomendar aos magistrados e às magistradas que, na apreciação de pedidos para a participação de crianças e adolescentes em espetáculos públicos, ensaios e certames, previstos no art. 149 do ECA, atentem para a prévia e imprescindível concordância da criança ou do(a) adolescente e para a autorização e o acompanhamento permanente dos pais e/ou responsáveis, inclusive com a efetiva verificação da compatibilidade entre o tempo de ensaio, os intervalos e as pausas com a regular frequência escolar, além da cautela de resguardar, sempre, o exercício regular da fiscalização administrativa pelos órgãos competentes.

§ 1º Sempre que o magistrado ou a magistrada averiguar a existência de interesse econômico subjacente à atividade artística da criança e do adolescente, deverá oficiar aos órgãos de fiscalização competentes, como Ministério do Trabalho, Ministério Público do Trabalho, Ministério Público Estadual, Conselho Tutelar, Secretaria de Educação ou assistência social, entre outros.

§ 2º Sempre que se constatar que a atividade de crianças e adolescentes abrange tratamento de dados pessoais, deverá o magistrado ou a magistrada zelar pelo cumprimento integral dos comandos constantes no art. 14 da Lei nº 13.709/2018 (Lei Geral de Proteção de Dados Pessoais – LGPD).

§ 3º A anuência da criança em participar de espetáculos públicos, ensaios e certames deverá ser aferida diretamente pela autoridade judiciária ou por respectiva equipe técnica, observada a especificidade de sua idade, maturidade, bem como as diferentes formas de expressão infantil.

§ 4º A participação da criança de que trata o § 3º deste artigo está condicionada ao acompanhamento de pelo menos um dos responsáveis legais.

§ 5º Expedido o alvará ou indeferido o pedido de autorização de trabalho, o magistrado ou a magistrada oficiará aos órgãos previstos no § 1º deste artigo.

Art. 2º A celebração de contratos de aprendizagem (Lei nº 10.097/2000), de estágio (Lei nº 11.788/2008), de trabalho socioeducativo (ECA, art. 68) e de contratos de atividade desportiva formadora de atletas mirins (Lei nº 9.615/98, art. 29, § 4º) independe de autorização judicial prévia e deve se manter nos limites previstos expressamente na legislação correlata.

§ 1º Os contratos firmados nas hipóteses previstas no *caput* estão sujeitos à apreciação da autoridade jurisdicional competente, por provocação das partes legitimadas.

§ 2º Na hipótese prevista no § 1º deste artigo, sempre que o magistrado ou a magistrada averiguar violação a direitos de crianças e adolescentes deverá oficiar aos órgãos de fiscalização previstos no § 1º do art. 1º.

§ 3º As ações que tenham como objeto a cessação de qualquer espécie de exploração ilegal de trabalho infantil, bem como as que versem sobre as responsabilizações trabalhista, cível, administrativa ou criminal relativas a tal ilícito deverão contar com tramitação prioritária.

Art. 3º Esta Recomendação entra em vigor na data de sua publicação.

Ministra ROSA WEBER

RESOLUÇÃO Nº 453, DE 22 DE ABRIL DE 2022

Texto compilado a partir da redação dada pela Resolução nº 489/2023.

Institui o Fórum Nacional do Poder Judiciário para monitoramento e efetividade das demandas relacionadas aos Povos Indígenas (Fonepi), com o objetivo de elaborar estudos e propor medidas para o aperfeiçoamento do sistema judicial quanto ao tema. (redação dada pela Resolução nº 489, de 28.2.2023)

O PRESIDENTE DO CONSELHO NACIONAL DE JUSTIÇA (CNJ), no uso de suas atribuições legais e regimentais,

CONSIDERANDO que a Declaração das Nações Unidas sobre os Direitos dos Povos Indígenas reconhece o direito desses de conservar e reforçar suas próprias instituições políticas, jurídicas, econômicas, sociais e culturais (arts. 5º e 34);

CONSIDERANDO que a Declaração das Nações Unidas sobre os Direitos dos Povos Indígenas estabelece que os Estados devem adotar medidas eficazes para garantir a proteção dos direitos dos povos indígenas, bem como procedimentos equitativos e justos, para o acerto de controvérsias com os Estados ou outras partes e uma pronta decisão sobre essas controvérsias, assim como, uma reparação efetiva para toda a lesão de seus direitos individuais e coletivos. (arts. 13 e 40)

CONSIDERANDO o reconhecimento da organização social, costumes, línguas, crenças e tradições das populações indígenas (art. 231 da CF);

CONSIDERANDO que o relatório da missão da Relatora Especial sobre os povos indígenas da ONU no Brasil, de 2016, recomendou aos Poderes Judiciário, Legislativo e Executivo que considerem, com urgência, e em colaboração com os povos indígenas, a eliminação das barreiras que os impedem de realizarem seu direito à justiça;

CONSIDERANDO o disposto na Convenção nº 169 sobre Povos Indígenas e Tribais da Organização Internacional do Trabalho, em especial os arts. 2º, 3º, 10, 11 e 12;

CONSIDERANDO o disposto no Estatuto do Índio (art. 1º, parágrafo único; art. 2º, incisos I e X e arts. 56, 57, 58 e 59 da Lei nº 6.001/1973);

CONSIDERANDO o disposto na Resolução CNJ nº 287/2019;

CONSIDERANDO a multiplicação de ações envolvendo indivíduos e comunidades indígenas, nomeadamente as relacionadas com acesso à educação, à saúde, à integridade de territórios demarcados, sem que haja monitoramento eficaz e consequentemente controle da efetividade da prestação jurisdicional nesta área;

CONSIDERANDO os termos da Carta da Articulação dos Povos e Organizações Indígenas do Amapá e Norte do Pará, entregues à Conselheira Coordenadora do Fórum Nacional do Poder Judiciário para Monitoramento e Efetividade das Demandas Relacionadas à Exploração do Trabalho em Condições Análogas à de Escravo e ao Tráfico de Pessoas (Fontet) por ocasião da visita à Terra Indígena Waiãpi, no Amapá, em 2 de dezembro de 2021, no contexto do Projeto Justiça Itinerante e Direitos Humanos, do Conselho Nacional de Justiça;

CONSIDERANDO a deliberação do Observatório de Direitos Humanos do Poder Judiciário sobre a proposta de criação de um fórum representativo dos povos indígenas, em reunião realizada em 14 de dezembro de 2021;

CONSIDERANDO a deliberação do Plenário do CNJ, no Procedimento de Ato Normativo nº 0000197-13.2022.2.00.0000, na 348ª Sessão Ordinária, realizada em 5 de abril de 2022;

RESOLVE:

CAPÍTULO I
DAS DISPOSIÇÕES GERAIS

Art. 1º Fica instituído, no âmbito do Conselho Nacional de Justiça, o Fórum Nacional do Poder Judiciário para Monitoramento e Efetividade das Demandas Relacionadas aos Povos Indígenas (Fonepi), em caráter nacional e permanente, e com a atribuição de elaborar estudos e propor medidas concretas de aperfeiçoamento do sistema de justiça quanto às causas que envolvam indivíduos e comunidades indígenas. (Redação dada pela Resolução nº 489, de 28.2.2023)

Art. 2º Caberá ao Fonepi: (redação dada pela Resolução nº 489, de 28.2.2023)

I. Promover o levantamento dos inquéritos e ações judiciais que envolvam indivíduos e comunidades indígenas;

II. Monitorar o andamento das ações judiciais por tribunal;

III. Propor ao CNJ a implementação de medidas concretas e edição de normativos para o aperfeiçoamento de procedimentos e o reforço à efetividade dos processos judiciais, incluindo a implantação e modernização de rotinas, a organização, especialização e estruturação dos órgãos competentes de atuação do Poder Judiciário;

IV. Organizar encontros nacionais, regionais e seminários com a participação de integrantes do Poder Judiciário, de outros segmentos do poder público, da sociedade civil e de comunidades interessadas, para a discussão de temas relacionados com as atividades do Fórum;

V. Realizar o estudo e a proposição de outras medidas consideradas pertinentes ao cumprimento do objetivo do Fórum Nacional;

VI. Manter intercâmbio, dentro dos limites de sua finalidade, com entidades de natureza jurídica e social do país e do exterior que atuam na referida temática;

VII. Elaborar e fazer cumprir o(s) programa(s) de trabalho do Fórum;

VIII. Cooperar com os tribunais em questões relacionadas com os objetivos do Fórum; (redação dada pela Resolução nº 489, de 28.2.2023)

IX. Realizar reuniões periódicas ordinárias, ou extraordinárias, sempre que for necessário, para a condução dos trabalhos do Fórum;

X. Solicitar a cooperação judicial com tribunais e outras instituições;

XI. Propor ações concretas de interesse estadual ou regional; e

XII. Participar de eventos promovidos por entes públicos ou entidades privadas sobre temas relacionados aos objetivos do Fórum.

CAPÍTULO II
DA COMPOSIÇÃO/REPRESENTAÇÃO

Art. 3º O Fonepi será presidido por um(a) Conselheiro(a) do Conselho Nacional de Justiça, indicado(a) pelo Plenário. (redação dada pela Resolução nº 489, de 28.2.2023)

§ 1º O Fonepi será composto pelos seguintes organismos: (incluído pela Resolução nº 489, de 28.2.2023)

I. Advocacia-Geral da União (AGU); (incluído pela Resolução nº 489, de 28.2.2023)

II. Articulação dos Povos Indígenas do Brasil (Apib); (incluído pela Resolução nº 489, de 28.2.2023)

III. Conselho Indigenista Missionário (Cimi); (incluído pela Resolução nº 489, de 28.2.2023)

IV. Conselho Nacional do Ministério Público (CNMP); (incluído pela Resolução nº 489, de 28.2.2023)

V. Coordenação das Organizações Indígenas da Amazônia Brasileira (Coiab); (incluído pela Resolução nº 489, de 28.2.2023)

VI. Defensoria Pública da União (DPU); (incluído pela Resolução nº 489, de 28.2.2023)

VII. Fundação Nacional dos Povos Indígenas (Funai); (incluído pela Resolução nº 489, de 28.2.2023)

VIII. Instituto Socioambiental (ISA); (incluído pela Resolução nº 489, de 28.2.2023)

IX. Ministério dos Povos Indígenas (MPI); (incluído pela Resolução nº 489, de 28.2.2023)

X. Ministério Público Federal (MPF); (incluído pela Resolução nº 489, de 28.2.2023)

XI. Ministério Público do Trabalho (MPT); (incluído pela Resolução nº 489, de 28.2.2023)

XII. Ordem dos Advogados do Brasil (OAB). (incluído pela Resolução nº 489, de 28.2.2023)

§ 2º Os(As) integrantes serão nomeados(as) pelo(a) Presidente do Conselho Nacional de Justiça. (incluído pela Resolução nº 489, de 28.2.2023)

Art. 3º-A. Para viabilizar a atuação do Fonepi, ato específico da Presidência designará um Comitê Executivo composto por magistrados(as), sob a coordenação de um(a) deles(as), e estabelecerá suas atribuições. (incluído pela Resolução nº 489, de 28.2.2023)

Art. 4º As deliberações do Fonepi serão tomadas em assembleias ordinárias e aprovadas por maioria simples de votos. (redação pela Resolução nº 489, de 28.2.2023)

Parágrafo único. O Fórum terá pelo menos 1 (uma) reunião nacional anual, ocasião em que poderão ser convidados a participar os integrantes dos vários órgãos do Poder Público e da sociedade civil envolvidos com o tema.

CAPÍTULO V
DAS DISPOSIÇÕES FINAIS

Art. 5º Os relatórios de atividades do Fórum deverão ser apresentados ao Plenário do CNJ anualmente.

Art. 6º Esta Resolução entra em vigor na data de sua publicação.

Ministro LUIZ FUX

RESOLUÇÃO N° 454, DE 22 DE ABRIL DE 2022

Estabelece diretrizes e procedimentos para efetivar a garantia do direito ao acesso ao Judiciário de pessoas e povos indígenas.

O PRESIDENTE DO CONSELHO NACIONAL DE JUSTIÇA (CNJ), no uso de suas atribuições legais e regimentais,

CONSIDERANDO que cabe ao CNJ a fiscalização e a normatização do Poder Judiciário e dos atos praticados por seus órgãos (art. 103-B, § 4º, I, II e III, da CF);

CONSIDERANDO o disposto nos arts. 231 e 232 da Constituição Federal, que asseguram aos povos indígenas o reconhecimento da organização social, dos costumes, das línguas, das crenças, das tradições e dos direitos originários sobre as terras tradicionalmente ocupadas, competindo à União demarcá-las, proteger e fazer respeitar todos os bens, assim como reconhecem a legitimidade dos índios, suas comunidades e organizações para ingressar em juízo em defesa de seus direitos e interesses;

CONSIDERANDO os termos da Convenção nº 169 da Organização Internacional do Trabalho (OIT) internalizada por meio do Decreto nº 5.051/2004, e consolidada pelo Decreto nº 10.088/2019; o Pacto Internacional de Direitos Econômicos Sociais e Culturais (PIDESC) e o Pacto Internacional sobre Direitos Civis e Políticos (PIDCP), internalizados pelo Decreto-Legislativo no 226/1991, e consolidados, respectivamente, pelos Decretos nº 591 e 592, ambos de 1992, e demais normativas internacionais, bem como as jurisprudências que tratam sobre os direitos dos povos indígenas;

CONSIDERANDO as disposições insertas na Convenção Americana sobre Direitos Humanos (CADH), consolidada pelo Decreto nº 678/1992; na Convenção para a Eliminação de todas as formas de Discriminação Racial, consolidada no Decreto nº 65.810/1969; e na Convenção sobre a Proteção e Promoção da Diversidade das Expressões Culturais da Unesco, internalizada pelo Decreto nº 6.177/2007, e consolidada pelo Decreto nº 10.088/2019;

CONSIDERANDO que a Convenção Americana sobre Direitos Humanos (Pacto de San José da Costa Rica), promulgada pelo Decreto nº 678/1992, em seus arts. 3º, 4º, 5º, 8º, 21, 25 e 26 confere proteção específica aos povos indígenas;

CONSIDERANDO os termos insertos na Declaração das Nações Unidas sobre os Direitos dos Povos Indígenas e na Declaração Americana sobre os Direitos dos Povos Indígenas;

CONSIDERANDO que a Convenção sobre Direitos da Criança estabelece, em seu art. 30, que a criança indígena tenha o direito de, em comunidade com os demais membros de seu grupo, "ter sua própria cultura, professar e praticar sua própria religião ou utilizar seu próprio idioma";

CONSIDERANDO a necessidade de leitura constitucional, convencional e intercultural do art. 28, § 6º, da Lei nº 8.069/1990 (Estatuto da Criança e do Adolescente – ECA), com consideração e respeito à identidade social e cultural dos povos indígenas, seus costumes e tradições, bem como a suas instituições, nos termos já contidos no inciso I do referido parágrafo;

CONSIDERANDO o relatório da missão no Brasil da relatora especial da ONU sobre os povos indígenas de 2016 e recomendações dos Sistemas ONU e Interamericano de Direitos Humanos recomendaram ao Poderes Judiciário, Legislativo e Executivo que considerem, com urgência, e em colaboração com os povos indígenas, a eliminação das barreiras que os impedem de realizarem seu direito à justiça;

CONSIDERANDO o disposto na Lei nº 13.123/2015, que trata da proteção do patrimônio genético e dos conhecimentos tradicionais, além do acesso e repartição de benefícios dos conhecimentos tradicionais aos povos indígenas;

CONSIDERANDO o teor do Decreto nº 6.040/2007, que institui a política nacional de desenvolvimento sustentável dos povos e comunidades tradicionais;

CONSIDERANDO que o processo civil deve ser ordenado, disciplinado e interpretado conforme os valores e as normas fundamentais estabelecidos na Constituição Federal de 1988 (art. 1º da Lei nº 13.105/2015 – Código de Processo Civil);

CONSIDERANDO a Resolução CNJ nº 299/2019, disciplinadora do depoimento especial de crianças e adolescentes vítimas ou testemunhas de violência, normativo pelo qual este Conselho institui a exigência de se elaborar protocolo que contemple as especificidades dos povos e comunidades tradicionais;

CONSIDERANDO a Resolução CNJ nº 287/2019, que estabelece procedimentos ao tratamento das pessoas indígenas acusadas, rés, condenadas ou privadas de liberdade e dá diretrizes para assegurar os direitos dessa população no âmbito criminal do Poder Judiciário;

CONSIDERANDO a realidade singular dos povos indígenas isolados, que têm direito a permanecer nessa condição e a viver livremente e de acordo com suas culturas, conforme expresso no artigo XXVI da Declaração Americana dos Direitos dos Povos Indígenas e na Resolução nº 44/2020 do Conselho Nacional de Direitos Humanos;

CONSIDERANDO que a política de não contato com os povos indígenas isolados, instituída em 1987 pelo Estado brasileiro, é de especial relevância para a proteção desses povos e serviu como referência para outros países;

CONSIDERANDO que a restrição de uso, em terras com presença de povos indígenas isolados, é um procedimento administrativo fundamental de salvaguarda das condições ambientais e da garantia ao direito à vida e saúde desses povos, bem como para o desenvolvimento de atividades de pesquisa que tenham como objetivo localizá-los;

CONSIDERANDO as peculiaridades dos povos indígenas de recente contato, que são aqueles que mantêm relações de contato ocasional, intermitente ou permanente com segmentos da sociedade nacional, com reduzido conhecimento dos códigos ou incorporação dos usos e costumes da sociedade envolvente, e que conservam significativa autonomia sociocultural;

CONSIDERANDO o detalhamento sobre os parâmetros normativos interamericanos nas recomendações da Comissão Interamericana sobre Direitos Humanos, por meio dos informes "Povos Indígenas em Isolamento Voluntário e contato inicial nas Américas" (2013); "Situação dos Direitos Humanos dos Povos Indígenas e tribais da Panamazônica" (2019) e "Situação dos Direitos Humanos no Brasil" (2021);

CONSIDERANDO o deliberado pelo Plenário do CNJ no procedimento Ato Normativo nº 0009076-43.2021.2.00.0000, na 348ª Sessão Ordinária, realizada em 5 de abril de 2022;

RESOLVE:

CAPÍTULO I
DAS DISPOSIÇÕES GERAIS

Art. 1º Estabelecer diretrizes e procedimentos para efetivar a garantia do direito ao acesso ao Judiciário de pessoas e povos indígenas.

Art. 2º Esta Resolução é regida pelos seguintes princípios:

I. Autoidentificação dos povos;

II. Diálogo interétnico e intercultural;

III. Territorialidade indígena;

IV. Reconhecimento da organização social e das formas próprias de cada povo indígena para resolução de conflitos;

V. Vedação da aplicação do regime tutelar; e

VI. Autodeterminação dos povos indígenas, especialmente dos povos em isolamento voluntário.

Art. 3º Para garantir o pleno exercício dos direitos dos povos indígenas, compete aos órgãos do Poder Judiciário:

I. Assegurar a autoidentificação em qualquer fase do processo judicial, esclarecendo sobre seu cabimento e suas consequências jurídicas, em linguagem clara e acessível;

II. Buscar a especificação do povo, do idioma falado e do conhecimento da língua portuguesa;

III. Registrar as informações decorrentes da autoidentificação em seus sistemas informatizados;

IV. Assegurar ao indígena que assim se identifique completa compreensão dos atos processuais, mediante a nomeação de intérprete, escolhido preferencialmente dentre os membros de sua comunidade;

V. Viabilizar, quando necessária, a realização de perícias antropológicas, as quais devem respeitar as peculiaridades do processo intercultural;

VI. Garantir a intervenção indígena nos processos que afetem seus direitos, bens ou interesses, em respeito à autonomia e à organização social do respectivo povo ou comunidade, promovendo a intimação do povo ou comunidade afetada para que manifeste eventual interesse de intervir na causa, observado o disposto no Capítulo II da presente Resolução;

VII. Promover a intimação da Fundação Nacional do Índio (Funai) e do Ministério Público Federal nas demandas envolvendo direitos de pessoas ou comunidades indígenas, assim como intimar a União, a depender da matéria, para que manifestem eventual interesse de intervirem na causa; e

VIII. Assegurar, quando necessária, a adequada assistência jurídica à pessoa ou comunidade indígena afetada, mediante a intimação da Defensoria Pública.

Seção I
Da autoidentificação

Art. 4º Compreende-se como autoidentificação a percepção e a concepção que cada povo indígena tem de si mesmo, consubstanciando critério fundamental para determinação da identidade indígena.

§ 1º Para efeitos desta Resolução, indígena é a pessoa que se identifica como pertencente a um povo indígena e é por ele reconhecido.

§ 2º A autoidentificação do indivíduo como pertencente a determinado povo indígena não lhe retira a condição de titular dos direitos reconhecidos a todo e qualquer brasileiro ou, no caso de migrantes, dos direitos reconhecidos aos estrangeiros nessa condição que eventualmente estejam em território nacional.

Seção II

Do diálogo interétnico e intercultural

Art. 5º Diálogo interétnico e intercultural consiste em instrumentos de aproximação entre a atuação dos órgãos que integram o Sistema de Justiça, especialmente os órgãos do Poder Judiciário, com as diferentes culturas e as variadas formas de compreensão da justiça e dos direitos, inclusive mediante a adoção de rotinas e procedimentos diferenciados para atender as especificidades socioculturais desses povos.

Seção III

Da territorialidade indígena

Art. 6º A territorialidade indígena decorre da relação singular desses povos com os espaços necessários à sua reprodução física e cultural; aspectos sociais e econômicos; e valores simbólicos e espirituais, sejam eles utilizados de forma permanente ou temporária, nos termos do art. 231 da Constituição Federal, do art. 13 da Convenção nº 169/OIT e do art. 25 da Lei nº 6.001/1973.

Seção IV
Da vedação da aplicação do regime tutelar

Art. 7º A vedação da aplicação do regime tutelar corresponde ao conjunto de ações destinadas à participação e ao reconhecimento da capacidade processual indígena e ao dimensionamento adequado das atribuições dos órgãos e entes responsáveis por políticas indigenistas, os quais não substituem a legitimidade direta dos indígenas, suas comunidades e organizações para ingressar em juízo em defesa de seus direitos e interesses.

Parágrafo único. A atuação da Funai ou do Ministério Público Federal em causas sobre direitos indígenas não supre a necessidade de manifestação do povo interessado.

Seção V
Do respeito aos povos em isolamento voluntário

Art. 8º O Poder Judiciário deve garantir a não aproximação por terceiros aos povos isolados, uma vez que a eventual iniciativa de contato deve partir exclusivamente desses povos, em atenção ao princípio da autodeterminação e ao direito aos usos, costumes e tradições, resguardados pela Constituição Federal.

§ 1º Os povos indígenas isolados e de recente contato estão sujeitos a vulnerabilidades específicas, de ordem epidemiológica, territorial, demográfica, sociocultural e política, que aumentam sobremaneira o risco de morte, devendo tal condição ser considerada no âmbito do processo judicial.

§ 2º A política judiciária destinada a esses povos deve atender as diretrizes e estratégias específicas e respeitar os princípios da precaução e da prevenção, de forma a preservar o contato preconizado no *caput* deste artigo.

Art. 9º Havendo indícios de que um processo judicial pode afetar povos ou terras tradicionalmente ocupadas por indígenas, a Funai deverá ser instada a informar se o caso atinge, ainda que de forma potencial, os direitos de povos isolados ou de recente contato, assim como se existe restrição de uso vigente no referido território.

Parágrafo único. O questionamento mencionado no *caput* deste artigo poderá ser igualmente feito a organizações indígenas de âmbito local, regional ou nacional.

CAPÍTULO II
DAS ESPECIFICIDADES DO ACESSO À JUSTIÇA DOS POVOS INDÍGENAS

Art. 10. Para os fins desta Resolução, o ingresso em juízo de povos indígenas, suas comunidades e organizações em defesa de seus direitos e interesses independe de prévia constituição formal como pessoa jurídica.

Parágrafo único. Os povos indígenas, suas comunidades e organizações possuem autonomia para constituir advogado ou assumir a condição de assistido da Defensoria Pública nos processos de seu interesse, conforme sua cultura e organização social.

Art. 11. São extensivos aos interesses dos povos, comunidades e organizações indígenas as prerrogativas da Fazenda Pública, quanto à impenhorabilidade de bens, rendas e serviços, ações especiais, prazos processuais, juros e custas, a teor do art. 40 c/c o art. 61 da Lei nº 6.001/1973.

Art. 12. Dar-se-á preferência à forma pessoal para as citações de indígenas, suas comunidades ou organizações.

§ 1º A atuação do Ministério Público e da Defensoria Pública nos processos que envolvam interesses dos indígenas não retira a necessidade de intimação do povo interessado para viabilizar sua direta participação, ressalvados os povos isolados e de recente contato.

§ 2º A comunicação será realizada por meio de diálogo interétnico e intercultural, de forma a assegurar a efetiva compreensão, pelo povo ou comunidade, do conteúdo e consequências da comunicação processual e, na medida do possível, observar-se-ão os protocolos de consulta estabelecidos com o povo ou comunidade a ser citado, que sejam de conhecimento do juízo ou estejam disponíveis para consulta na rede mundial de computadores.

§ 3º O CNJ e os tribunais desenvolverão manuais e treinamento dirigido aos magistrados e servidores, em especial aos oficiais de justiça, acerca da comunicação de atos processuais a comunidades e organizações indígenas, contemplando, inclusive, abordagens de Justiça Restaurativa.

§ 4º Não será praticado ato de comunicação processual de indígena ou comunidade indígena, salvo para evitar o perecimento de direito, durante cultos religiosos, cerimônias ou rituais próprios de cada grupo.

§ 5º Será possível o ingresso, a qualquer tempo e em qualquer grau de jurisdição, de indígenas, suas comunidades ou organizações em processos em que esteja presente interesse indígena.

§ 6º Aplica-se, no que couber, à intimação, o disposto neste artigo.

Art. 13. Para garantir o devido processo legal e assegurar a compreensão da linguagem e dos modos de vida dos povos indígenas, a instrução processual deve compatibilizar as regras processuais com as normas que dizem respeito à organização social, à cultura, aos usos e costumes e à tradição dos povos indígenas, com diálogo interétnico e intercultural.

Parágrafo único. O diálogo interétnico e intercultural deve ser feito por meio de linguagem clara e acessível, mediante mecanismos de escuta ativa e direito à informação.

Art. 14. Quando necessário ao fim de descrever as especificidades socioculturais do povo indígena e esclarecer questões apresentadas no processo, o juízo determinará a produção de exames técnicos por antropólogo ou antropóloga com qualificação reconhecida.

§ 1º Compreendem-se por exames técnicos antropológicos trabalhos que demandem a produção de pareceres sob forma de relatórios técnico-científicos, perícias e informes técnicos cuja elaboração pressupõe algum tipo de estudo ou pesquisa no âmbito do conhecimento especializado da Antropologia.

§ 2º Na designação de antropólogo ou antropóloga, deve-se priorizar profissional que possua conhecimentos específicos sobre o povo a que se atrela o processo judicial.

§ 3º Os órgãos do Poder Judiciário poderão realizar parcerias com universidades, associações científicas e entidades de classe para garantir a indicação de profissionais habilitados para a elaboração de laudos periciais antropológicos.

§ 4º Os laudos dos exames técnicos previstos no *caput* deste artigo observarão o seguinte conteúdo mínimo:

I. Descrição dos achados, preferencialmente com base no trabalho in loco, que possibilitem a compreensão da pessoa, do grupo ou do povo indígena periciado, com registros de sua cosmovisão, crenças, costumes, práticas, valores, interação com o meio ambiente, territorialidade, interações sociais recíprocas, organização social e outros fatores vinculados à sua relação com a sociedade envolvente;

II. Realização de entrevistas com a parte ou comunidade indígena, descrevendo todos os elementos indispensáveis para a certificação das condições socioculturais da pessoa, do grupo ou do povo indígena examinado;

III. Relação dos documentos analisados e outros elementos que contribuam para o conjunto probatório;

IV. No caso de processos criminais, os requisitos previstos no art. 6º da Resolução CNJ nº 287/2019.

§ 5º Recomenda-se que a admissibilidade do exame técnico-antropológico não seja fundamentada em supostos graus de integração de pessoas e comunidades indígenas à comunhão nacional.

Art. 15. Diante das especificidades culturais dos povos indígenas, devem ser priorizados os atos processuais sob a forma presencial, devendo a coleta do depoimento das pessoas indígenas ser realizada, sempre que possível e conveniente aos serviços judiciários, no próprio território do depoente.

Art. 16. Recomenda-se a admissão de depoimentos de partes e testemunhas indígenas em sua língua nativa.

§ 1º Caso tome o depoimento em língua diversa, o magistrado assegurar-se-á de que o depoente bem compreende o idioma.

§ 2º Será garantido intérprete ao indígena, escolhido preferencialmente dentre os membros de sua comunidade, podendo a escolha recair em não indígena quando esse dominar a língua e for indicado pelo povo ou indivíduo interessado.

Art. 17. O Ministério Público e a Funai serão intimados para manifestar interesse de intervir nas causas de interesse dos povos indígenas, suas comunidades e organizações.

Parágrafo único. Na falta ou insuficiência da representação, a Defensoria Pública será cientificada.

Art. 18. Nas ações judiciais, inclusive possessórias, cuja discussão venha alcançar terras tradicionalmente ocupadas pelos índios, deve ser dada ciência ao povo indígena interessado, com instauração de diálogo interétnico e intercultural, e oficiados à Funai e ao Instituto Nacional de Colonização e Reforma Agrária (Incra), para que informem sobre a situação jurídica das terras.

Parágrafo único. Recomenda-se à autoridade judicial cautela na apreciação de pleitos de tutelas provisória de urgência que impliquem remoções ou deslocamentos, estimulando sempre o diálogo interétnico e intercultural.

Art. 19. Sempre que for necessário esclarecer algum ponto em que a escuta da comunidade seja relevante, a autoridade judicial poderá recorrer a audiências públicas ou inspeções judiciais, respeitadas as formas de organização e deliberação do grupo.

Parágrafo único. A organização das audiências e das inspeções em territórios indígenas será feita em conjunto com a comunidade, de forma a respeitar seus ritos e tradições, sem prejuízo da observância das formalidades processuais.

CAPÍTULO III
DOS DIREITOS DAS CRIANÇAS INDÍGENAS

Art. 20. Os órgãos do Poder Judiciário observarão o disposto no art. 231 da Constituição Federal, no art. 30 da Convenção sobre Direitos da Criança e no ECA quanto à determinação do interesse superior da criança, especialmente, o direito de toda criança indígena, em comum com membros de seu povo, de desfrutar de sua própria cultura, de professar e praticar sua própria religião ou de falar sua própria língua.

Art. 21. Em assuntos relativos ao acolhimento familiar ou institucional, à adoção, à tutela ou à guarda, devem ser considerados e respeitados os costumes, a organização social, as línguas, as crenças e as tradições, bem como as instituições dos povos indígenas.

§ 1º A colocação familiar deve ocorrer prioritariamente no seio de sua comunidade ou junto a membros do mesmo povo indígena, ainda que em outras comunidades.

§ 2º O acolhimento institucional ou em família não indígena deverá ser medida excepcional a ser adotada na impossibilidade, devidamente fundamentada, de acolhimento nos termos do parágrafo § 1º deste artigo, devendo ser observado o mesmo para adoção, tutela ou guarda em famílias não indígenas.

§ 3º Na instrução processual, deverão ser observadas as disposições da Resolução CNJ nº 299/2019 sobre as especificidades de crianças e adolescentes pertencentes a povos e comunidades tradicionais, vítimas ou testemunhas de violência.

CAPÍTULO IV
DAS DISPOSIÇÕES FINAIS

Art. 22. Na hipótese em que o CNJ seja instado a atuar para a implementação de deliberações e recomendações da Corte Interamericana de Direitos Humanos e outros órgãos internacionais de direitos humanos, os povos e as comunidades indígenas afetados serão ouvidos pela Unidade de Monitoramento e Fiscalização instituída pela Resolução CNJ nº 364/2021, com a finalidade de compreender a sua perspectiva em relação aos pontos que são objeto do litígio.

Art. 23. O CNJ elaborará manual voltado à orientação dos tribunais e magistrados quanto à implementação das medidas previstas nesta Resolução.

Art. 24. Para o cumprimento do disposto nesta Resolução, os tribunais, em colaboração com as escolas de magistratura, promoverão cursos destinados à permanente qualificação e atualização funcional dos magistrados e serventuários, notadamente nas comarcas e seções judiciárias com maior população indígena.

Parágrafo único. A Presidência do CNJ encaminhará à Escola Nacional de Formação e Aperfeiçoamento de Magistrados (Enfam) proposta de inclusão do presente ato normativo e das Resoluções CNJ nº 287/2019 e 299/2019, no conteúdo programático obrigatório dos cursos de ingresso e vitaliciamento na magistratura.

Art. 25. As informações relativas aos povos isolados e de recente contato, disponibilizadas pela Funai por meio de dados abertos, passarão a integrar o painel interativo nacional de dados ambiental e interinstitucional (SireneJud), instituído pela Resolução Conjunta CNJ/CNMP nº 8/2021, para consulta pela autoridade judicial.

Art. 26. Esta Resolução entra em vigor na data de sua publicação.

Ministro LUIZ FUX

RESOLUÇÃO Nº 492, DE 17 DE MARÇO DE 2023

Estabelece, para adoção de Perspectiva de Gênero nos julgamentos em todo o Poder Judiciário, as diretrizes do protocolo aprovado pelo Grupo de Trabalho constituído pela Portaria CNJ nº 27/2021, institui obrigatoriedade de capacitação de magistrados e magistradas, relacionada a direitos humanos, gênero, raça e etnia, em perspectiva interseccional, e cria o Comitê de Acompanhamento e Capacitação sobre Julgamento com Perspectiva de Gênero no Poder Judiciário e o Comitê de Incentivo à Participação Institucional Feminina no Poder Judiciário.

A PRESIDENTE DO CONSELHO NACIONAL DE JUSTIÇA (CNJ), no uso de suas atribuições legais e regimentais,

CONSIDERANDO o objetivo fundamental da República Federativa do Brasil de promoção do bem de todos e todas, sem preconceitos de origem, raça, sexo, cor, idade e quaisquer outras formas de discriminação (art. 3º, IV, da Constituição Federal);

CONSIDERANDO a garantia constitucional da igualdade em direitos e obrigações entre homens e mulheres (art. 5º, I da Constituição Federal);

CONSIDERANDO que a igualdade de gênero constitui expressão da cidadania e da dignidade humana, princípios fundamentais da República Federativa do Brasil e valores do Estado Democrático de Direito;

CONSIDERANDO a Convenção das Nações Unidas sobre a Eliminação de Todas as Formas de Discriminação contra a Mulher (Decreto nº 4.377/2022);

CONSIDERANDO a Convenção Interamericana para Prevenir, Punir e Erradicar a Violência contra a Mulher – Convenção de Belém do Pará (Decreto nº 1.973/1996);

CONSIDERANDO a Convenção das Nações Unidas sobre a Eliminação de Todas as Formas de Discriminação Racial;

CONSIDERANDO o dever de todos e todas se absterem de incorrer em ato ou prática de discriminação, bem como o de zelar para que autoridades e instituições públicas atuem em conformidade com essa obrigação, em todas as esferas, para fins de alcance da isonomia entre mulheres e homens (art. 2º, b-g; e 3º, Convenção sobre a Eliminação de todas as Formas de Discriminação contra as Mulheres – CEDAW);

CONSIDERANDO os deveres impostos para se modificar padrões socioculturais, com vistas a alcançar a superação de costumes que estejam baseados na ideia de inferioridade ou superioridade de qualquer dos sexos (art. 5º, a e b, CEDAW);

CONSIDERANDO o dever de promoção de capacitação de todos os atores do sistema de justiça a respeito da violência de gênero (art. 8, "c", da Convenção de Belém do Pará), bem como de adequar medidas que contribuam para a erradicação de costumes que alicerçam essa modalidade de violência (art. 8, "g", da Convenção de Belém do Pará);

CONSIDERANDO o dever de promoção de conscientização e capacitação a todos os agentes do sistema de justiça para eliminar os estereótipos de gênero e incorporar a perspectiva de gênero em todos os aspectos do sistema de justiça (Recomendação nº 33, item 29, "a", do CEDAW);

CONSIDERANDO o que dispõe a Sentença da Corte Interamericana de Direitos Humanos, de 7 de setembro de 2021, no Caso Márcia Barbosa de Souza e outros Vs. Brasil;

CONSIDERANDO as decisões proferidas na ADPF nº 779, na ADI nº 4.424, na ADC nº 19;

CONSIDERANDO a Resolução CNJ nº 255/2018, que institui a Política Nacional de Incentivo à Participação Institucional Feminina no Poder Judiciário;

CONSIDERANDO a Resolução CNJ nº 254/2018, que institui a Política Judiciária Nacional de enfrentamento à violência contra as Mulheres pelo Poder Judiciário;

CONSIDERANDO a aprovação da Meta 9 de 2023 pelo CNJ, que consiste em "Estimular a inovação no Poder Judiciário: Implantar, no ano de 2023, um projeto oriundo do laboratório de inovação, com avaliação de benefícios à sociedade e relacionado à Agenda 2030", aprofundando a integração da Agenda 2030 ao Poder Judiciário;

CONSIDERANDO as atribuições da Unidade de Monitoramento e Fiscalização das Decisões e Deliberações da Corte Interamericana de Direitos Humanos do Conselho Nacional de Justiça, instituída por meio da Resolução CNJ nº 364/2021;

CONSIDERANDO o Objetivo de Desenvolvimento Sustentável (ODS) nº 5, constante da Agenda 2030, da Organização das Nações Unidas (ONU), que preconiza "alcançar a igualdade de gênero e empoderar todas as mulheres e meninas";

CONSIDERANDO o deliberado pelo Plenário do CNJ no procedimento de Ato Normativo nº 0001071-61.2023.2.00.0000, na 3ª Sessão Ordinária, realizada em 14 de março de 2023;

RESOLVE:

Art. 1º Para a adoção de Perspectiva de Gênero nos julgamentos dos órgãos do Poder Judiciário, ficam estabelecidas as diretrizes constantes do protocolo aprovado pelo Grupo de Trabalho constituído pela Portaria CNJ nº 27/2021.

Art. 2º Os tribunais, em colaboração com as escolas da magistratura, promoverão cursos de formação inicial e formação continuada que incluam, obrigatoriamente, os conteúdos relativos aos direitos humanos, gênero, raça e etnia, conforme as diretrizes previstas no Protocolo para Julgamento com Perspectiva de Gênero, os quais deverão ser disponibilizados com periodicidade mínima anual.

§ 1º A capacitação de magistradas e magistrados nas temáticas relacionadas a direitos humanos, gênero, raça e etnia, conforme artigo anterior, constará nos regulamentos para concessão do Prêmio CNJ de Qualidade.

§ 2º Os tribunais providenciarão meios para facilitar o acesso ao Protocolo para Julgamento com Perspectiva de Gênero ao público interno e externo mediante QRCode, card eletrônico, *link* ou outro recurso de comunicação social nas dependências do tribunal, no sítio do tribunal e na sua intranet, tornando-o uma ferramenta de consulta para as unidades judiciárias, operadores e operadoras do direito e auxiliares do juízo.

Art. 3º Fica instituído, no âmbito do Conselho Nacional de Justiça, o Comitê de Acompanhamento e Capacitação sobre Julgamento com Perspectiva de Gênero no Poder Judiciário, em caráter nacional e permanente.

Art. 4º Caberá ao Comitê:

I. Acompanhar o cumprimento da presente Resolução;

II. Elaborar estudos e propor medidas concretas de aperfeiçoamento do sistema de justiça quanto às causas que envolvam direitos humanos, gênero, raça e etnia, em perspectiva interseccional;

III. Organizar fóruns permanentes anuais de sensibilização sobre o julgamento com perspectiva de gênero nos órgãos do Poder Judiciário, com a participação de outros segmentos do poder público e da sociedade civil, para a discussão de temas relacionados com as atividades do Comitê;

IV. Realizar cooperação interinstitucional, dentro dos limites de sua finalidade, com entidades de natureza jurídica e social do país e do exterior que atuam na referida temática;

V. Realizar reuniões periódicas ordinárias, ou extraordinárias, sempre que for necessário, para a condução dos trabalhos do Comitê;

VI. Solicitar a cooperação judicial com tribunais e outras instituições;

VII. Participar de eventos promovidos por entes públicos ou entidades privadas sobre temas relacionados aos objetivos do Comitê.

Art. 5º O Comitê será coordenado por um Conselheiro ou Conselheira do Conselho Nacional de Justiça, assegurada a participação de representantes da Justiça Estadual, Federal, do Trabalho, Eleitoral e Militar, Escola Nacional de Formação e Aperfeiçoamento de Magistrados (Enfam), Escola Nacional de Formação e Aperfeiçoamento de Magistrados do Trabalho (Enamat), Ordem dos Advogados do Brasil (OAB), assim como de representantes da academia e da sociedade civil.

Parágrafo primeiro. A composição do Comitê observará a pluralidade de gênero e raça, bem como, na medida do possível, a participação de integrantes que expressem a diversidade presente na sociedade nacional.

Art. 6º Alterar o art. 3º da Resolução CNJ nº 255/2018, que passa a apresentar a seguinte redação:

"Art. 3º A Política de que trata esta Resolução deverá ser implementada pelo Conselho Nacional de Justiça por meio do Comitê de Incentivo à Participação Institucional Feminina no Poder Judiciário, responsável pela elaboração de estudos, análise de cenários, diálogo com os tribunais e proposições concretas para a ampliação da representação feminina, sob a supervisão de Conselheiro ou Conselheira e de Juiz ou Juíza Auxiliar da Presidência do Conselho Nacional de Justiça, indicados pela sua Presidência.

Parágrafo único. O Comitê de Acompanhamento e Capacitação sobre Julgamento com Perspectiva de Gênero no Poder Judiciário e o Comitê de Incentivo à Participação Institucional Feminina no Poder Judiciário atuarão de forma articulada."

Art. 7º Esta Resolução entra em vigor na data de sua publicação.

Ministra ROSA WEBER

RESOLUÇÕES E RECOMENDAÇÕES DO CONSELHO SUPERIOR DA JUSTIÇA DO TRABALHO (CSJT)

RESOLUÇÃO Nº 201, DE 10 DE NOVEMBRO DE 2015

Edita a Instrução Normativa nº 38, que regulamenta o procedimento do Incidente de Julgamento dos Recursos de Revista e de Embargos à SbDI-1 repetitivos.

O EGRÉGIO ÓRGÃO ESPECIAL DO TRIBUNAL SUPERIOR DO TRABALHO, em Sessão Extraordinária hoje realizada, sob a Presidência do Excelentíssimo Senhor Ministro Antonio José de Barros Levenhagen, Presidente do Tribunal, presentes os Excelentíssimos Senhores Ministros João Oreste Dalazen, Maria Cristina Irigoyen Peduzzi, Emmanoel Pereira, Guilherme Augusto Caputo Bastos, Walmir Oliveira da Costa, Maurício Godinho Delgado, Augusto César Leite de Carvalho, Delaíde Alves Miranda Arantes, Hugo Carlos Scheuermann e a Excelentíssima Vice-Procuradora-Geral do Trabalho, Dr.ª Cristina Aparecida Ribeiro Brasiliano, considerando a edição da Lei nº 13.015, de 21 de julho de 2014, que, entre outras providências, acrescentou os arts. 896-B e 896-C à CLT para introduzir, no âmbito do processo do trabalho, a sistemática do julgamento dos recursos repetitivos, e do ATO desta Presidência nº 491/SEGJUD.GP, de 23 de setembro de 2014, que fixou parâmetros procedimentais mínimos para dar efetividade à referida lei,

Considerando ainda a necessidade de aperfeiçoamento e de detalhamento dessa sistemática para sua segura e efetiva aplicação no âmbito da jurisdição trabalhista,

RESOLVE

Aprovar a Instrução Normativa nº 38, nos seguintes termos:

INSTRUÇÃO NORMATIVA N° 38/2015

Art. 1° As normas do Código de Processo Civil relativas ao julgamento dos recursos extraordinário e especial repetitivos aplicam-se, no que couber, ao recurso de revista e ao recurso de embargos repetitivos (CLT, artigos 894, II e 896 da CLT).

Art. 2° Havendo multiplicidade de recursos de revista ou de embargos para a Subseção de Dissídios Individuais I (SbDI-1) fundados em idêntica questão de direito, a questão poderá ser afetada a essa Subseção ou ao Tribunal Pleno, por decisão da maioria simples de seus membros, mediante requerimento de um dos Ministros que a compõem, considerando a relevância da matéria ou a existência de entendimentos divergentes entre os Ministros dessa Subseção ou das Turmas do Tribunal.

§ 1° O requerimento fundamentado de um dos Ministros da Subseção de Dissídios Individuais I de afetação da questão a ser julgada em incidente de recursos repetitivos deverá indicar um ou mais recursos de revista ou de embargos representativos da controvérsia e ser formulado por escrito diretamente ao Presidente da SbDI-1 ou, oralmente, em questão preliminar suscitada quando do julgamento de processo incluído na pauta de julgamentos da Subseção.

§ 2° De forma concorrente, quando a Turma do Tribunal Superior do Trabalho entender necessária a adoção do procedimento de julgamento de recursos de revista repetitivos, seu Presidente deverá submeter ao Presidente da Subseção de Dissídios Individuais I a proposta de afetação do recurso de revista, para os efeitos dos artigos 896-B e 896-C da CLT.

§ 3° O Presidente da Subseção submeterá a proposta de afetação ao colegiado, se formulada por escrito, no prazo máximo de 30 dias de seu recebimento, ou de imediato, se suscitada em questão preliminar, quando do julgamento de determinado processo pela SbDI-1, após o que:

I. Acolhida a proposta, por maioria simples, o colegiado também decidirá se a questão será analisada pela própria SbDI-1 ou pelo Tribunal Pleno;

II. Acolhida a proposta, a desistência da ação ou do recurso não impede a análise da questão objeto de julgamento de recursos repetitivos;

III. Na hipótese do inciso I, o processo será distribuído a um relator e a um revisor do órgão jurisdicional correspondente, para sua tramitação nos termos do artigo 896-C da CLT;

IV. Rejeitada a proposta, se for o caso, os autos serão devolvidos ao órgão julgador respectivo, para que o julgamento do recurso prossiga regularmente.

§ 4º Não será admitida sustentação oral versando, de forma específica, sobre a proposta de afetação.

§ 5º A critério do Presidente da Subseção, as propostas de afetação formuladas por escrito por um dos Ministros da Subseção de Dissídios Individuais I ou pelo Presidente de Turma do Tribunal Superior do Trabalho poderão ser apreciadas pela SbDI-1 por meio eletrônico, nos termos e para os efeitos do § 3º, I, deste artigo, do que serão as partes cientificadas pelo Diário da Justiça.

§ 6º Caso surja alguma divergência entre os integrantes do colegiado durante o julgamento eletrônico, este ficará imediatamente suspenso, devendo a proposta de afetação ser apreciada em sessão presencial.

Art. 3º O Presidente da Subseção de Dissídios Individuais I que afetar processo para julgamento sob o rito dos recursos repetitivos deverá expedir comunicação aos demais Presidentes de Turma, que poderão afetar outros processos sobre a questão para julgamento conjunto, a fim de conferir ao órgão julgador visão global da questão.

Art. 4º Somente poderão ser afetados recursos representativos da controvérsia que sejam admissíveis e que, a critério do relator do incidente de julgamento dos recursos repetitivos, contenham abrangente argumentação e discussão a respeito da questão a ser decidida.

Parágrafo único. O relator desse incidente não fica vinculado às propostas de afetação de que trata o artigo anterior, podendo recusá-las por desatenderem aos requisitos previstos no *caput* deste artigo e, ainda, selecionar outros recursos representativos da controvérsia.

Art. 5º Selecionados os recursos, o relator, na Subseção Especializada em Dissídios Individuais ou no Tribunal Pleno, constatada a presença do pressuposto do *caput* do art. 896-C da CLT, proferirá decisão de afetação, sempre fundamentada, na qual:

I. Identificará com precisão a questão a ser submetida a julgamento;

II. Poderá determinar a suspensão dos recursos de revista ou de embargos de que trata o § 5º do artigo 896-C da CLT;

III. Poderá solicitar aos Tribunais Regionais do Trabalho informações a respeito da controvérsia, a serem prestadas no prazo de 15 (quinze) dias, e requisitar aos Presidentes ou Vice-Presidentes dos Tribunais

Regionais do Trabalho a remessa de até dois recursos de revista representativos da controvérsia;

IV. Concederá o prazo de 15 (quinze) dias para a manifestação escrita das pessoas, órgãos ou entidades interessados na controvérsia, que poderão ser admitidos como *amici curiae*;

V. Informará aos demais Ministros sobre a decisão de afetação;

VI. Poderá conceder vista ao Ministério Público e às partes, nos termos e para os efeitos do § 9º do artigo 896-C da CLT.

Art. 6º O Presidente do Tribunal Superior do Trabalho oficiará os Presidentes dos Tribunais Regionais do Trabalho, com cópia da decisão de afetação, para que suspendam os recursos de revista interpostos em casos idênticos aos afetados como recursos repetitivos e ainda não encaminhados a este Tribunal, bem como os recursos ordinários interpostos contra as sentenças proferidas em casos idênticos aos afetados como recursos repetitivos, até o pronunciamento definitivo do Tribunal Superior do Trabalho.

Art. 7º Caberá ainda ao Presidente do Tribunal de origem, caso receba a requisição de que trata o inciso III do artigo 5º desta Instrução Normativa, admitir até dois recursos representativos da controvérsia, os quais serão encaminhados ao Tribunal Superior do Trabalho.

Art. 8º Se, após receber os recursos de revista selecionados pelo Presidente ou Vice-Presidente do Tribunal Regional do Trabalho, não se proceder à sua afetação, o relator, no Tribunal Superior do Trabalho, comunicará o fato ao Presidente ou Vice-Presidente que os houver enviado, para que seja revogada a decisão de suspensão referida no artigo 896-C, § 4º, da CLT.

Art. 9º As partes deverão ser intimadas da decisão de suspensão de seu processo, a ser proferida pelo respectivo relator.

§ 1º A parte poderá requerer o prosseguimento de seu processo se demonstrar a intempestividade do recurso nele interposto ou a existência de distinção entre a questão de direito a ser decidida no seu processo e aquela a ser julgada sob o rito dos recursos repetitivos.

§ 2º O requerimento a que se refere o § 1º será dirigido:

I. Ao juiz, se o processo sobrestado estiver em primeiro grau;

II. Ao relator, se o processo sobrestado estiver no tribunal de origem;

III. Ao relator do acórdão recorrido, se for sobrestado recurso de revista no tribunal de origem;

IV. Ao relator, no Tribunal Superior do Trabalho, do recurso de revista ou de embargos cujo processamento houver sido sobrestado.

§ 3º A outra parte deverá ser ouvida sobre o requerimento, no prazo de cinco dias.

§ 4º Reconhecida a distinção no caso:

I. Dos incisos I, II e IV do § 2º, o próprio juiz ou relator dará prosseguimento ao processo;

II. Do inciso III do § 2º, o relator comunicará a decisão ao presidente ou ao vice-presidente que houver determinado o sobrestamento, para que este dê normal prosseguimento ao processo.

§ 5º A decisão que resolver o requerimento a que se refere o § 1º é irrecorrível de imediato, nos termos do artigo 893, § 1º, da CLT.

Art. 10. Para instruir o procedimento, pode o relator fixar data para, em audiência pública, ouvir depoimentos de pessoas com experiência e conhecimento na matéria, sempre que entender necessário o esclarecimento de questões ou circunstâncias de fato subjacentes à controvérsia objeto do incidente de recursos repetitivos.

§ 1º O relator poderá também admitir, tanto na audiência pública quanto no curso do procedimento, a manifestação, como *amici curiae*, de pessoas, órgãos ou entidades com interesse na controvérsia, considerando a relevância da matéria e assegurando o contraditório e a isonomia de tratamento.

§ 2º A manifestação de que trata o § 1º somente será admitida até a inclusão do processo em pauta.

Art. 11. Os recursos afetados deverão ser julgados no prazo de um ano e terão preferência sobre os demais feitos.

§ 1º Na hipótese de não ocorrer o julgamento no prazo de um ano a contar da publicação da decisão de que trata o artigo 5º desta Instrução Normativa, cessam automaticamente, em todo o território nacional, a afetação e a suspensão dos processos, que retomarão seu curso normal.

§ 2º Ocorrendo a hipótese do § 1º, é permitida, nos termos e para os efeitos do artigo 2º desta Instrução Normativa e do artigo 896-C da CLT, a formulação de outra proposta de afetação de processos representativos da controvérsia para instauração e julgamento de recursos repetitivos para ser apreciada e decidida pela SbDI-1 deste Tribunal.

Art. 12. O conteúdo do acórdão paradigma abrangerá a análise de todos os fundamentos da tese jurídica discutida, favoráveis ou contrários.

Parágrafo único. É vedado ao órgão colegiado decidir, para os fins do artigo 896-C da CLT, questão não delimitada na decisão de afetação.

Art. 13. Decidido o recurso representativo da controvérsia, os órgãos jurisdicionais respectivos declararão prejudicados os demais recursos versando sobre idêntica controvérsia ou os decidirão, aplicando a tese firmada.

Parágrafo único. Quando os recursos requisitados do Tribunal Regional do Trabalho contiverem outras questões além daquela que é objeto da afetação, caberá ao órgão jurisdicional competente, em acórdão específico para cada processo, decidir esta em primeiro lugar e depois as demais.

Art. 14. Publicado o acórdão paradigma:

I. O Presidente ou Vice-Presidente do Tribunal de origem negará seguimento aos recursos de revista sobrestados na origem, se o acórdão recorrido coincidir com a orientação do Tribunal Superior do Trabalho;

II. O órgão que proferiu o acórdão recorrido, na origem, reexaminará o processo de competência originária ou o recurso anteriormente julgado, na hipótese de o acórdão recorrido contrariar a orientação do Tribunal Superior do Trabalho;

III. Os processos porventura suspensos em primeiro e segundo graus de jurisdição retomarão o curso para julgamento e aplicação da tese firmada pelo Tribunal Superior do Trabalho.

Art. 15. Para fundamentar a decisão de manutenção do entendimento, o órgão que proferiu o acórdão recorrido deverá demonstrar a existência de distinção, por se tratar de caso particularizado por hipótese fática distinta ou questão jurídica não examinada, a impor solução diversa.

§ 1º Na hipótese de que trata o *caput* deste artigo, o recurso de revista será submetido a novo exame de sua admissibilidade pelo Presidente ou Vice-Presidente do Tribunal Regional, retomando o processo o seu curso normal.

§ 2º Realizado o juízo de retratação, com alteração do acórdão divergente, o Tribunal de origem, se for o caso, decidirá as demais questões ainda não decididas, cujo enfrentamento se tornou necessário em decorrência da alteração.

§ 3º Quando for alterado o acórdão divergente na forma do § 1º e o recurso anteriormente interposto versar sobre outras questões, o Presidente ou Vice-Presidente do Tribunal Regional, independentemente de ratificação do recurso, procederá a novo juízo de admissibilidade, retomando o processo o seu curso normal.

Art. 16. A parte poderá desistir da ação em curso no primeiro grau de jurisdição, antes de proferida a sentença, se a questão nela discutida for idêntica à resolvida pelo recurso representativo da controvérsia.

§ 1º Se a desistência ocorrer antes de oferecida a defesa, a parte, se for o caso, ficará dispensada do pagamento de custas e de honorários de advogado.

§ 2º A desistência apresentada nos termos do *caput* deste artigo independe de consentimento do reclamado, ainda que apresentada contestação.

Art. 17. Caberá revisão da decisão firmada em julgamento de recursos repetitivos quando se alterar a situação econômica, social ou jurídica, caso em que será respeitada a segurança jurídica das relações firmadas sob a égide da decisão anterior, podendo o Tribunal Superior do Trabalho modular os efeitos da decisão que a tenha alterado.

Art. 18. Caso a questão afetada e julgada sob o rito dos recursos repetitivos também contenha questão constitucional, a decisão proferida pelo Tribunal Pleno não obstará o conhecimento de eventuais recursos extraordinários sobre a questão constitucional.

Art. 19. Aos recursos extraordinários interpostos perante o Tribunal Superior do Trabalho será aplicado o procedimento previsto no Código de Processo Civil para o julgamento dos recursos extraordinários repetitivos, cabendo ao Presidente do Tribunal Superior do Trabalho selecionar um ou mais recursos representativos da controvérsia e encaminhá-los ao Supremo Tribunal Federal, sobrestando os demais até o pronunciamento definitivo da Corte, na forma ali prevista.

Art. 20. Quando o julgamento dos embargos à SbDI-1 envolver relevante questão de direito, com grande repercussão social, sem repetição em múltiplos processos, mas a respeito da qual seja conveniente a prevenção ou a composição de divergência entre as turmas ou os demais órgãos fracionários do Tribunal Superior do Trabalho, poderá a SbDI-1, por iniciativa de um de seus membros e após a aprovação da maioria de seus integrantes, afetar o seu julgamento ao Tribunal Pleno.

Parágrafo único. Aplica-se a este incidente, no que couber, o que esta Instrução Normativa dispõe sobre o incidente de julgamento de recursos repetitivos.

Art. 21. O Tribunal Superior do Trabalho deverá manter e dar publicidade às questões de direito objeto dos recursos repetitivos já julgados, pendentes de julgamento ou já reputadas sem relevância, bem como daquelas objeto das decisões proferidas por sua composição plenária, nos termos do § 13 do artigo 896 da CLT e do artigo 20 desta Instrução Normativa.

Parágrafo único. As decisões, organizadas por questão jurídica julgada, serão divulgadas, preferencialmente, na rede mundial de computadores e constarão do Banco Nacional de Jurisprudência Uniformizadora – BANJUR, instituído pelo artigo 7º da Instrução Normativa nº 37/2015, aprovada pela Resolução nº 195, de 02.03.2015, do Tribunal Superior do Trabalho.

Art. 22. Após a publicação da presente Instrução Normativa, ficam expressamente revogados os artigos 7º a 22 do Ato nº 491/SEGJUD.GP, de 23 de setembro de 2014.

MINISTRO ANTONIO JOSÉ DE BARROS LEVENHAGEN
Presidente do Tribunal Superior do Trabalho

RESOLUÇÃO CSJT Nº 174, DE 30 DE SETEMBRO DE 2016

*(Republicada em cumprimento ao art. 2º da Resolução CSJT nº 300, de 27.8.2021)

Dispõe sobre a Política Judiciária Nacional de tratamento adequado das disputas de interesses no âmbito da Justiça do Trabalho e dá outras providências.

O CONSELHO SUPERIOR DA JUSTIÇA DO TRABALHO – CSJT, em sessão ordinária hoje realizada, sob a presidência do Exmo. Ministro Conselheiro Presidente Ives Gandra da Silva Martins Filho, presentes os Exmos. Ministros Conselheiros Emmanoel Pereira, Renato de Lacerda Paiva, Guilherme Augusto Caputo Bastos, Márcio Eurico Vitral Amaro e Walmir Oliveira da Costa; os Exmos. Desembargadores Conselheiros Edson Bueno de Souza, Francisco José Pinheiro Cruz, Maria das Graças Cabral Viegas Paranhos, Gracio Ricardo Barboza Petrone e Fabio Túlio Correia Ribeiro; a Exma. Subprocuradora-Geral do Trabalho, Dra. Maria Guiomar Sanches de Mendonça, e o Exmo. Vice-Presidente da Associação Nacional dos Magistrados da Justiça do Trabalho – ANAMATRA, Juiz Guilherme Guimarães Feliciano,

CONSIDERANDO que compete ao Conselho Superior da Justiça do Trabalho, entre outras atribuições, promover a integração e o desenvolvimento dos Tribunais Regionais do Trabalho e das Varas do Trabalho, assim como das demais unidades a tais Órgãos ligadas;

CONSIDERANDO que, a partir da edição da Resolução CNJ nº 125/2010, que trata da Política Nacional de tratamento dos conflitos de interesses no âmbito do Poder Judiciário, foram criados, instalados e estão em funcionamento nos TRTs, Núcleos e/ou Centros de Conciliação;

CONSIDERANDO que os Núcleos e/ou Centros de Conciliação vêm desenvolvendo a cultura conciliatória entre os membros dos próprios Tribunais, assim como em face dos jurisdicionados, contando o seu funcionamento com o apoio e incentivo da generalidade dos operadores do Direito, além de estatisticamente revelarem-se efetivos instrumentos de auxílio e desafogamento dos Órgãos judiciários;

CONSIDERANDO que a eficiência operacional, o acesso ao sistema de Justiça e a responsabilidade social são objetivos estratégicos do Poder Judiciário, nos termos da Resolução CNJ nº 70/2009;

CONSIDERANDO que o direito de acesso à Justiça (art. 5º, XXXV, CF), além da vertente formal perante os Órgãos judiciários, implica acesso à ordem jurídica justa;

CONSIDERANDO que cabe ao Poder Judiciário estabelecer política pública de tratamento adequado das questões jurídicas e dos conflitos de interesses, organizando, em âmbito nacional, além dos serviços prestados nos processos judiciais, também outros mecanismos de solução de conflitos, em especial os consensuais, como a mediação e a conciliação;

CONSIDERANDO que a conciliação e a mediação são instrumentos efetivos de pacificação social, solução e prevenção de litígios e que a sua apropriada disciplina em programas já implementados no País tem reduzido a excessiva judicialização dos conflitos de interesses, bem como a quantidade de recursos e também de execução de sentenças;

CONSIDERANDO ser imprescindível estimular, apoiar e difundir a sistematização e o aprimoramento das práticas já adotadas pelos Tribunais;

CONSIDERANDO a relevância e a necessidade de organizar e uniformizar os serviços de conciliação, mediação e outros métodos consensuais de solução de disputas no âmbito da Justiça do Trabalho, para evitar disparidades de orientação e práticas, bem como para assegurar a boa execução da política pública, respeitada a especificidade deste segmento da Justiça;

CONSIDERANDO que o Conselho Superior da Justiça do Trabalho editou o Ato Conjunto TST.CSJT.GP Nº 9/2016, o qual instituiu a Comissão Nacional de Promoção à Conciliação, enquanto manifestação da valorização da conciliação como política pública judiciária;

CONSIDERANDO a valorização das soluções conciliatórias como forma de entrega da prestação jurisdicional, prevista no art. 764 da CLT;

CONSIDERANDO a competência originária do Conselho Superior da Justiça do Trabalho para tratar de temas específicos da Justiça do Trabalho, conforme precedentes do CNJ nos PCAs 0004795-59.2012.2.00.0000; 0007356-27.2012.2.00.0000; e 0006972-64.2010.2.00.0000; e

CONSIDERANDO a necessidade de uniformizar e consolidar a política pública permanente de incentivo e aperfeiçoamento dos mecanismos consensuais de solução de litígios no âmbito da Justiça do Trabalho, respeitando-se as especificidades de cada Tribunal Regional do Trabalho,

RESOLVE:

CAPÍTULO I
DA POLÍTICA DE TRATAMENTO ADEQUADO DAS DISPUTAS DE INTERESSES NO ÂMBITO DA JUSTIÇA DO TRABALHO

Art. 1º Para os fins desta resolução, considera-se:

I. "Conciliação" é o meio adequado de resolução de disputas em que as partes confiam a uma terceira pessoa – magistrado ou servidor público por aquele sempre supervisionado – a função de aproximá-las, empoderá-las e orientá-las na construção de um acordo quando a lide já está instaurada, com a criação ou proposta de opções para composição do litígio; (Redação dada pela Resolução CSJT nº 252, de 22 de novembro de 2019)

II. "Mediação" é o meio adequado de resolução de disputas em que as partes confiam a uma terceira pessoa – magistrado ou servidor público por aquele sempre supervisionado – a função de aproximá-las, empoderá-las e orientá-las na construção de um acordo quando a lide já está instaurada, sem a criação ou proposta de opções para composição do litígio; (Redação dada pela Resolução CSJT nº 252, de 22 de novembro de 2019)

III. "Questão jurídica" é a parte da lide que envolve direitos e recursos que podem ser deferidos ou negados em Juízo;

IV. "Conflito" é a parte da lide que não envolve direitos e recursos que podem ser deferidos ou negados em Juízo; e

V. "Disputa" é a soma da questão jurídica e do conflito, assim considerada a partir da judicialização da lide.

Art. 2º Fica instituída a Política Judiciária Nacional de tratamento das disputas de interesses trabalhistas para assegurar a todos o direito à solução das disputas por meios adequados à sua natureza, peculiaridade e características socioculturais de cada Região.

Parágrafo único. Para o adequado cumprimento do presente artigo, bem como para a implementação da Política Pública de Tratamento Adequado das Disputas de Interesses no âmbito da Justiça do Trabalho, deverão os Tribunais Regionais do Trabalho instituir um Núcleo Permanente de Métodos Consensuais de Solução de Disputas – NUPEMEC-JT, assim como instituir Centro(s) Judiciário(s) de Métodos Consensuais de Solução de Disputas – CEJUSC-JT.

Art. 3º Na implementação da Política Judiciária Nacional de tratamento das disputas de interesses trabalhistas, com vistas à boa qualidade destes serviços e à disseminação da cultura de pacificação social, serão observados:

I. A centralização das estruturas judiciárias de solução consensual de disputas;

II. A adequada formação e treinamento de servidores e magistrados para exercer a conciliação e mediação, podendo – para este fim – ser firmadas parcerias com entidades públicas e privadas; e

III. O acompanhamento estatístico específico, a ser realizado pelos Tribunais Regionais do Trabalho.

CAPÍTULO II
DO INCENTIVO À PACIFICAÇÃO SOCIAL

Art. 4º O CSJT organizará programa com o objetivo de promover ações de incentivo à autocomposição de litígios e à pacificação social por meio da conciliação e da mediação.

Parágrafo único. O programa será implementado com a participação de rede constituída por todos os Órgãos do Judiciário Trabalhista, autorizando-se a participação, em parceria, de entidades públicas e privadas, inclusive universidades e instituições de ensino.

CAPÍTULO III
DA ESTRUTURA E FUNCIONAMENTO DOS NÚCLEOS PERMANENTES E CENTROS JUDICIÁRIOS DE MÉTODOS CONSENSUAIS DE SOLUÇÃO DE DISPUTAS

Seção I
Núcleo Permanente de Métodos Consensuais de Solução de Disputas

Art. 5º Cada Tribunal Regional do Trabalho criará, no prazo de 180 (cento e oitenta) dias, contados da data de publicação desta Resolução, um Núcleo Permanente de Métodos Consensuais de Solução de Disputas – NUPEMEC-JT, composto por magistrados e servidores ativos designados, com as seguintes atribuições:

I. Desenvolver a Política Judiciária de tratamento adequado das disputas de interesses no âmbito da Justiça do Trabalho, estabelecida nesta Resolução;

II. Planejar, implementar, manter e aperfeiçoar as ações voltadas ao cumprimento da política e suas metas, vedando-se a imposição de metas relacionadas à quantidade de acordos aos magistrados e servidores conciliadores e mediadores;

III. Atuar na interlocução com outros Tribunais Regionais do Trabalho;

IV. Promover, incentivar e fomentar a pesquisa, estudos e aprimoramento dos métodos de mediação e conciliação, individuais e coletivos, bem como as práticas de gestão de conflitos;

V. Instalar, havendo autorização do respectivo TRT, Centro(s) Judiciário(s) de Métodos Consensuais de Solução de Disputas – CEJUSC-JT que realizará as sessões de conciliação e mediação dos Órgãos por este(s) abrangidos;

VI. Incentivar e promover a capacitação, treinamento e atualização permanente de magistrados e servidores nos métodos consensuais de solução de conflitos, com foco no empoderamento das partes para a autocomposição da disputa;

VII. Propor ao Tribunal Regional do Trabalho a realização de convênios e parcerias com entes públicos e privados para atender os fins desta Resolução;

VIII. Instituir, em conjunto com a Escola Judicial Regional, cursos de formação inicial, formação continuada e de formação de formadores, todos específicos nas técnicas de conciliação e mediação perante a Justiça do Trabalho;

IX. Incentivar o uso e fomentar o Comitê Gestor Regional do PJe dos requisitos necessários e regras de negócio para instituição de sistema que realize a conciliação e mediação por meios eletrônicos; e

X. Informar semestralmente ao CSJT acerca dos dados estatísticos de que trata o art. 3º, inciso III.

§ 1º A criação do Núcleo e sua composição deverá ser informada ao CSJT.

§ 2º Os Núcleos serão coordenados, privativamente, por um ou mais Magistrados do Trabalho da ativa, indicados fundamentadamente em critérios objetivos pelo Presidente do respectivo Tribunal, podendo haver acumulação com a coordenação do CEJUSCJT, ficando a cargo da Presidência do Tribunal Regional do Trabalho a análise da conveniência e oportunidade de designação exclusiva de magistrados para tais atividades.

§ 3º Os Núcleos poderão estimular programas voltados à pacificação social no âmbito das relações de trabalho, bem como das relações entre categorias profissionais e econômicas, como forma de prevenir conflitos e contribuir com a paz social, preferencialmente com o envolvimento de sindicatos, federações, confederações e centrais sindicais.

Seção II
Centros Judiciários de Métodos Consensuais de Solução de Disputas

Art. 6º Os Tribunais Regionais do Trabalho criarão Centro(s) Judiciário(s) de Métodos Consensuais de Solução de Disputas – CEJUSC-JT, unidade(s) do Poder Judiciário do Trabalho vinculado(s) ao NUPEMEC-JT, responsáveis pela realização das sessões e audiências de conciliação e mediação de processos em qualquer fase ou instância, inclusive naqueles pendentes de julgamento perante o Tribunal Superior do Trabalho.

§ 1º As sessões de conciliação e mediação realizadas nos CEJUSCs-JT contarão com presença física de magistrado, o qual poderá atuar como conciliador e mediador e supervisionará a atividade dos conciliadores e mediadores, estando sempre disponível às partes e advogados, sendo indispensável a presença do advogado do reclamante, caso constituído. (Redação dada pela Resolução CSJT nº 252, de 22 de novembro de 2019)

§ 1º-A. As reclamações trabalhistas reduzidas a termo em que o reclamante atue sem advogado (*jus postulandi*) poderão ser submetidas à sessão de conciliação e mediação junto ao CEJUSC-JT, desde que supervisionada pessoalmente pelo magistrado, que deverá estar presente fisicamente durante toda a negociação. (Incluído pela Resolução CSJT nº 252, de 22 de novembro de 2019)

§ 2º Os CEJUSCs-JT serão coordenados por um magistrado da ativa, e os magistrados supervisores deverão realizar as pautas iniciais das unidades jurisdicionais a estes vinculadas, podendo realizar pautas temáticas, objetivando a otimização dos trabalhos. (Redação dada pela Resolução CSJT nº 300, de 27 de agosto de 2021)

§ 3º O magistrado coordenador do CEJUSC-JT poderá solicitar à Corregedoria do Tribunal Regional do Trabalho a remessa de feitos de outras unidades jurisdicionais, com o intuito de organizar pautas concentradas ou mutirões, inclusive em bloco de ações com mais de um reclamante em desfavor de um mesmo empregador ou grupo de empregadores, sindicatos ou associações, cabendo ao Corregedor Regional avaliar a conveniência e oportunidade da medida. (Redação dada pela Resolução CSJT nº 300, de 27 de agosto de 2021)

§ 3º-A. Os CEJUSCs-JT poderão atuar em cooperação entre si, com as Varas do Trabalho ou outras unidades judiciárias, mediante reunião de processos, visando uma solução adequada da disputa entre trabalhadores com o mesmo reclamado ou executado, sem prejuízo do registro da produtividade de cada feito oriundo do respectivo CEJUSC-JT. (Incluído pela Resolução CSJT nº 288, de 19 de março de 2021)

§ 4º Os acordos realizados no CEJUSC-JT constarão do relatório de produtividade do magistrado que os homologar e também das Turmas, se antes do julgamento do recurso.

§ 5º É vedada à unidade jurisdicional que se nega a homologar acordo a remessa dos autos ao CEJUSC-JT, salvo nas hipóteses do § 3º ou do § 3º-A deste artigo. (Redação dada pela Resolução CSJT nº 288, de 19 de março de 2021)

§ 6º Os magistrados togados e servidores inativos poderão atuar como conciliadores e/ou mediadores, desde que declarem, sob responsabilidade pessoal, que não militam como advogados na jurisdição dos Órgãos judiciários abrangidos pelo CEJUSC-JT

§ 6º-A. É vedada a remessa de autos do CEJUSC-JT de JT de primeiro grau para o CEJUSC-JT de segundo grau, ou vice-versa, em caso de negativa de homologação, salvo nas hipóteses do § 3º ou do § 3º-A deste artigo. (Incluído pela Resolução CSJT nº 288, de 19 de março de 2021)

§ 7º Os Tribunais Regionais do Trabalho manterão, no CSJT, cadastro de todos os servidores capacitados e formados em cursos específicos de conciliação e mediação, para eventuais convocações em eventos nacionais e mutirões.

§ 8º Fica vedada a realização de conciliação ou mediação judicial, no âmbito da Justiça do Trabalho, por pessoas que não pertençam aos quadros da ativa ou inativos do respectivo Tribunal Regional do Trabalho.

§ 9º Os estagiários vinculados ao tribunal poderão assistir a conciliação ou mediação, acompanhado do servidor ou magistrado responsável pelo ato, sendo objeto de inclusão no relatório de supervisão, previsto na legislação respectiva. (Incluído pela Resolução CSJT nº 288, de 19 de março de 2021)

Art. 7º Os CEJUSCs-JT contarão com um magistrado coordenador e, sendo necessário, juiz(es) supervisor(es), todos entre juízes com atuação nas respectivas sedes, indicados fundamentadamente em critérios objetivos pelo Presidente do respectivo Tribunal, aos quais caberá a administração, supervisão dos serviços dos conciliadores e mediadores e a homologação dos acordos.

§ 1º Caberá ao TRT, na forma de seu regimento interno, definir quanto a conveniência e oportunidade de que o magistrado coordenador fique designado exclusivamente para a administração do CEJUSC-JT.

§ 2º Caberá ao TRT definir as condições para recrutamento e atuação de conciliadores e mediadores, observando-se o disposto no art. 6º, §§ 7º e 8º, desta Resolução, todos capacitados em métodos consensuais de solução de conflitos e, pelo menos um deles, capacitado também para triagem e encaminhamento adequado das disputas.

§ 3º O treinamento referido no parágrafo anterior tem por objetivo transmitir informações teóricas gerais sobre a conciliação e a mediação, bem como vivência prática para aquisição do mínimo de conhecimento que torne o corpo discente apto ao exercício da conciliação e da mediação judicial, devendo observar uma etapa teórica no mínimo; e uma etapa prática, tendo como parte essencial exercícios simulados e o estágio supervisionado, com carga horária ou quantidade de audiências mínimas definidas pela CONAPROC.

§ 4º Magistrados e servidores conciliadores e mediadores deverão se submeter a reciclagem continuada e a avaliação do usuário, por meio de pesquisas de satisfação anuais, cujo resultado será encaminhado ao NUPEMEC-JT, o qual compilará resultados em caso de existir mais de um CEJUSC-JT no TRT e os enviará ao CSJT.

§ 5º A audiência de mediação e conciliação trabalhista dividir-se-á em tantas sessões quantas forem necessárias para viabilizar a solução consensual, sem prejuízo das providências jurisdicionais que evitem o perecimento do direito, estas a serem tomadas pelo juízo a que distribuída a ação.

§ 5º-A. Distribuída a demanda trabalhista a uma das varas do trabalho, as audiências iniciais poderão ser realizadas pelo CEJUSC-JT, com encaminhamento pelo juízo de origem, conforme parametrização no PJe-JT, inclusive por classe processual. (Incluído pela Resolução CSJT nº 288, de 19 de março de 2021)

§ 5º-B. A conciliação ou mediação no CEJUSC-JT poderá contemplar a extinção, sem resolução do mérito, de pedido(s) ou em relação a uma ou mais das partes (reclamante, reclamada, reconvinte, reconvindo), exclusivamente em caso de ser uma cláusula integrante do acordo. (Incluído pela Resolução CSJT nº 288, de 19 de março de 2021)

§ 5º-C. Nas audiências iniciais, o juiz supervisor do CEJUSC-JT poderá declarar o arquivamento previsto no art. 844 da CLT, remetendo os autos ao juízo de origem para as providências complementares, se for o caso. (Incluído pela Resolução CSJT nº 288, de 19 de março de 2021)

§ 5º-D. Caso seja configurada a revelia de que trata o art. 844 da CLT, o juiz supervisor registrará a ocorrência do fato e devolverá os autos ao juízo de origem para a condução do feito. (Incluído pela Resolução CSJT nº 288, de 19 de março de 2021)

§ 6º As conciliações e mediações realizadas no âmbito da Justiça do Trabalho somente terão validade nas hipóteses previstas na CLT, aí incluída a homologação pelo magistrado que supervisionou a audiência e a mediação pré-processual de conflitos coletivos, sendo inaplicáveis à Justiça do Trabalho as disposições referentes às Câmaras Privadas de Conciliação, Mediação e Arbitragem, e normas atinentes à conciliação e mediação extrajudicial e pré-processual previstas no NCPC.

§ 7º Podem ser submetidos ao procedimento de mediação pré-processual os conflitos individuais e coletivos, a cargo dos respectivos CEJUSCs-JT de primeiro e segundo graus, conforme o caso, mediante registro próprio no Sistema PJe-JT, com garantia na produtividade do respectivo magistrado condutor do procedimento. (Redação dada pela Resolução CSJT nº 288, de 19 de março de 2021)

§ 7º-A. Em caso de trabalhador e/ou empregador sem assistência de advogado, na mediação pré-processual, a condução do procedimento deverá ser feita, necessariamente, pelo juiz supervisor do CEJUSC-JT respectivo. (Incluído pela Resolução CSJT nº 288, de 19 de março de 2021)

§ 7º-B. Na hipótese de êxito na mediação pré-processual, deverá ser convertido o procedimento (ou efetuado o registro), com os mesmos efeitos da classe Homologação de Transação Extrajudicial (HTE), no Sistema PJe-JT. (Incluído pela Resolução CSJT nº 288, de 19 de março de 2021)

§ 8º Magistrados e servidores conciliadores e mediadores ficam sujeitos ao Código de Ética de Conciliadores e Mediadores Judiciais, estabelecido no Anexo II desta Resolução.

§ 9º Os CEJUSC-JT deverão observar as qualidades técnica, social, ética e ambiental, devendo o espaço físico das audiências e sessões conter mesas redondas, no máximo de seis por magistrado supervisor, assegurando-se a privacidade das partes e advogados.

§ 10. Caso frustrado o tratamento adequado da disputa no âmbito da Justiça do Trabalho, o magistrado que supervisionar audiências de conciliação inicial poderá dar vista da(s) defesa(s) e documentos(s) às(s) parte(s) reclamante(s), consignando prazo parametrizado de acordo com fixação prévia do juízo de origem, se houver, registrando em ata requerimentos gerais das partes e o breve relato do conflito, mantendo-se silente quanto à questão jurídica que envolve a disputa; e remeterá os autos à unidade jurisdicional de origem. (Redação dada pela Resolução CSJT nº 288, de 19 de março de 2021)

CAPÍTULO IV
DA COMISSÃO NACIONAL DE PROMOÇÃO DA CONCILIAÇÃO

Art. 8º Referenda-se o Ato Conjunto TST.CSJT.GP nº 9, de 11 de março de 2016, que institui a Comissão Nacional de Promoção à Conciliação – CONAPROC, cuja composição passa a ser:

I. O Vice-Presidente do CSJT, que a coordenará;

II. Um Ministro do TST, indicado pelo Presidente do TST;

III. Os magistrados coordenadores dos NUPEMEC-JT; (Redação dada pela Resolução CSJT nº 288, de 19 de março de 2021);

IV. Cinco magistrados coordenadores de CEJUSC-JT, representando as cinco regiões geoeconômicas do País, indicados pelo Vice-Presidente do CSJT; e

V. Um magistrado com experiência em conciliação ou mediação em dissídios individuais e/ou coletivos, indicado pelo Vice-Presidente do CSJT, que será o Secretário-Geral. (Incluído pela Resolução CSJT nº 288, de 19 de março de 2021)

§ 1º A Comissão Nacional de Promoção à Conciliação – CONAPROC é Órgão integrante da política de tratamento adequado das disputas de interesses no âmbito do Poder Judiciário Trabalhista, voltado a auxiliar o Conselho Superior da Justiça do Trabalho, na definição e implementação de diretrizes do programa de que trata o artigo 4º desta Resolução.

§ 2º As deliberações da CONAPROC serão definidas por seu Coordenador, em decisão fundamentada em critérios objetivos, após ouvidos os demais membros da CONAPROC.

Art. 9º Compete aos membros da CONAPROC:

I. Propor, planejar e auxiliar a implementação de ações, projetos e medidas necessárias para conferir maior efetividade à conciliação trabalhista;

II. Fomentar e divulgar boas práticas em conciliação trabalhista e medidas que auxiliem os magistrados da Justiça do Trabalho no desempenho dessa atividade;

III. Apresentar anualmente relatório das atividades realizadas pela Comissão ao Presidente do Conselho Superior da Justiça do Trabalho;

IV. Informar ao Presidente do CSJT, trimestralmente, os andamentos dos trabalhos da Comissão Nacional;

V. Sugerir mecanismos de aperfeiçoamento de controle de dados estatísticos da conciliação; e

VI. Atuar na interlocução com os NUPEMECs-JT e CEJUSCs-JT dos Tribunais Regionais do Trabalho.

Art. 10. Compete ao Coordenador da Comissão Nacional de Promoção à Conciliação: trimestre;

I. Convocar reunião da CONAPROC, que ocorrerá ao menos uma vez por

II. Organizar as reuniões, pautas e prioridades da Comissão; e

III. Responder pelas atividades da Comissão perante o Presidente do CSJT.

Art. 11. A CONAPROC contará com Comissões, compostas e presididas por seus membros, para tratar, na perspectiva da solução adequada de disputas no âmbito da Justiça do Trabalho, dos seguintes temas:

I. Formação inicial, continuada e de formadores;

II. Impactos e relação entre a conciliação e o processo judicial eletrônico;

III. Execução;

IV. Precatórios;

V. Conflitos coletivos de trabalho; e

VI. Dispensas em massa.

§ 1º As Comissões deverão estudar e poderão elaborar propostas normativas e projetos de políticas judiciárias de solução adequada de disputas no âmbito da Justiça do Trabalho, relacionados aos temas correspondentes.

§ 2º Poderão ser estabelecidas outras comissões e grupos de trabalho sobre outros temas que guardem pertinência com a política judiciária nacional de tratamento adequado das disputas de interesses no âmbito da Justiça do Trabalho.

Art. 12. Compete à Comissão Nacional de Promoção à Conciliação, ad referendum do CSJT:

I. Estabelecer diretrizes para implementação da política judiciária nacional de tratamento adequado das disputas de interesses no âmbito da Justiça do Trabalho a serem observadas pelos Tribunais Regionais do Trabalho;

II. Desenvolver conteúdo programático mínimo e ações voltadas à capacitação em métodos consensuais de solução de disputas perante a Justiça do Trabalho, para conciliadores e mediadores, observadas as atribuições da Escola Nacional da magistratura do Trabalho – ENAMAT;

III. Providenciar que as atividades relacionadas à conciliação, mediação e outros métodos consensuais de solução de disputas também sejam consideradas nas promoções e remoções de magistrados do trabalho pelo critério de merecimento;

IV. Regulamentar, em código de ética, a atuação dos conciliadores e mediadores da Justiça do Trabalho;

V. Buscar a cooperação de Órgãos públicos, bem como instituições públicas e privadas da área de ensino, para a criação de disciplinas que propiciem o surgimento da cultura da solução pacífica dos conflitos, além de subsidiar a ENAMAT e EJUDs para que haja módulo voltado aos métodos consensuais de solução de disputas, tanto na formação inicial, como em formação continuada e cursos de formação de formadores;

VI. Estabelecer interlocução com a Ordem dos Advogados do Brasil, Defensorias Públicas, Procuradorias do Trabalho e Ministério Público do Trabalho, estimulando a participação destes nas audiências e sessões dos CEJUSCs-JT; e

VII. Identificar e atuar junto aos entes públicos e grandes litigantes de modo a estimular a autocomposição no âmbito da Justiça do Trabalho.

Parágrafo único. A CONAPROC poderá ainda estabelecer enunciados, mediante aprovação em plenária, os quais deverão ser encaminhados para referendo do Conselho Superior da Justiça do Trabalho, passando a integrar anexo desta Resolução a ser instituído.

Art. 13. A CONAPROC poderá estabelecer diretrizes, ad referendum do CSJT, sobre as seguintes matérias:

I. Estrutura necessária dos CEJUSCs-JT, uniformização do espaço físico, adequação da realização das audiências iniciais e demais padronizações constantes do art. 7º desta Resolução, respeitando-se a especificidade de cada Tribunal Regional do Trabalho, os quais deverão, em 60 (sessenta) dias, contados da data de publicação desta Resolução, apresentar à CONAPROC plano de ação para implementação gradual, ano a ano, das adaptações, observando-se a total adoção da estrutura até fevereiro de 2020;

II. Estabelecimento de conteúdos programáticos para cursos de conciliação e mediação próprios para a atuação em áreas específicas, como assédio moral, dispensas em massa, entre outras, respeitadas as diretrizes curriculares estabelecidas no Anexo I desta Resolução.

CAPÍTULO V
DO PORTAL DA CONCILIAÇÃO

Art. 14. Fica criado o Portal da Conciliação Trabalhista, a ser disponibilizado no sítio do CSJT na rede mundial de computadores, com as seguintes funcionalidades, entre outras:

I. Publicação das diretrizes da capacitação de conciliadores e mediadores e de seu código de ética;

II. Relatório gerencial do programa, por Tribunal Regional do Trabalho, detalhado por unidade judicial e por CEJUSC-JT;

III. Compartilhamento de boas práticas, projetos, ações, artigos, pesquisas e outros estudos;

IV. Fórum permanente de discussão, facultada a participação da sociedade civil;

V. Divulgação de notícias relacionadas ao tema; e

VI. Relatórios de atividades da "Semana da Conciliação Trabalhista". Parágrafo único. A implementação do Portal será de responsabilidade do CSJT.

CAPÍTULO VI
DAS DISPOSIÇÕES FINAIS

Art. 15. O disposto na presente Resolução não prejudica a continuidade de programas similares já em funcionamento, cabendo aos Tribunais Regionais do Trabalho adaptá-los aos termos desta Resolução.

Parágrafo único. Em relação aos Núcleos Permanentes de Métodos Consensuais de Solução de Disputas – NUPEMECs-JT e Centros Judiciários de Métodos Consensuais de Solução de Disputas – CEJUSCs-JT, os Tribunais Regionais do Trabalho deverão observar a padronização das denominações, nos termos desta Resolução.

Art. 16. O CSJT promoverá, em 180 (cento e oitenta) dias contados do início da vigência desta Resolução, as adequações do sistema PJe instalado na Justiça do Trabalho aos termos desta Resolução.

Art. 17. Todos os Anexos que integram esta Resolução possuem caráter vinculante.

Art. 18. O art. 2º, IX, da Resolução CSJT.GP nº 138, de 24 de junho de 2014, passa a ter a seguinte redação:

"Art. 2º (...) IX. Realizar audiências úteis às pesquisas em andamento, cabendo ao(s) Centro(s) Judiciário(s) de Métodos Consensuais de Solução de Disputas – CEJUSC-JT a realização das audiências de natureza estritamente conciliatória; (...)"

Art. 19. Republique-se a Resolução CSJT.GP nº 138, de 24 de junho de 2014.

Art. 20. Esta Resolução entra em vigor na data de sua publicação.

Brasília, 30 de setembro de 2016.

MINISTRO IVES GANDRA DA SILVA MARTINS FILHO
Presidente do Conselho Superior da Justiça do Trabalho

RESOLUÇÃO CSJT Nº 288, DE 19 DE MARÇO DE 2021

Dispõe sobre a estruturação e os procedimentos dos Centros Judiciários de Métodos Consensuais de Solução de Disputas da Justiça do Trabalho – CEJUSCJT, altera a Resolução CSJT nº 174/2016 e dá outras providências.

O CONSELHO SUPERIOR DA JUSTIÇA DO TRABALHO, em sessão ordinária telepresencial hoje realizada, sob a Presidência da Exma. Ministra Maria Cristina Irigoyen Peduzzi, Presidente, presentes os Exmos. Ministros Conselheiros Luiz Philippe Vieira de Mello Filho, Aloysio Corrêa da Veiga, Kátia Magalhães Arruda, Augusto César Leite de Carvalho e José Roberto Freire Pimenta, os Exmos. Desembargadores Conselheiros Nicanor de Araújo Lima, Ana Paula Tauceda Branco, Anne Helena Fischer Inojosa e Sérgio Murilo Rodrigues Lemos, o Exmo. Procurador-Geral do Trabalho, Dr. Alberto Bastos Balazeiro, e o Exmo. Vice-Presidente da Associação Nacional dos Magistrados da Justiça do Trabalho – ANAMATRA, Juiz Luiz Antonio Colussi,

CONSIDERANDO que o Conselho Superior da Justiça do Trabalho instituiu política de tratamento adequado de disputas de interesses no âmbito da Justiça do Trabalho (Resolução CSJT nº 174/2016, art. 2º) em alinhamento com a política nacional do Poder Judiciário, estabelecida pela Resolução CNJ nº 125/2010;

CONSIDERANDO que a Comissão Nacional de Promoção à Conciliação – CONAPROC foi instalada pelo Ato Conjunto CSJT.GP.VP e CGJT nº 4, de 27 de março de 2020, como "órgão integrante da política de tratamento adequado das disputas de interesses no âmbito do Poder Judiciário Trabalhista, voltado a auxiliar o Conselho Superior da Justiça do Trabalho, na definição e implementação de diretrizes do programa";

CONSIDERANDO que deve ser ampliada a integração dos Centros Judiciários de Métodos Consensuais de Solução de Disputas – CEJUSCs-JT com os sistemas utilizados no âmbito da Justiça do Trabalho, especialmente AUD, PJe e e-GESTÃO, para a geração estatística automatizada, publicidade, transparência e aferição qualitativa e quantitativa da sua atuação;

CONSIDERANDO que as boas práticas em conciliação trabalhista devem ser fomentadas e divulgadas no Portal da Conciliação, para o cumprimento da missão institucional da Justiça do Trabalho;

CONSIDERANDO que o princípio da cooperação deve ser efetivado com a interlocução com outras instituições públicas e privadas para a pacificação dos conflitos, tais como Ordem dos Advogados do Brasil, entidades sindicais representantes das categorias econômicas e profissionais, Ministério Público do Trabalho, Procuradoria-Geral da União e instituições de ensino superior, entre outras;

CONSIDERANDO que a Comissão Nacional de Promoção à Conciliação – CONAPROC constatou a grande diversidade de estruturação, procedimentos, base de formação e capacitação, integração institucional e articulação interinstitucional dos Centros Judiciários de Métodos Consensuais de Solução de Disputas – CEJUSC-JT, tornando-se recomendável regulamentar a uniformização mínima em torno da qualidade e eficiência da sua atuação em todo o território nacional;

CONSIDERANDO a necessidade de respeito à autonomia dos Tribunais Regionais em relação ao funcionamento dos CEJUSCs, com atenção às especificidades regionais para garantir sempre o avanço qualitativo de seus serviços, sem desconsiderar, contudo, o êxito das estruturas já garantidoras de seu pleno funcionamento;

CONSIDERANDO que durante a pandemia foi necessária a realização de audiências telepresenciais e o método mostrou-se adequado, proveitoso e com potencial de ser usado independentemente deste tipo de restrição;

CONSIDERANDO que as audiências telepresenciais facilitam a participação dos atores processuais solucionando problemas de espaço, deslocamento físico e tempo dos envolvidos;

CONSIDERANDO que as audiências telepresenciais voltadas para a conciliação não possuem os ônus e dificuldades encontrados nas audiências de instrução (coleta e indivisibilidade da prova);

CONSIDERANDO a decisão proferida nos autos do Processo CSJT-AN-352-98.2021.5.90.0000,

RESOLVE,

Referendar, com alterações, o Ato CSJT.GP.SG nº 141, de 1º de dezembro de 2020, praticado pela Presidência, cujo teor incorpora-se à presente Resolução.

Art. 1º A estruturação e os procedimentos dos Centros Judiciários de Métodos Consensuais de Solução de Disputas – CEJUSCs-JT deverão observar os termos da presente Resolução.

CAPÍTULO I
DA ESTRUTURAÇÃO AMBIENTAL E DE PESSOAL

Art. 2º A criação e instalação de Centros Judiciários de Métodos Consensuais de Solução de Disputas – CEJUSCs-JT deve ocorrer apenas nas localidades em que existam mais de uma Vara do Trabalho, observado o seguinte:

I. Os CEJUSCs-JT, enquanto estruturas formais integrantes do organograma dos Tribunais Regionais do Trabalho, são considerados unidades judiciárias autônomas e estão vinculados e hierarquicamente subordinados aos Núcleos Permanentes de Métodos Consensuais de Solução de Disputas – NUPEMECs-JT;

II. Os CEJUSCs-JT de segundo grau estão sujeitos à atuação correcional ordinária ou extraordinária da Corregedoria-Geral da Justiça do Trabalho, e os CEJUSCs- JT de primeiro grau à atuação correcional da Corregedoria do Tribunal Regional do Trabalho respectivo.

Parágrafo único. Nas localidades atendidas por uma única Vara do Trabalho será observado o seguinte:

I. Os CEJUSCs-JT atualmente instalados que não estejam em conformidade com o *caput* deste artigo deverão ser extintos ou, a critério dos Tribunais Regionais do Trabalho, realocados para localidades em que existam mais de uma Vara do Trabalho;

II. A política de tratamento adequado de disputas de interesses nas localidades atingidas pela extinção mencionada no inciso I será executada pelos magistrados da Vara do Trabalho, os quais, se devidamente capacitados em métodos consensuais de solução de disputas, poderão contar, para tanto, com o auxílio dos servidores da própria unidade judiciária, igualmente capacitados em métodos consensuais de solução de disputas, nos mesmos moldes previstos nesta Resolução;

III. Os Tribunais Regionais do Trabalho poderão criar e instalar CEJUSCs- JT itinerantes para atender localidades em que o acesso dos jurisdicionados seja dificultado pelas condições geográficas da região e/ou limitação dos meios de transporte;

IV. Os Tribunais Regionais do Trabalho poderão criar e instalar CEJUSCs- JT virtuais para prestar jurisdição através de sistemas telemáticos;

V. Os CEJUSCs-JT atualmente instalados também poderão valer-se de sistemas telemáticos para a realização de audiências telepresenciais e para a prática de outros atos processuais voltados à mediação e à conciliação;

VI. Os CEJUSCs-JT serão integrados ao "Juízo 100% Digital" do respectivo Tribunal.

Art. 3º Respeitando-se as especificidades e disponibilidades regionais, recomenda-se aos Tribunais Regionais do Trabalho a adoção de estrutura administrativa mínima relativa à lotação e ao quadro de servidores, bem como aos respectivos níveis de retribuição dos cargos em comissão e funções comissionadas dos CEJUSCs-JT, observado o seguinte:

I. Integram o quadro de servidores dos CEJUSCs-JT, para os fins do *caput*, todos os servidores neles lotados, incluindo-se os removidos, cedidos, em lotação provisória e ocupantes de cargos em comissão sem vínculo com a administração;

II. Não integram o quadro de servidores dos CEJUSCs-JT, para os fins do *caput*, os servidores inativos que estejam atuando como conciliadores e/ou mediadores e os estagiários;

III. Os CEJUSCs contarão com no mínimo um servidor lotado e, a partir da movimentação processual de 1.500 processos, o quadro de pessoal será acrescido de mais servidores, observadas as disposições legais sobre a padronização de estrutura aplicável à Justiça do Trabalho;

IV. A lotação de que trata o inciso III será periodicamente reavaliada pelos Tribunais Regionais do Trabalho, de acordo com as alterações na movimentação processual dos CEJUSCs-JT, apurada através da média dos três anos anteriores;

V. Todos os servidores lotados nos CEJUSCs devem ser capacitados em métodos consensuais de solução de disputas;

VI. O exercício das atividades de conciliador e/ou mediador por parte de servidores lotados nos CEJUSCs-JT, respeitando-se as especificidades e disponibilidades regionais, ensejará, preferencialmente, o pagamento de função comissionada nível FC-4, originária da estrutura de cargos e funções já existentes nos Tribunais Regionais do Trabalho, salvo se o Tribunal já realizar o pagamento de FC de nível superior;

VII. Nos Tribunais Regionais do Trabalho em que não houver disponibilidade para o pagamento de função comissionada no nível previsto no inciso VI, recomenda-se garantir aos servidores lotados nos CEJUSCs-JT que exerçam atividades de conciliador e/ou mediador, no mínimo, o pagamento de função comissionada nível FC-2, originária da estrutura de funções já existente nos Tribunais Regionais do Trabalho;

VIII. Os CEJUSCs terão, no mínimo, o nível de seção, cabendo ao gestor da unidade a coordenação das atividades de secretaria;

IX. Os CEJUSCs-JT poderão contar com força de trabalho adicional de servidores conciliadores e/ou mediadores oriundos das unidades judiciárias abrangidas por sua competência territorial, devidamente capacitados em métodos consensuais de solução de disputas, cujo regime de tempo de trabalho poderá ser ajustado mediante acordos de cooperação entre os juízos envolvidos;

X. Os servidores mencionados no inciso IX não terão direito às funções comissionadas previstas neste artigo;

XI. Os magistrados togados inativos e servidores inativos poderão atuar como conciliadores e/ou mediadores, desde que declarem, sob responsabilidade pessoal, que não militam como advogados na jurisdição dos Órgãos judiciários abrangidos pelo CEJUSC-JT;

XII. É vedada a realização de conciliação ou mediação judicial, no âmbito da Justiça do Trabalho, por pessoas que não pertençam aos quadros da ativa ou inativos do respectivo Tribunal Regional do Trabalho;

XIII. Os conciliadores e mediadores ficam sujeitos ao Código de Ética de Conciliadores e Mediadores Judiciais, estabelecido no Anexo II da Resolução CSJT nº 174/2016.

Art. 4º Respeitando-se as especificidades e disponibilidades regionais, recomenda-se aos Tribunais Regionais do Trabalho que a designação de magistrados coordenadores e supervisores para exercer as suas funções de forma exclusiva nos CEJUSCs-JT observe o seguinte:

I. Os CEJUSCs-JT com movimentação processual média no último triênio igual ou superior a 1.500 (mil e quinhentos) novos processos anuais serão administrados por magistrado coordenador que exerça suas funções exclusivamente nestas unidades judiciárias ou, a critério dos Tribunais Regionais do Trabalho, de forma cumulada com juízos auxiliares, divisões de execução ou outros órgãos similares que não sejam Varas do Trabalho;

II. Conforme a disponibilidade e a conveniência dos Tribunais Regionais do Trabalho, os CEJUSCs-JT que possuam movimentação processual média no último triênio significativamente superior à mencionada no inciso I poderão contar com um ou mais magistrados supervisores que exerçam suas funções exclusivamente nestas unidades judiciárias ou de forma cumulada com juízos auxiliares, divisões de execução ou outros órgãos similares que não sejam Varas do Trabalho;

III. Os CEJUSCs-JT com movimentação processual média no último triênio inferior a 1.500 (mil e quinhentos) novos processos anuais serão administrados por magistrado coordenador que exerça suas funções nestas unidades judiciárias cumulativamente com a jurisdição ordinária da Vara do Trabalho;

IV. Os magistrados coordenador e supervisores dos CEJUSCs-JT de primeiro grau e os magistrados supervisores do CEJUSC-JT de segundo grau serão designados por ato da Presidência do Tribunal Regional do Trabalho ou de quem o regimento interno estabelecer, após processo de seleção, pelo respectivo Tribunal Pleno ou Órgão Especial, dentre os juízes de primeiro grau interessados que preencham, cumulativamente, os seguintes requisitos:

    a. Possua formação em curso de capacitação em métodos consensuais de solução de disputas realizado ou validado pela Escola Nacional de Formação e Aperfeiçoamento de Magistrados do Trabalho – ENAMAT ou por Escola Judicial vinculada a um dos Tribunais Regionais do Trabalho;

    b. Tenha cumprido a carga horária mínima de formação continuada de 30 (trinta) horas nos 2 (dois) semestres anteriores;

    c. Não tenha sido punido disciplinarmente nos últimos dois anos;

    d. Preferencialmente, não cumule com o exercício de Direção do Foro na circunscrição respectiva;

V. O magistrado coordenador do CEJUSC-JT de segundo grau será designado por ato da Presidência do Tribunal Regional do Trabalho ou de quem o regimento interno estabelecer, após processo de seleção, pelo respectivo Tribunal Pleno ou Órgão Especial, dos desembargadores interessados que preencham, cumulativamente, os requisitos das alíneas "a", "b" e "c" do inciso IV;

VI. A designação dos magistrados mencionados nos incisos IV e V deste artigo será feita preferencialmente para um período de 2 (dois) anos, podendo, a critério dos Tribunais Regionais do Trabalho, dar-se por período menor, mas nunca inferior a 1 (um) ano, permitida uma recondução, após novo processo de seleção;

VII. A designação do magistrado mencionado no inciso V deste artigo ocorrerá para período alternado não coincidente com o do mandato dos administradores do respectivo Tribunal Regional do Trabalho;

VIII. Os CEJUSCs-JT poderão contar, de forma temporária ou permanente, com o auxílio em tempo parcial de magistrados de outras unidades judiciárias, devidamente capacitados em métodos consensuais de solução de disputas, na supervisão de audiências;

IX. As questões relativas à transição dos mandatos em curso nos CEJUSCs no momento do início da vigência desta norma serão resolvidas pela Presidência do Tribunal Regional do Trabalho respectivo.

Parágrafo único. Todos os magistrados ficam sujeitos ao Código de Ética de Conciliadores e Mediadores Judiciais, estabelecido no Anexo II da Resolução CSJT nº 174/2016.

Art. 5º A coordenação do NUPEMEC-JT deve ser obrigatoriamente exercida por Desembargador do Trabalho em atividade, que atenda aos requisitos das alíneas "a", "b" e "c" do inciso IV do artigo 4º, e que exercerá as atividades sem prejuízo de suas demais funções judicantes ou administrativas.

Parágrafo único. Não havendo Desembargador do Trabalho interessado e habilitado, o Tribunal Regional do Trabalho designará magistrado de primeiro grau, observados os mesmos requisitos.

Art. 6º Respeitando-se as especificidades e disponibilidades regionais, recomenda-se aos Tribunais Regionais do Trabalho a adoção de estrutura física mínima dos CEJUSCs-JT, observadas as seguintes diretrizes:

I. Os espaços físicos destinados aos CEJUSCs-JT serão separados em saguão ou sala de espera, salas de mediação, gabinete do magistrado coordenador e secretaria;

II. O saguão ou sala de espera será dimensionado de forma a comportar, sentados, todas as partes e advogados;

III. As salas de mediação deverão proporcionar aos servidores mediadores e/ou conciliadores liberdade e conforto na condução das audiências, sendo divididas por paredes ou anteparos que garantam o isolamento acústico adequado e com mobiliário composto por mesas redondas e equipamentos de tecnologia da informação que permitam a realização de audiências presenciais e telepresenciais;

IV. Os CEJUSCs-JT terão à disposição dos magistrados coordenador e supervisores e dos servidores mediadores e/ou conciliadores, dentro das possibilidades de cada Tribunal, sistema telefônico, sistema de informática e/ou meios em tecnologia cabíveis que permitam a prática de atos de mediação e/ou conciliação, devendo esses equipamentos ter seu uso limitado às atividades dessas unidades judiciárias;

V. A disponibilização de ferramentas hábeis à realização de audiências telepresenciais para os magistrados e servidores em trabalho remoto.

Parágrafo único. Os CEJUSC-JT deverão observar as qualidades técnica, social, ética e ambiental, devendo o espaço físico das audiências e sessões conter mesas redondas, no máximo de seis por magistrado supervisor, assegurando-se a privacidade das partes e advogados.

CAPÍTULO II
DOS PROCEDIMENTOS DE MEDIAÇÃO E CONCILIAÇÃO

Art. 7º Os autos serão disponibilizados aos CEJUSCs-JT mediante movimentação por servidor da unidade de origem, ou nela habilitado, onde estiverem em tramitação, mediante despacho, certidão ou ato ordinatório do juízo de origem.

Parágrafo único. A triagem dos feitos será realizada pela própria unidade judiciária de origem e também poderá ser objeto de cooperação entre o CEJUSC-JT e as unidades judiciárias envolvidas.

Art. 8º Os CEJUSCs-JT poderão atuar em cooperação entre si, com as Varas do Trabalho ou outras unidades judiciárias, visando a uma solução adequada da disputa entre as partes, tanto em processos de conhecimento como de execução, sem prejuízo do registro da produtividade de cada feito oriundo do respectivo CEJUSC-JT.

Parágrafo único. A atuação dos CEJUSCs-JT deve ser pautada pela estrita observância dos postulados legais e éticos e com pleno respeito ao juiz natural e ao seu livre convencimento, vedando-se, em qualquer circunstância:

I. A remessa dos autos ao CEJUSC-JT de primeiro grau para reapreciação de acordo cuja homologação foi negada pela unidade jurisdicional de origem;

II. A remessa dos autos ao CEJUSC-JT de segundo grau, enquanto pendente de julgamento recurso no Tribunal Regional do Trabalho, para reapreciação de acordo cuja homologação foi negada pela unidade jurisdicional de origem;

III. A remessa de autos do CEJUSC-JT de primeiro grau para o CEJUSC- JT de segundo grau, ou vice-versa, em caso de negativa de homologação por um deles.

Art. 9º A audiência de mediação e conciliação trabalhista poderá ser realizada de forma presencial ou por meios telemáticos e se dividirá em tantas sessões quantas forem necessárias para viabilizar a solução consensual, sem prejuízo das providências jurisdicionais que evitem o perecimento do direito, estas a serem tomadas pelo Juízo a que distribuída a ação.

I. As audiências por meios telemáticos serão realizadas por iniciativa do Juiz coordenador e/ou supervisor do CEJUSC-JT, ou mediante requerimento de partes, procuradores e terceiros interessados, observado sempre o grau de inserção digital dos seus participantes.

II. As audiências por meios telemáticos serão realizadas através da plataforma digital eleita pela Justiça do Trabalho para tanto, ressalvado o uso emergencial de meios alternativos em casos de impossibilidade de conexão, desde que permitam a comunicação inequívoca entre os seus participantes.

III. As audiências por meios telemáticos poderão ser realizadas de forma integralmente telepresencial ou de maneira híbrida, esta quando um ou mais participantes estão fisicamente presentes no local da sua realização e outros estão por meio de plataforma digital.

IV. As audiências realizadas por meios telemáticos poderão ser gravadas, nos termos da legislação específica.

V. Serão observados os requisitos de segurança da informação e de proteção de dados pessoais estabelecidos na legislação específica, em especial na Lei nº 13.709/2018.

Art. 10. A conciliação ou mediação no CEJUSC-JT poderá contemplar a extinção, sem resolução do mérito, de pedido(s) em relação a uma ou mais das partes, exclusivamente em caso de ser cláusula integrante do acordo.

Art. 11. O CEJUSC-JT poderá realizar as audiências iniciais, mediante disponibilização pelas unidades judiciárias, conforme regulamentação definida pelos Tribunais Regionais do Trabalho ou em acordos de cooperação celebrados entre as unidades judiciárias envolvidas, conforme parametrização no Sistema PJe-JT, inclusive por classe processual, observado o seguinte:

I. Nas audiências iniciais, o juiz supervisor do CEJUSC-JT poderá declarar o arquivamento previsto no artigo 844 da Consolidação das Leis do Trabalho – CLT (Decreto-lei nº 5.452, de 1º de maio de 1943), cabendo ao juízo de origem as providências complementares, salvo disposição em contrário prevista em regulamentação definida pelos Tribunais Regionais do Trabalho ou em acordos de cooperação celebrados entre as unidades judiciárias envolvidas;

II. Em caso de ausência da reclamada, o juiz supervisor registrará a ocorrência do fato, cabendo ao juízo de origem a condução do feito, segundo o seu convencimento, inclusive quanto à conveniência, ou não, da aplicação da revelia, na forma do artigo 844 da CLT;

III. Frustrada a conciliação, o magistrado que supervisionar a audiência poderá dar andamento ao processo nos limites da cooperação, como, por exemplo, dar vista da(s) defesa(s) e documento(s) à(s) parte(s) reclamante(s), consignando prazo parametrizado de acordo com fixação prévia do juízo de origem, registrar em ata os requerimentos das partes, e devolverá os autos à unidade jurisdicional de origem para prosseguimento;

IV. O magistrado supervisor não deverá se pronunciar sobre questão jurídica que envolve a disputa;

V. O CEJUSC-JT também poderá realizar audiências de conciliação prévias à audiência prevista no artigo 843 da CLT, e antes da abertura de prazo para apresentação de defesa, nas quais, no caso de comparecimento de ambas as partes e de não exitosa a conciliação, a parte reclamada poderá ser citada ou intimada na própria audiência para apresentar resposta diretamente via Sistema PJe-JT no prazo legal, conforme regulamentação do Tribunal ou na forma da cooperação celebrada.

Art. 12. Podem ser submetidos ao procedimento de mediação pré-processual os conflitos individuais e coletivos, a cargo dos respectivos CEJUSCs-JT de primeiro e segundo graus, bem como aos NUPEMECs-JT, conforme o caso, mediante registro próprio no Sistema PJe-JT, e com garantia de cômputo na produtividade do respectivo magistrado condutor do procedimento.

I. Na hipótese de êxito na mediação pré-processual, deverá ser convertido o procedimento (ou efetuado o registro), com os mesmos efeitos da classe

Homologação de Transação Extrajudicial (HTE), no Sistema PJe-JT.

II. Caso o trabalhador e/ou empregador estejam sem assistência de advogado, na mediação pré-processual, a condução do procedimento deverá ser feita, necessariamente, pelo juiz supervisor do CEJUSC-JT respectivo.

Art. 13. Fica autorizada a atuação de estagiários de graduação e de pós-graduação nas atividades internas e no acompanhamento de servidores conciliadores, sendo objeto de inclusão no relatório de supervisão, previsto na legislação respectiva.

Parágrafo único. Os estagiários vinculados ao tribunal poderão assistir a conciliação ou mediação, acompanhados do servidor ou magistrado responsável pelo ato, sendo objeto de inclusão no relatório de supervisão, previsto na legislação respectiva.

Art. 14. É obrigatória a habilitação dos CEJUSCs-JT de primeiro e segundo graus, por serem unidades judiciárias, nos sistemas PJe-JT e e-GESTÃO, para permitir o registro e a extração dos dados estatísticos automatizados, observado o seguinte:

I. É obrigatória a utilização dos sistemas SIAPI, AUD1, AUD2, AUD3 ou AUD4, ou qualquer outra versão que venha substituí-los, para elaboração e lançamento do termo de audiência;

II. Os CEJUSCs-JT terão acesso ao E-REMESSA.

CAPÍTULO III
DA FORMAÇÃO DE MAGISTRADOS E DA CAPACITAÇÃO DE SERVIDORES

Art. 15. A formação profissional do magistrado e a capacitação do servidor são requisitos prévios para atuação no CEJUSC-JT, ainda que de forma eventual, conforme os critérios definidos pela Resolução CSJT nº 174, de 30 de setembro de 2016, e devem abranger tanto as competências profissionais para a mediação e a conciliação judicial como também as relativas à gestão dos CEJUSCs-JT e à utilização de ferramentas telepresenciais para as negociações processuais e pré-processuais de âmbito individual e coletivo, observado o seguinte:

I. Para os magistrados, o curso de formação voltado a formar e certificar os conciliadores e mediadores será promovido pela Escola Nacional de Formação e Aperfeiçoamento de Magistrados do Trabalho – ENAMAT ou pelas Escolas Judiciais dos Tribunais Regionais do Trabalho – EJUDs;

II. Para os servidores, o curso de capacitação voltado a formar e certificar os conciliadores e mediadores será promovido pelas áreas de gestão de pessoas do CSJT ou dos TRTs e pelas Escolas de Formação de Magistrados dos Tribunais Regionais do Trabalho – EJUDs;

III. A fim de habilitar à atuação no CEJUSC-JT, os cursos de formação continuada ou de formadores para magistrados, assim como os cursos de capacitação para servidores, deverão ter o conteúdo programático em conformidade com a Resolução CSJT nº 174/2016 e serem previamente aprovados pela CONAPROC.

Art. 16. Os magistrados e servidores inativos também estão sujeitos às ações formativas previstas no artigo 15, e devem integrar cadastro nacional mantido pelo CSJT e organizado pela CONAPROC.

Art. 17. Os Tribunais Regionais do Trabalho, por intervenção dos respectivos NUPEMEC-JT e Escola Judicial, deverão realizar interlocução com Instituições de Ensino Superior – IES para a capacitação e para sua atuação especializada no âmbito do CEJUSC-JT.

Art. 18. As instituições encarregadas da formação profissional dos magistrados e da capacitação dos servidores também deverão promover, periodicamente, ações formativas específicas para os eixos temáticos de que trata o inciso II do artigo 13 da Resolução CSJT nº 174/2016, como definido pela CONAPROC, e para a formação de formadores ou instrutores em mediação e conciliação judicial.

Art. 19. Todos os cursos de formação ou capacitação possuem a validade de 3 (três) anos para habilitação ao exercício em CEJUSC-JT, devendo ser renovados periodicamente enquanto perdurar a designação para atuação no CEJUSC-JT.

Parágrafo único. Os magistrados e servidores em atuação em CEJUSC-JT na data de publicação da presente Resolução que não possuam a formação no prazo de validade previsto no *caput* deste artigo terão 180 (cento e oitenta) dias para serem submetidos à revalidação de sua formação ou capacitação, com a renovação do curso com os conteúdos programáticos atualizados, o qual poderá ser realizado integralmente na modalidade de educação à distância.

CAPÍTULO IV
DA INTEGRAÇÃO INSTITUCIONAL E ARTICULAÇÃO INTERINSTITUCIONAL

Art. 20. Como eficaz mecanismo de solução de conflitos, os CEJUSCs-JT deverão promover a cooperação técnica ou judiciária pré-processual e endoprocessual, inter ou intrarregional, inclusive com CEJUSCs de outros ramos do Poder Judiciário e outras instituições, na forma definida pelo respectivo Tribunal Regional do Trabalho e sob supervisão da CONAPROC, observado o seguinte:

I. Os sistemas AUD e PJe deverão contar com campo específico para registro da atuação em cooperação judiciária ou técnica, a fim de permitir o seu acompanhamento;

II. Em caso de cooperação judiciária entre CEJUSCs-JT de graus diferentes ou entre ramos distintos do Poder Judiciário, os termos de audiência deverão ser automaticamente registrados para fins de estatística no e-GESTÃO.

Art. 21. Os NUPEMECs-JT dos Tribunais Regionais do Trabalho deverão promover reuniões e eventos com outras instituições públicas e privadas para a pacificação dos conflitos, tais como Ordem dos Advogados do Brasil, entidades sindicais representantes das categorias econômicas e profissionais, Ministério Público do Trabalho, Procuradoria-Geral da União e Instituições de Ensino Superior, entre outras, a fim de incentivar práticas de gestão de conflito e fomentar a participação nas mediações ou conciliações perante os CEJUSCs-JT.

Art. 22. Os Tribunais Regionais do Trabalho disponibilizarão, nos CEJUSCs-JT e em seus sítios eletrônicos, formulários para avaliação dos serviços prestados em conciliação e mediação pré-processual ou processual realizada nos Centros, observado o seguinte:

I. Os formulários serão diferenciados por segmentos, direcionados a advogados, jurisdicionados e demais instituições;

II. Caberá ao NUPEMEC-JT de cada Tribunal Regional do Trabalho o acompanhamento e a análise da pesquisa aplicada, de forma a promover o contínuo aperfeiçoamento dos serviços prestados nos centros.

Art. 23. O Portal da Conciliação deverá ser periodicamente atualizado para, entre outras atividades destinadas à promoção e divulgação da conciliação:

I. Difundir a atuação em cooperação judicial e técnica, no âmbito dos Centros Judiciários em todas as instâncias ou graus de jurisdição, inclusive com Tribunais Superiores ou diferentes ramos do Poder Judiciário ou instituições;

II. Compartilhar os termos de conciliação homologada nos Centros que envolvam matéria comum a outros Tribunais Regionais ou Centros, de forma a propiciar intercâmbio institucional;

III. Documentar os convênios ou parcerias que possam ser de interesse inter-regional ou nacional;

IV. Publicar o resultado das pesquisas de satisfação promovidas pelos CEJUSCs-JT ou TRTs com advogados, jurisdicionados e demais instituições;

V.   Registrar sugestões que visem a melhoria dos sistemas e ferramentas utilizadas no âmbito dos CEJUSCs-JT.

DISPOSIÇÕES FINAIS

Art. 24. O artigo 6º da Resolução CSJT nº 174, de 30 de setembro de 2016, passa a vigorar com a seguinte alteração:

"Art. 6º [...]

§ 3º-A. Os CEJUSCs-JT poderão atuar em cooperação entre si, com as Varas do Trabalho ou outras unidades judiciárias, mediante reunião de processos, visando uma solução adequada da disputa entre trabalhadores com o mesmo reclamado ou executado, sem prejuízo do registro da produtividade de cada feito oriundo do respectivo CEJUSC-JT.

[...]

§ 5º É vedada à unidade jurisdicional que se nega a homologar acordo a remessa dos autos ao CEJUSC-JT, salvo nas hipóteses do § 3º ou do § 3º-A deste artigo.

[...]

§ 6º-A. É vedada a remessa de autos do CEJUSC-JT de primeiro grau para o CEJUSC-JT de segundo grau, ou vice-versa, em caso de negativa de homologação, salvo nas hipóteses do § 3º ou do § 3º-A deste artigo.

[...]

§ 9º Os estagiários vinculados ao tribunal poderão assistir a conciliação ou mediação, acompanhado do servidor ou magistrado responsável pelo ato, sendo objeto de inclusão no relatório de supervisão, previsto na legislação respectiva".

Art. 25. O artigo 7º da Resolução CSJT nº 174, de 30 de setembro de 2016, passa a vigorar com as seguintes alterações:

"Art. 7º [...] § 5º-A. Distribuída a demanda trabalhista a uma das varas do trabalho, as audiências iniciais poderão ser realizadas pelo CEJUSC-JT, com encaminhamento pelo juízo de origem, conforme parametrização no PJe-JT, inclusive por classe processual.

§ 5º-B. A conciliação ou mediação no CEJUSC-JT poderá contemplar a extinção, sem resolução do mérito, de pedido(s) em relação a uma ou mais das partes (reclamante, reclamada, reconvinte, reconvindo), exclusivamente em caso de ser uma cláusula integrante do acordo.

§ 5º-C. Nas audiências iniciais, o juiz supervisor do CEJUSC-JT poderá declarar o arquivamento previsto no art. 844 da CLT, remetendo os autos ao juízo de origem para as providências complementares, se for o caso.

§ 5º-D. Caso seja configurada a revelia de que trata o art. 844 da CLT, o juiz supervisor registrará a ocorrência do fato e devolverá os autos ao juízo de origem para a condução do feito.

[...]

§ 7º. Podem ser submetidos ao procedimento de mediação pré-processual os conflitos individuais e coletivos, a cargo dos respectivos CEJUSCs-JT de primeiro e segundo graus, conforme o caso, mediante registro próprio no Sistema PJe-JT, com garantia na produtividade do respectivo magistrado condutor do procedimento.

§ 7º-A. Em caso de trabalhador e/ou empregador sem assistência de advogado, na mediação pré-processual, a condução do procedimento deverá ser feita, necessariamente, pelo juiz supervisor do CEJUSC-JT respectivo.

§ 7º-B. Na hipótese de êxito na mediação pré-processual, deverá ser convertido o procedimento (ou efetuado o registro), com os mesmos efeitos da classe Homologação de Transação Extrajudicial (HTE), no Sistema PJe-JT.

[...]

§ 10. Caso frustrado o tratamento adequado da disputa no âmbito da Justiça do Trabalho, o magistrado que supervisionar audiências de conciliação inicial poderá dar vista da(s) defesa(s) e documentos(s) a(s) parte(s) reclamante(s), consignando prazo parametrizado de acordo com fixação prévia do juízo de origem, se houver, registrando em ata requerimentos gerais das partes e o breve relato do conflito, mantendo-se silente quanto a questão jurídica que envolve a disputa; e remeterá os autos a unidade jurisdicional de origem".

Art. 26. O artigo 8º da Resolução CSJT nº 174, de 30 de setembro de 2016, passa a vigorar com a seguinte alteração:

"Art. 8º [...]

III. Os magistrados coordenadores dos NUPEMECs-JT;
[...]

V. Um magistrado com experiência em conciliação ou mediação em dissídios individuais e/ou coletivos, indicado pelo Vice-Presidente do CSJT, que será o Secretário-Geral".

Art. 27. O Anexo I da Resolução CSJT nº 174, de 30 de setembro de 2016, passa a vigorar na forma do Anexo Único da presente Resolução.

Art. 28. Todos os atos que envolvem alteração de estrutura material ou de pessoal com acréscimo de despesas ficam suspensos até ulterior deliberação.

Art. 29. Republique-se a Resolução CSJT nº 174, de 30 de setembro de 2016, com as alterações promovidas por esta Resolução.

Art. 30. Esta Resolução entra em vigor na data de sua publicação. Brasília, 19 de março de 2021.

MARIA CRISTINA IRIGOYEN PEDUZZI
Ministra Presidente

RESOLUÇÃO CSJT Nº 313, DE 22 DE OUTUBRO DE 2021

Dispõe sobre os procedimentos a serem observados na videogravação de audiências realizadas no âmbito da Justiça do Trabalho.

O CONSELHO SUPERIOR DA JUSTIÇA DO TRABALHO, em sessão ordinária telepresencial hoje realizada, sob a Presidência da Excelentíssima Ministra Maria Cristina Irigoyen Peduzzi, Presidente, presentes os Exmos. Ministros Conselheiros Luiz Philippe Vieira de Mello Filho, Aloysio Corrêa da Veiga, Kátia Magalhães Arruda, Delaíde Alves Miranda Arantes e Hugo Carlos Scheuermann, os Exmos. Desembargadores Conselheiros Anne Helena Fischer Inojosa, Sérgio Murilo Rodrigues Lemos, Brasilino Santos Ramos, Maria Cesarineide de Souza Lima e Luiz Antonio Moreira Vidigal, a Exma. Vice-Procuradora-Geral do Trabalho, Dra. Maria Aparecida Gugel, e o Exmo. Presidente da Associação Nacional dos Magistrados da Justiça do Trabalho – ANAMATRA, Juiz Luiz Antonio Colussi,

CONSIDERANDO a necessidade de regulamentação dos procedimentos adotados para a realização de videogravação das audiências realizadas na Justiça do Trabalho;

CONSIDERANDO o disposto no art. 236, § 3º, do Código de Processo Civil, que admite a prática de atos processuais por videoconferência;

CONSIDERANDO a Recomendação CNJ nº 94, de 9 de abril de 2021, que orienta os tribunais brasileiros a gravar atos processuais, sejam presenciais ou virtuais, com vistas a alavancar a efetividade dos procedimentos judiciais;

CONSIDERANDO a Resolução CNJ nº 105, de 6 de abril de 2010, que dispõe sobre a documentação dos depoimentos por meio do sistema audiovisual e realização de interrogatório e inquirição de testemunhas por videoconferência, e o teor da decisão da Corregedoria-Geral da Justiça do Trabalho no Processo Nº PP-1001015-64.2020.5.00.0000, ambos dispensando a transcrição dos depoimentos;

CONSIDERANDO o constante nos autos do Processo PP-CNJ nº 0006358- 73.2021.2.00.0000;

CONSIDERANDO a Resolução CNJ nº 345, de 9 de outubro de 2020, que incentiva a prática de atos processuais exclusivamente por meio eletrônico;

CONSIDERANDO o Ato Conjunto TST.CSJT.GP Nº 54/2020, que institui a plataforma Zoom como plataforma oficial de videoconferência para a realização de audiências e sessões de julgamento nos órgãos da Justiça do Trabalho; e

CONSIDERANDO o constante no Processo CSJT-AN-1901-46.2021.5.90.0000,

RESOLVE:

Art. 1º É dispensada a transcrição ou degravação dos depoimentos colhidos em audiências realizadas com gravação audiovisual.

Parágrafo único. O magistrado, quando for de sua preferência pessoal, poderá determinar que os servidores que estão afetos a seu gabinete ou secretaria procedam à degravação, observando, nesse caso, as recomendações médicas quanto à prestação desse serviço.

Art. 2º As audiências virtuais, telepresenciais ou semipresenciais serão realizadas pela plataforma de videoconferências oficial disponibilizada pela Justiça do Trabalho.

Parágrafo único. A videogravação realizada deverá ser armazenada no banco de dados da empresa contratada para este fim ou do próprio Tribunal Regional, na forma prevista para os sistemas em uso na Justiça do Trabalho, admitindo-se o livre acesso a qualquer interessado, ressalvados os casos de segredo de justiça, sigilo ou proteção de dados, na forma legal.

Art. 3º A gravação audiovisual dos depoimentos será realizada de maneira organizada e propícia à plena compreensão e acesso à prova, gerando vídeo indexado com marcadores específicos de temas e indicação expressa do *link* de acesso na ata de audiência, de acordo com a plataforma de videogravação disponível.

Art. 4º O termo escrito de audiência no Sistema AUD continua obrigatório para fins de alimentação dos fluxos do Sistema PJe e para registro dos atos essenciais, devendo dele constar os seguintes dados:

I. Data da audiência;

II. Nome do juiz;

III. Unidade judiciária;

IV. Nomes das partes, do representante do Ministério Público do Trabalho e dos advogados presentes, com os respectivos números de inscrição na OAB;

V. Nomes das testemunhas, qualificação e compromisso legal;

VI. Presença ou ausência das partes, testemunhas ou advogados;

VII. Deliberações do juiz;

VIII. Termos e condições da conciliação; e

IX. Incidentes e requerimentos das partes, se houver.

Art. 5º A videogravação indexada também poderá ser utilizada em processos com segredo de justiça, devendo a unidade restringir o acesso aos registros às partes autorizadas.

Parágrafo único. Na impossibilidade de resguardo do sigilo em processos com segredo de justiça, a videogravação não será realizada, devendo os depoimentos serem reduzidos a termo.

Art. 6º Os magistrados e servidores deverão zelar pelo regular registro audiovisual da prova oral, para que não haja dificuldades de compreensão daqueles que tiverem acesso ao vídeo, seja na prolação da sentença e na elaboração de recurso, seja na revisão pela instância superior.

Art. 7º São obrigações do servidor responsável pelos registros de audiência nas audiências telepresenciais ou semipresenciais, videogravadas ou não:

I. Verificar, antes e durante a audiência de instrução, se os equipamentos dos partícipes ou da unidade jurisdicional se encontram em plenas condições de funcionamento;

II. Manter em salas de espera as partes e testemunhas, quando determinado pelo magistrado ou nos casos de depoimentos ainda não prestados;

III. Manter devidamente atualizado o estado da audiência no sistema AUD, marcando-se, em campo próprio, todas as alterações verificadas, conforme os tipos disponibilizados, a saber: "Marcada", "Em andamento", "Suspensa" ou "Realizada", de modo que o aplicativo de celular JTe possa manter partes e advogados devidamente cientes da evolução das audiências na pauta;

IV. Elaborar as atas de audiências que continuam sendo obrigatórias para fins de alimentação de dados e movimentos no sistema PJE, bem como para registro dos atos essenciais, entre eles o termo de conciliação, se for o caso.

Art. 8º Os juízes do trabalho deverão observar os seguintes procedimentos nas gravações das audiências:

I. Esclarecer às partes e seus advogados que os depoimentos serão gravados mediante sistema oficial de gravação audiovisual;

II. Delimitar ao máximo os pontos fáticos controvertidos sobre os quais incidirá a prova, preferencialmente após ouvir os advogados presentes, ou, na ausência destes, as próprias partes;

III. Refazer o ato que apresentar problemas sonoros ou de imagens e que dificultem ou impeçam o acesso à prova colhida, inclusive designando nova audiência para refazimento das inquirições, antes de enviar os autos ao tribunal, caso necessário;

IV. Permitir que todos os incidentes ocorridos em audiência sejam objeto de registro audiovisual.

Art. 9º Os Tribunais Regionais do Trabalho terão até 90 (noventa) dias para providenciar as soluções destinadas à marcação da videogravação indexada a fim de dar cumprimento à presente Resolução.

Parágrafo único. As soluções mencionadas no *caput* serão indicadas pelo CSJT em ato próprio.

Art. 10. Revoga-se o Ato CSJT.GP.SG nº 45, de 9 de julho de 2021.

Art. 11. Esta Resolução entra em vigor na data de publicação.

Brasília, 22 de outubro de 2021.

MARIA CRISTINA IRIGOYEN PEDUZZI
Ministra Presidente

RESOLUÇÃO CSJT Nº 324, DE 11 DE FEVEREIRO DE 2022

Dispõe sobre o Programa Nacional de Prevenção de Acidentes de Trabalho – Programa Trabalho Seguro e dá outras providências.

O CONSELHO SUPERIOR DA JUSTIÇA DO TRABALHO, em sessão ordinária telepresencial hoje realizada, sob a Presidência da Exma. Ministra Maria Cristina Irigoyen Peduzzi, Presidente, presentes os Exmos. Ministros Conselheiros Luiz Philippe Vieira de Mello Filho, Kátia Magalhães Arruda, Delaíde Alves Miranda Arantes e Hugo Carlos Scheuermann, os Exmos. Desembargadores Conselheiros Anne Helena Fischer Inojosa, Sérgio Murilo Rodrigues Lemos, Maria Cesarineide de Souza Lima e Luiz Antonio Moreira Vidigal, a Exma. Vice-Procuradora-Geral do Trabalho, Dra. Maria Aparecida Gugel, e o Exmo. Presidente da Associação Nacional dos Magistrados da Justiçado Trabalho – ANAMATRA, Juiz Luiz Antonio Colussi,

CONSIDERANDO que a concretização da dignidade da pessoa do trabalhador e dos valores sociais do trabalho são fundamentos do Estado Democrático de Direito (art. 1º, III e IV, da CRFB);

CONSIDERANDO que a proteção ao meio ambiente, nele incluído o de trabalho, é dever constitucional (arts. 170, VI, e 225, *caput*, da CRFB);

CONSIDERANDO o alarmante número de acidentes de trabalho e doenças ocupacionais do Brasil, a teor dos dados estatísticos oficiais, e os custos sociais, previdenciários, trabalhistas e econômicos decorrentes;

CONSIDERANDO o número de processos relativos a acidentes de trabalho ajuizados na Justiça do Trabalho e a necessidade de fomentar e difundir iniciativas permanentes de prevenção de novos litígios e de defesa do meio ambiente, da segurança e da saúde no trabalho;

CONSIDERANDO a necessidade de fortalecer a Política Nacional de Segurança e Saúde no Trabalho – PNSST, instituída pelo Decreto nº 7.602, de 7 de dezembro de 2011;

CONSIDERANDO o Protocolo de Cooperação Técnica celebrado em 3 de maio de 2011 entre o Tribunal Superior do Trabalho, o Conselho Superior da Justiça do Trabalho, o Ministério da Saúde, o Ministério do Trabalho e Emprego, o Ministério da Previdência Social, a Advocacia-Geral da União, posteriormente com adesão da Fundação Jorge Duprat Figueiredo de Segurança e Medicina do Trabalho – FUNDACENTRO, do Ministério Público do Trabalho, do Instituto Nacional do Seguro Social, do Conselho Federal de Medicina e de outras instituições parceiras;

CONSIDERANDO a necessidade de institucionalizar e sistematizar ações de prevenção de acidentes de trabalho a serem desenvolvidas no âmbito da Justiça do Trabalho;

CONSIDERANDO os resultados obtidos com as Recomendações Conjuntas GP.CGJT nº 2/2011 e nº 3/2013;

CONSIDERANDO os resultados obtidos com os Seminários Internacionais do Trabalho Seguro e com os Seminários Regionais;

CONSIDERANDO a necessidade de adequar os termos da Resolução CSJT nº 96/2012, que instituiu o Programa Nacional de Prevenção de Acidentes de Trabalho, às disposições da Resolução CSJT nº 279/2020, que estabelece disciplina geral de funcionamento dos programas e políticas do Conselho Superior da Justiça do Trabalho;

CONSIDERANDO o constante do Processo CSJT-AN-10103-75.2019.5.90.0000,

RESOLVE:

Art. 1º É institucionalizado o Programa Nacional de Prevenção de Acidentes de Trabalho, Programa Trabalho Seguro – PTS, no âmbito da Justiça do Trabalho, com o objetivo de desenvolver, em caráter permanente, ações voltadas à promoção da saúde do trabalhador, à prevenção de acidentes de trabalho e ao fortalecimento da Política Nacional de Segurança e Saúde no Trabalho – PNSST, nos termos desta Resolução.

Parágrafo único. Aplica-se o Programa Nacional de Prevenção de Acidentes de Trabalho, no que couber, à promoção da saúde e à prevenção de riscos e doenças de servidores e magistrados da Justiça do Trabalho, observadas as diretrizes da Resolução CNJ nº 207, de 15 de outubro de 2015, da Resolução CNJ nº 240, de 9 de setembro de 2016, da Resolução CSJT nº 141, de 26 de setembro de 2014, e da Resolução CSJT nº 279, de 20 de novembro de 2020.

Art. 2º As atividades do Programa serão norteadas pelas seguintes linhas de atuação:

I. Política pública: colaborar na implementação de políticas públicas de defesa do meio ambiente, da segurança e da saúde no trabalho e de assistência social às vítimas de acidentes de trabalho;

II. Diálogo social e institucional: incentivo ao diálogo com a sociedade e com instituições públicas e privadas, notadamente por meio de parcerias voltadas ao cumprimento dos objetivos do Programa;

III. Educação para a prevenção: desenvolvimento de ações educativas, pedagógicas e de capacitação profissional em todos os níveis de ensino, diretamente a estudantes, trabalhadores e empresários;

IV. Compartilhamento de dados e informações: incentivo ao compartilhamento e à divulgação de dados e informações sobre saúde e segurança no trabalho entre as instituições parceiras, prioritariamente por meio eletrônico;

V. Estudos e pesquisas: promoção de estudos e pesquisas sobre causas e consequências dos acidentes de trabalho e doenças ocupacionais no Brasil e temas conexos, a fim de auxiliar no diagnóstico e no desenvolvimento de ações de prevenção e de redução dos custos sociais, previdenciários, trabalhistas e econômicos decorrentes;

VI. Efetividade normativa: adoção de ações e medidas necessárias ao efetivo cumprimento das normas internas e internacionais ratificadas pelo Brasil sobre saúde, segurança e meio ambiente de trabalho, assim como ao aperfeiçoamento da legislação vigente;

VII. Eficiência jurisdicional: incentivo à tramitação prioritária dos processos relativos a acidentes de trabalho e ao ajuizamento de ações regressivas nas hipóteses de culpa ou dolo do empregador.

Parágrafo único. Deverão ser estabelecidos projetos, metas e planos de ação para alcance dos resultados esperados em cada linha de atuação.

Art. 3º O Programa Trabalho Seguro será desenvolvido com a colaboração da Rede de Prevenção de Acidentes de Trabalho e Doenças Ocupacionais, constituída por todos os órgãos da Justiça do Trabalho e pelas entidades públicas e privadas que aderirem aos seus termos, inclusive sindicatos, universidades, associações e instituições de ensino fundamental, médio e técnico-profissionalizantes.

§ 1º Os Tribunais do Trabalho poderão celebrar parcerias com as instituições referidas no *caput* para desenvolvimento do Programa no seu âmbito de atuação, com encaminhamento de cópia do instrumento ao Conselho Superior da Justiça do Trabalho.

§ 2º No ato da celebração da parceria, as instituições aderentes encaminharão Plano de Ação ou Projeto a ser adotado para a efetiva redução do número de acidentes de trabalho e doenças ocupacionais no seu âmbito de atuação.

§ 3º As parcerias previstas no § 1º que possam ocasionar ônus a ser custeado pelo orçamento do Tribunal Superior do Trabalho destinado ao Programa Trabalho Seguro necessitam de autorização prévia da Presidência do CSJT.

Art. 4º O Conselho Superior da Justiça do Trabalho e a Comissão Nacional do Programa realizarão, a cada biênio, seminário internacional, preferencialmente em outubro, sobre tema aprioristicamente definido como prioritário, contando com a participação de especialistas nacionais e internacionais.

Art. 5º O Programa deverá promover as ações de conscientização nas datas oficiais ou indicadas por organismos internacionais a respeito segurança, saúde e meio ambiente do trabalho, tais como:

a. 7 de abril - Dia Mundial da Saúde, conforme agenda institucional da Organização Mundial da Saúde – OMS;

b. 28 de abril - Dia Nacional em Memória das Vítimas de Acidentes e Doenças do Trabalho, instituído pela Lei nº 11.121, de 25 de maio de 2005;

c. 27 de julho - Dia Nacional de Prevenção de Acidentes de Trabalho, data institucionalizada em 1972 com a regulamentação da formação técnica em Segurança e Medicina do Trabalho;

d. 10 de setembro - Dia Mundial de Prevenção do Suicídio, conforme agenda da OMS;

e. 10 de outubro - Dia Nacional de Segurança e de Saúde nas Escolas, instituído pela Lei nº 12.645, de 16 de maio de 2012.

Art. 6º É criado o Portal do Programa Nacional de Prevenção de Acidentes do Trabalho – Portal do Trabalho Seguro, a ser mantido e atualizado nos sítios do Conselho Superior da Justiça do Trabalho e do Tribunal Superior do Trabalho na rede mundial de computadores (internet), como instrumento de divulgação e propagação do Programa e das ações a ele vinculadas, com os seguintes conteúdos, entre outros:

I. Disponibilização de materiais de campanha, cartilhas e *folders*;

II. Divulgação de notícias, dados estatísticos, pesquisas, eventos, cursos ou treinamentos voltados ao cumprimento dos objetivos do Programa;

III. Identificação dos integrantes, parceiros e colaboradores do Programa.

§ 1º A atualização do Portal será contínua e supervisionada por Gestor Nacional designado pela Comissão Nacional do Programa, com apoio operacional das áreas técnicas envolvidas.

§ 2º Os Tribunais Regionais do Trabalho manterão nos seus sítios da internet espaço destinado ao Programa Trabalho

Seguro, bem como *link* permanente de acesso ao Portal do Trabalho Seguro do CSJT/TST.

Art. 7º A Comissão Nacional do Programa deverá manter atualizado o Manual do Gestor, que se encontra disponibilizado eletronicamente no portal do Programa no sítio do CSJT/TST.

Art. 8º O Programa será presidido pelo Ministro Presidente do CSJT, auxiliado por 1 (um) Ministro Coordenador e por 1 (um) Ministro Vice-Coordenador.

Art. 9º A Comissão Nacional do Programa Trabalho Seguro, que tem por finalidade elaborar, implementar e acompanhar as medidas e iniciativas do Programa Trabalho Seguro, é composta de 5 (cinco) magistrados com atribuição de auxiliar o Ministro Presidente e os Ministros Coordenadores do Programa.

Parágrafo único. A escolha dos Gestores Nacionais será feita pelo Presidente do CSJT, no primeiro mês da sua gestão, e contemplará representantes de cada uma das 5 (cinco) regiões do país, estabelecidas pelo Instituto Brasileiro de Geografia e Estatística – IBGE.

Art. 10. Compete ao Ministro Presidente:

I. Reconhecer, em ato específico, as boas práticas e a destacada participação de integrantes da Rede de Prevenção de Acidentes de Trabalho e Doenças Ocupacionais por meio de certificação, prêmio ou outra forma de insígnia;

II. Expedir, em conjunto com os Ministros Coordenadores, recomendações para a implementação de medidas e iniciativas que envolvam o objetivo do Programa;

III. Submeter ao Conselho Superior da Justiça do Trabalho estudos, pesquisas e propostas para fins de realização de audiência pública, consulta pública ou edição de ato normativo, nos termos do Regimento Interno do Conselho Superior da Justiça do Trabalho;

IV. Escolher o tema central específico do Programa Trabalho Seguro para o biênio, nos termos do art. 17.

Art. 11. O Programa Trabalho Seguro deverá ter gestor operacional e equipe especificamente designados para desenvolvimento das suas atividades.

Art. 12. Os Tribunais Regionais do Trabalho indicarão à Presidência do CSJT 2 (dois) magistrados, com aptidão, interesse e vocação para causa, para atuarem como Gestores Regionais, com as seguintes atribuições, sem prejuízo de outras necessárias ao cumprimento dos seus objetivos:

I. Estimular, coordenar e implementar as ações de prevenção de acidentes de trabalho e doenças ocupacionais, em colaboração com as instituições parceiras regionais;

II. Atuar na interlocução com os Gestores Nacionais da respectiva região, relatando as ações desenvolvidas, as dificuldades encontradas e os resultados alcançados;

III. Promover e coordenar ações educativas voltadas a empregados, empregadores, estudantes, sindicatos, escolas e demais entidades públicas e privadas no propósito de fomentar a cultura de prevenção de acidentes do trabalho e doenças ocupacionais;

IV. Divulgar e distribuir os materiais produzidos e recomendados pelo Programa;

V. Acompanhar o cumprimento dos planos de ação, metas, recomendações, resoluções e compromissos relativos ao Programa;

VI. Encaminhar, até 31 de janeiro, relatório circunstanciado de atividades da execução das ações do PTS do exercício anterior.

§ 1º Os Gestores Regionais serão escolhidos observando-se o seguinte critério:

I. 1 (um) magistrado será indicado pelo Tribunal Pleno ou Órgão Especial do Tribunal Regional do Trabalho; e

II. 1 (um) magistrado será indicado pela respectiva Presidência.

§ 2º As Presidências dos Tribunais Regionais do Trabalho deverão comunicar suas indicações no primeiro mês da nova gestão do CSJT.

§ 3º Recomenda-se evitar a substituição simultânea dos 2 (dois) Gestores Regionais, de modo a preservar a continuidade e a memória do Programa.

§ 4º Os Tribunais Regionais do Trabalho deverão adotar as medidas necessárias para proporcionar aos Gestores Regionais condições adequadas ao desempenho das atribuições previstas neste artigo.

Art. 13. Os Tribunais Regionais do Trabalho poderão designar gerente e equipe específicos para desenvolvimento das atividades técnicas e operacionais do Programa no âmbito de sua atuação.

Art. 14. Os Tribunais Regionais do Trabalho poderão criar coordenadorias regionais para execução dos objetivos do Programa Trabalho Seguro.

Art. 15. As reuniões da Comissão Nacional, preferencialmente realizadas por meio de videoconferência ou outro recurso tecnológico de transmissão de sons e imagens em tempo real, ocorrerão:

I. Ordinariamente, uma vez por bimestre, conforme calendário estabelecido pela Coordenação Nacional do Programa, no início de cada exercício;

II. Extraordinariamente, por convocação da Presidência ou da Coordenação Nacional do Programa.

Parágrafo único. A Presidência e a Coordenação Nacional do Programa poderão designar a realização de reunião presencial na sede do TST.

Art. 16. As reuniões dos Gestores Regionais serão realizadas uma vez por semestre, preferencialmente por meio de videoconferência ou outro recurso tecnológico de transmissão de sons e imagens em tempo real, conforme calendário estabelecido pela Coordenação Nacional do Programa, no início de cada exercício.

Art. 17. Os Coordenadores e os Gestores Nacionais do Programa, após ouvirem as sugestões dos Gestores Regionais, apresentarão à Presidência, na última reunião do biênio, sugestões de metas para o biênio seguinte, bem como lista tríplice com possíveis temas centrais, a fim de orientar as atividades do Programa Trabalho Seguro.

Art. 18. Fica instituída a criação da Revista do Programa Trabalho Seguro, de periodicidade anual, a ser veiculada gratuitamente e por meio exclusivamente digital, que publicará artigos, estudos e normativos sobre os objetivos do presente Programa.

Parágrafo único. O Presidente do Conselho Superior da Justiça do Trabalho editará ato específico regulamentando a coordenação editorial e as diretrizes do periódico.

Art. 19. Poderá ser constituído Conselho Permanente, composto de 3 (três) magistrados que tenham atuado como Coordenadores e/ou Gestores Nacionais do Programa Trabalho Seguro.

Parágrafo único. O referido Conselho poderá ser convocado, a critério do Coordenador do Programa, para participar das reuniões alhures mencionadas.

Art. 20. Compete ao Conselho Permanente colaborar com o planejamento das atividades do Programa, considerando especialmente sua história, os motivos da sua criação e as experiências bem-sucedidas realizadas em gestões anteriores.

Art. 21. As transições das Gestões Nacionais e Regionais do Programa observarão, no que couber, o disposto na Resolução CNJ nº 95/2009.

Art. 22. As atividades previstas nesta Resolução não prejudicam a continuidade de outras voltadas à saúde e à prevenção de acidentes de trabalho no âmbito da Justiça do Trabalho de primeiro e segundo graus.

Art. 23. Revoga-se a Resolução CSJT nº 96, de 23 de março de 2012.

Art. 24. Esta Resolução entra em vigor na data de sua publicação.

Brasília, 11 de fevereiro de 2022.

MARIA CRISTINA IRIGOYEN PEDUZZI
Ministra Presidente

RESOLUÇÃO CSJT Nº 355, DE 28 DE ABRIL DE 2023

Regulamenta os procedimentos administrativos a serem adotados em relação a ações judiciais que tenham por objeto o assédio eleitoral nas relações de trabalho.

O CONSELHO SUPERIOR DA JUSTIÇA DO TRABALHO, em sessão ordinária, sob a Presidência da Exmo. Conselheiro Lelio Bentes Corrêa, com a participação dos Exmos. Conselheiros Aloysio Corrêa da Veiga, Hugo Carlos Scheuermann, Brasilino Santos Ramos, Maria Cesarineide de Souza Lima, Débora Maria Lima Machado e José Ernesto Manzi, do Exmo. Subprocurador-Geral do Trabalho Dr. Maurício Correia de Mello e do Exmo. Presidente da Associação Nacional dos Magistrados da Justiça do Trabalho – Anamatra, Juiz Luiz Antonio Colussi,

CONSIDERANDO a missão da Justiça do Trabalho de promover a justiça social, no âmbito das relações de trabalho, contribuindo para a paz social e o fortalecimento da cidadania;

CONSIDERANDO a competência do Conselho Superior da Justiça do Trabalho para atuar como órgão central do sistema da Justiça do Trabalho de primeiro e segundo graus, notadamente no exercício da supervisão administrativa, orçamentária, financeira e patrimonial;

CONSIDERANDO que a República Federativa do Brasil constitui-se em Estado Democrático de Direito e tem por fundamentos, dentre outros, a cidadania, a dignidade da pessoa humana, os valores sociais do trabalho e o pluralismo político;

CONSIDERANDO a garantia constitucional de liberdade de crença e consciência, bem como a vedação de privação de direito por motivo de convicção política ou filosófica;

CONSIDERANDO que a Constituição da República tem por objetivo promover o bem de todos, sem preconceitos de origem, raça, sexo, cor, idade e quaisquer outras formas de discriminação;

CONSIDERANDO que o ordenamento jurídico pátrio protege a liberdade de consciência, de expressão e de orientação política, bem como garante o livre exercício da cidadania, notadamente por meio do voto direto e secreto, que assegura a liberdade de escolha de candidatas ou candidatos, no processo eleitoral, por parte de todas as pessoas cidadãs, sendo direito fundamental de primeira dimensão;

CONSIDERANDO que, nas suas relações internacionais, o Brasil rege-se pelo princípio da prevalência dos direitos humanos, e que o Pacto Internacional sobre Direitos Civis e Políticos da ONU (1966) dispõe que todas as pessoas cidadãs têm direito sem quaisquer formas de discriminação, de votar e de ser eleito(a), em eleições periódicas, realizadas em sufrágio universal e igualitário, por meio do voto direto e secreto, e que garantam a livre manifestação de vontade dos(as) eleitores(as);

CONSIDERANDO que a Declaração Universal dos Direitos Humanos de 1948 confere a todo ser humano a capacidade de direito e liberdades sem distinção de qualquer espécie, inclusive opinião política, combatendo a discriminação sob quaisquer de suas formas;

CONSIDERANDO que a Convenção nº 111 da Organização Internacional do Trabalho – OIT proíbe, em seu artigo. I, "a", "toda distinção, exclusão ou preferência, com base em raça, cor, sexo, religião, opinião política, nacionalidade ou origem social, que tenha por efeito anular ou reduzir a igualdade de oportunidade ou de tratamento no emprego ou profissão";

CONSIDERANDO que a Convenção nº 190 da OIT, aplicada por força do art. 8º da Consolidação das Leis do Trabalho – CLT, estabelece, em seu artigo 5º, o dever de respeitar, promover e realizar os princípios e os direitos fundamentais no trabalho, nomeadamente a eliminação da discriminação relativamente a emprego e à profissão, devendo, igualmente, serem adotadas medidas objetivando a promoção do trabalho decente reconhecendo que a violência e o assédio no trabalho constituem violação aos direitos humanos;

CONSIDERANDO que o poder diretivo do empregador é limitado pelos direitos fundamentais da pessoa humana, não podendo tolher o exercício dos direitos de liberdade, de não discriminação, de expressão do pensamento e do livre exercício do direito ao voto secreto, sob pena de se configurar abuso de direito, violando o valor social do trabalho, fundamento da República (CRFB/88, art. 1º, inciso IV), também previsto como direito social fundamental (CRFB/88, arts. 6º e 7º) e como fundamento da ordem econômica (CRFB/88, art. 170, *caput*, e art. 190);

CONSIDERANDO, ainda, que a utilização do contrato de trabalho para o exercício ilícito de pressão ou de impedimento da fruição de direitos, de interesses ou de vontades do(a) empregado(a), é prática que viola a função social do contrato, prevista como baliza para os atos privados em geral, conforme art. 5º, inciso XXIII, e art. 170, inciso III, ambos da Constituição da República, bem como art. 421 do Código Civil, que dispõe que "A liberdade de contratar será exercida em razão e nos limites da função social do contrato";

CONSIDERANDO que, nos termos dos artigos 297, 299 e 301 do Código Eleitoral, a obstrução ao exercício do sufrágio; a concessão ou promessa de benefício ou vantagem em troca do voto, bem como o uso de violência ou ameaça com o intuito de coagir alguém a votar ou não votar em determinado(a) candidato(a), configuram crimes eleitorais, e, quando praticados no ambiente de trabalho ou em razão da relação de trabalho, tais condutas configuram assédio eleitoral laboral, ensejando a responsabilização do(a) assediador(a) na esfera trabalhista; e

CONSIDERANDO a decisão proferida nos autos do Processo CSJT-AN-452-77.2023.5.90.0000,

RESOLVE:

Art. 1º Ficam estabelecidos, no âmbito da Justiça do Trabalho de primeiro e de segundo graus, os procedimentos administrativos a serem adotados em relação às ações judiciais que tenham por objeto o assédio eleitoral nas relações de trabalho.

Art. 2º Para fins da presente Resolução, considera-se assédio eleitoral toda forma de distinção, exclusão ou preferência fundada em convicção ou opinião política no âmbito das relações de trabalho, inclusive no processo de admissão.

Parágrafo único. Configura, igualmente, assédio eleitoral a prática de coação, intimidação, ameaça, humilhação ou constrangimento, no intuito de influenciar ou manipular o voto, apoio, orientação ou manifestação política de trabalhadores e trabalhadoras no local de trabalho ou em situações relacionadas ao trabalho.

Art. 3º O processo judicial que trate do tema a que faz referência a presente Resolução deverá conter marcador próprio no Sistema do Processo Judicial Eletrônico (PJe).

Parágrafo único. Enquanto não existir funcionalidade que automatize o marcador indicado no *caput*, a unidade judiciária responsável pela tramitação do processo deverá promover tal lançamento tão logo constate aquela condição.

Art. 4º O sistema PJe deverá conter funcionalidade que informe, de modo automatizado, ao Conselho Superior da Justiça do Trabalho a existência do processo judicial que trate de assédio eleitoral, bem como das decisões de mérito nele proferidas.

Parágrafo único. Enquanto a funcionalidade indicada no *caput* não for implementada, a unidade judiciária responsável pela tramitação do processo deverá informar as decisões de mérito, com o envio de seu conteúdo.

Art. 5º Os Tribunais Regionais do Trabalho, no prazo de 30 (trinta) dias, disponibilizarão, em campo destacado no sítio do respectivo tribunal, sistema para recebimento de denúncia de assédio eleitoral, no âmbito das relações de trabalho a ser encaminhada de imediato às autoridades competentes, em especial ao Ministério Público do Trabalho e ao Ministério Público Eleitoral.

Art. 6º Havendo, nos autos de processo trabalhista, indícios de prática que, em tese, configure crime eleitoral, o magistrado deverá comunicar à autoridade competente para a persecução criminal cabível.

Parágrafo único. Constatados indícios de crime eleitoral por meio do recebimento de denúncia de assédio eleitoral a que faz referência o art. 5º desta Resolução, a Presidência do Tribunal Regional deverá encaminhar cópia dos documentos à autoridade competente, nos moldes disciplinados na cabeça do presente artigo.

Art. 7º Esta Resolução entra em vigor na data de sua publicação. Brasília, 28 de abril de 2023.

LELIO BENTES CORRÊA
Presidente

RECOMENDAÇÕES E ATOS CONJUNTOS

RECOMENDAÇÃO CONJUNTA Nº 1/ GP.CGJT, DE 3 DE MAIO DE 2011 (*)

Recomenda prioridade à tramitação e ao julgamento das reclamações trabalhistas relativas a acidente de trabalho.

O PRESIDENTE DO TRIBUNAL SUPERIOR DO TRABALHO E O CORREGEDOR-GERAL DA JUSTIÇA DO TRABALHO, no uso de suas atribuições legais e regulamentares, e

CONSIDERANDO o papel institucional da Justiça do Trabalho na preservação da cidadania e da dignidade do ser humano, mormente no tocante à melhoria das condições laborais e à prevenção de acidentes de trabalho;

CONSIDERANDO as diversas ações propositivas e de política judiciária a serem implementadas ao longo do ano de 2011, sob o marco histórico da celebração dos 70 anos de instalação da Justiça do Trabalho no Brasil;

CONSIDERANDO a necessidade de se conferir efetividade ao princípio constitucional da razoável duração do processo;

CONSIDERANDO o Protocolo de Cooperação Técnica celebrado pelo Tribunal Superior do Trabalho, Conselho Superior da Justiça do Trabalho, Ministério

da Saúde, Ministério do Trabalho e Emprego, Ministério da Previdência Social e Advocacia-Geral da União visando à implementação de programas e ações nacionais voltadas à prevenção de acidentes de trabalho;

RESOLVEM:

Recomendar aos Desembargadores dos Tribunais Regionais do Trabalho e aos Juízes do Trabalho que confiram prioridade à tramitação e ao julgamento das ações coletivas e das reclamações trabalhistas que envolvam acidentes de trabalho.

(*) Republicada em cumprimento ao disposto no art. 1º do Ato Conjunto nº 4/GP.CGJT, de 9 de dezembro de 2013.

Brasília, 3 de maio de 2011.

Ministro JOÃO ORESTE DALAZEN
Presidente do Tribunal Superior do Trabalho

Ministro ANTÔNIO JOSÉ DE BARROS LEVENHAGEN
Corregedor-Geral da Justiça do Trabalho

RECOMENDAÇÃO CONJUNTA N° 2/GP.CGJT, DE 28 DE OUTUBRO DE 2011(*)

Recomenda o encaminhamento de cópia de sentenças e acórdãos que reconheçam conduta culposa do empregador em acidente de trabalho para a respectiva unidade da Procuradoria-Geral Federal – PGF.

O PRESIDENTE DO TRIBUNAL SUPERIOR DO TRABALHO E O CORREGEDOR-GERAL DA JUSTIÇA DO TRABALHO, no uso de suas atribuições legais e regulamentares, e

CONSIDERANDO o papel institucional da Justiça do Trabalho na preservação da cidadania e da dignidade do ser humano, mormente no tocante à melhoria das condições laborais e à prevenção de acidentes de trabalho;

CONSIDERANDO o Protocolo de Cooperação Técnica celebrado pelo Tribunal Superior do Trabalho, Conselho Superior da Justiça do Trabalho, Ministério da Saúde, Ministério do Trabalho e Emprego, Ministério da Previdência Social e Advocacia-Geral da União visando à implementação de ações e medidas voltadas à prevenção de acidentes de trabalho;

CONSIDERANDO as ações propositivas e de política judiciária sugeridas pelo Comitê Interinstitucional composto por representantes das instituições parceiras; e

CONSIDERANDO a importância das ações regressivas acidentárias como meio de ressarcimento da Administração Pública pelos gastos decorrentes das prestações sociais decorrentes de acidente de trabalho e, ainda, como instrumento pedagógico e de prevenção de novos infortúnios, a teor do artigo 120 da Lei 8.213/91;

RESOLVEM:

RECOMENDAR aos Desembargadores dos Tribunais Regionais do Trabalho e aos Juízes do Trabalho que encaminhem à respectiva unidade da Procuradoria Geral Federal – PGF (relação anexa), por intermédio de endereço de e-mail institucional, cópia das sentenças e/ou acórdãos que reconheçam conduta culposa do empregador em acidente de trabalho, a fim de subsidiar eventual ajuizamento de Ação Regressiva, nos termos do art. 120 da Lei nº 8.213/91.

Brasília, 28 de outubro de 2011.

(*) Republicado em razão de erro material

Ministro JOÃO ORESTE DALAZEN

Presidente do Tribunal Superior do Trabalho

Ministro ANTÔNIO JOSÉ DE BARROS LEVENHAGEN

Corregedor-Geral da Justiça do Trabalho

RECOMENDAÇÃO CONJUNTA TST. CSJT.GP.CGJT. Nº 25/2022

Recomenda prioridade ao processamento e ao julgamento das ações em tramitação na Justiça do Trabalho que envolvam violência no trabalho; exploração do trabalho infantil; aprendizagem; preconceito de origem, raça, sexo, cor, idade, gênero e quaisquer outras formas de discriminação; assédio moral ou sexual; trabalho degradante, forçado ou em condições análogas à de escravo.

O PRESIDENTE DO TRIBUNAL SUPERIOR DO TRABALHO e do CONSELHO SUPERIOR DA JUSTIÇA DO TRABALHO, e o CORREGEDOR-GERAL DA JUSTIÇA DO TRABALHO, no uso de suas atribuições regimentais,

CONSIDERANDO os fundamentos constitucionais da dignidade da pessoa humana, do valor social do trabalho e da livre iniciativa, e da promoção do bem de todos, sem preconceitos de origem, raça, sexo, cor, idade e quaisquer outras formas de discriminação (art. 1º, CF);

CONSIDERANDO o princípio constitucional da duração razoável do processo (art. 5º, LXXVIII, CF);

CONSIDERANDO a moção aprovada pelo Pleno do Tribunal Superior do Trabalho, em apoio à ratificação da Convenção nº 190 da Organização Internacional do Trabalho, destinada a coibir a violência e o assédio no mundo do trabalho (Resolução Administrativa nº 2.310, de 21 de março de 2022);

CONSIDERANDO o disposto nas Convenções nºs 29 e 105 da Organização Internacional do Trabalho (OIT), ratificadas pelo Brasil, conforme consolidação disposta no Decreto nº 10.088/2019, que tratam sobre os compromissos globais e normas para a abolição do trabalho forçado e obrigatório;

CONSIDERANDO as Convenções nºs 138 e 182 da OIT, ratificadas pelo Brasil, conforme consolidação disposta no Decreto nº 10.088/2019, que estabelecem, respectivamente, regras transnacionais sobre a idade mínima de admissão no emprego e sobre a proibição das piores formas de trabalho infantil;

CONSIDERANDO o Objetivo de Desenvolvimento Sustentável nº 8 (ODS 8), integrante do rol de objetivos estabelecidos na "Agenda 2030" pela Organização das Nações Unidas (ONU), que contempla ações para a promoção do trabalho decente e do crescimento econômico;

CONSIDERANDO o contido no item 8.7 do ODS 8, que recomenda a adoção de medidas imediatas e eficazes para a erradicação do trabalho forçado e para a eliminação das piores formas do trabalho infantil;

CONSIDERANDO o disposto no art. 227 da Constituição Federal e no art. 69 do Estatuto da Criança e do Adolescente, que asseguram ao adolescente-jovem-aprendiz o direito à profissionalização e desde que respeitada a sua condição peculiar de pessoa em desenvolvimento e a capacitação profissional adequada ao mercado de trabalho;

CONSIDERANDO os termos da Recomendação Conjunta nº 1/GP.CGJT, de 3 de maio de 2011, que "recomenda prioridade à tramitação e ao julgamento das reclamações trabalhistas relativas a acidente de trabalho";

CONSIDERANDO a necessidade de adoção de ações institucionais para a efetividade e a celeridade de demandas que envolvam formas graves de violações a direitos fundamentais, protegidos constitucionalmente,

RESOLVEM:

Art. 1º. Recomendar aos Tribunais Regionais do Trabalho e aos Juízes do Trabalho que priorizem a tramitação e o julgamento de processos que envolvam violência no trabalho; exploração do trabalho infantil; aprendizagem; preconceito de origem, raça, sexo, cor, idade, gênero e quaisquer outras formas de discriminação; assédio moral ou sexual; trabalho degradante, forçado ou em condições análogas à de escravo.

Art. 2º. A Corregedoria-Geral da Justiça do Trabalho adotará medidas de estímulo ao atendimento desta Recomendação, com apoio do Sistema de Gerenciamento de Informações Administrativas e Judiciárias da Justiça do Trabalho (e-Gestão), inclusive para a identificação dos processos pendentes e julgados que versem sobre os temas e assuntos a que se refere o art. 1º deste ato normativo.

Art. 3º. A presidência do Tribunal Superior do Trabalho e do Conselho Superior da Justiça do Trabalho providenciará os ajustes necessários no Processo Judicial Eletrônico da Justiça do Trabalho – PJe/JT para a inclusão dos assuntos referidos no art. 1º desta Recomendação no rol de temas de tramitação preferencial.

Art. 4º. Esta Recomendação entra em vigor na data da sua publicação.

Publique-se.

Brasília, 27 de setembro de 2022.

EMMANOEL PEREIRA
Ministro Presidente do Tribunal Superior do Trabalho e do Conselho Superior da Justiça do Trabalho

GUILHERME AUGUSTO CAPUTO BASTOS
Ministro Corregedor-Geral da Justiça do Trabalho

ATO CONJUNTO TST.CSJT.GP Nº 1, DE 5 DE JANEIRO DE 2023

Institui Grupo de Trabalho com o objetivo de propor programa institucional voltado ao enfrentamento ao trabalho em condições análogas à escravidão e ao tráfico de pessoas, bem como à proteção ao trabalho das pessoas imigrantes, no âmbito do Tribunal Superior do Trabalho e do Conselho Superior da Justiça do Trabalho.

O PRESIDENTE DO TRIBUNAL SUPERIOR DO TRABALHO e do CONSELHO SUPERIOR DA JUSTIÇA DO TRABALHO, no uso de suas atribuições legais e regimentais,

CONSIDERANDO a necessidade de assegurar os direitos e garantias fundamentais previstos na Constituição Federal, com ênfase na dignidade da pessoa humana, no valor social do trabalho e na proibição de todas as formas de discriminação;

CONSIDERANDO a ratificação, pelo Brasil, das Convenções da Organização Internacional do Trabalho de nº 29, de 1930, sobre Trabalho Forçado e de nº 105, de 1957, sobre a Abolição do Trabalho Forçado; da Convenção Americana de Direitos Humanos (Pacto de São José da Costa Rica), de 1969; e do Protocolo Adicional à Convenção das Nações Unidas Contra o Crime Organizado Transnacional Relativo à Prevenção, Repressão e Punição do Tráfico de Pessoas, em Especial Mulheres e Crianças (Protocolo de Palermo), de 2003;

CONSIDERANDO a adesão do Poder Judiciário brasileiro ao "Pacto pela Implementação da Agenda 2030" que tem por Objetivos de Desenvolvimento Sustentável (ODS) a erradicação da pobreza, o trabalho decente e o crescimento econômico e a redução das desigualdades, entre outros;

CONSIDERANDO o teor da Meta 9 do Poder Judiciário, que consiste em "Integrar a Agenda 2030 para o Desenvolvimento Sustentável da Organização das Nações Unidas – ONU ao Poder Judiciário";

CONSIDERANDO que promover o trabalho decente e a sustentabilidade são objetivos estratégicos da Justiça do Trabalho, de acordo com o Plano Estratégico para o período de 2021 a 2026;

CONSIDERANDO que a população imigrante, por sua condição de vulnerabilidade, enfrenta maiores desafios no acesso ao trabalho decente e está especialmente exposta a graves violações de direitos humanos, tais quais o tráfico de pessoas e a redução do trabalho a condições análogas à escravidão;

CONSIDERANDO, por fim, que, entre as medidas de reparação estabelecidas pela Corte Interamericana de Direitos Humanos no caso "Fazenda Brasil Verde vs Brasil" (2016), está a obrigação do Estado brasileiro de implementação contínua de políticas públicas para a erradicação do trabalho escravo;

RESOLVE:

Art. 1º Instituir Grupo de Trabalho com o objetivo de desenvolver programa institucional voltado ao enfrentamento ao trabalho em condições análogas à escravidão e ao tráfico de pessoas, bem como à proteção ao trabalho da pessoa imigrante, no âmbito do Tribunal Superior do Trabalho e do Conselho Superior da Justiça do Trabalho.

Art. 2º O Grupo de Trabalho terá a seguinte composição:

I. AUGUSTO CÉSAR LEITE DE CARVALHO, Ministro do Tribunal Superior do Trabalho, que o coordenará;

II. DANIELA VALLE DA ROCHA MULLER, Juíza do Trabalho do TRT da 1ª Região;

III. GABRIELA LENZ DE LACERDA, Juíza Auxiliar da Presidência do TST;

IV. JÔNATAS DOS SANTOS ANDRADE, Juiz do Trabalho do TRT da 8ª Região;

V. LUCIANA PAULA CONFORTI, Juíza do Trabalho do TRT da 6º Região;

VI. ANDREA DA ROCHA CARVALHO GONDIM, Procuradora do Trabalho, coordenadora do CONAP (Coordenadoria Nacional de Combate às Irregularidades Trabalhistas na Administração Pública) e gerente do projeto "Liberdade no Ar";

VII. LYS SOBRAL CARDOSO, Procuradora do Trabalho e coordenadora do CONAETE (Coordenadoria Nacional de Erradicação do Trabalho Escravo);

VIII. RAISSA ROUSSENQ ALVES, pesquisadora;

IX. RICARDO REZENDE FIGUEIRA, coordenador do GPTEC/UFRJ (Grupo de Pesquisa Trabalho Escravo Contemporâneo); e

X. HELENA MARTINS DE CARVALHO, Assessora do Gabinete da Presidência do TST.

Parágrafo único. A Secretaria-Geral da Presidência do Tribunal Superior do Trabalho prestará o apoio necessário para a atuação do Grupo.

Art. 3º No desenvolvimento de suas atividades, o Grupo de Trabalho poderá convidar pesquisadores(as), professores(as), representantes de entidades de classe, entre outros profissionais, para discussão e obtenção de dados estatísticos e informações úteis e necessárias para o atendimento dos objetivos indicados neste ato.

Art. 4º Os trabalhos do grupo serão realizados, preferencialmente, de forma telepresencial.

Art. 5º O prazo para a conclusão dos trabalhos do Grupo é de 180 (cento e oitenta) dias, podendo ser prorrogado por igual período.

Art. 6º Este Ato entra em vigor na data de sua publicação.

INSTRUÇÕES NORMATIVAS DO TRIBUNAL SUPERIOR DO TRABALHO (TST)

RESOLUÇÃO Nº 203, DE 15 DE MARÇO DE 2016

Edita a Instrução Normativa nº 39, que dispõe sobre as normas do Código de Processo Civil de 2015 aplicáveis e inaplicáveis ao Processo do Trabalho, de forma não exaustiva.

O EGRÉGIO PLENO DO TRIBUNAL SUPERIOR DO TRABALHO, em Sessão Extraordinária hoje realizada, sob a Presidência do Excelentíssimo Senhor Ministro Ives Gandra da Silva Martins Filho, Presidente do Tribunal, presentes os Excelentíssimos Senhores Ministros Emmanoel Pereira, Vice-Presidente do Tribunal, Renato de Lacerda Paiva, Corregedor-Geral da Justiça do Trabalho, João Oreste Dalazen, Antonio José de Barros Levenhagen, João Batista Brito Pereira, Maria Cristina Irigoyen Peduzzi, Aloysio Corrêa da Veiga, Luiz Philippe Vieira de Mello Filho, Alberto Luiz Bresciani de Fontan Pereira, Maria de Assis Calsing, Dora Maria da Costa, Guilherme Augusto Caputo Bastos, Márcio Eurico Vitral Amaro, Walmir Oliveira da Costa, Maurício Godinho Delgado, Kátia Magalhães Arruda, Augusto César Leite de Carvalho, José Roberto Freire Pimenta, Delaíde Alves Miranda Arantes, Hugo Carlos Scheuermann, Alexandre de Souza Agra Belmonte, Cláudio Mascarenhas Brandão, Douglas Alencar Rodrigues, Maria Helena Mallmann e a Excelentíssima Vice-Procuradora-Geral do Trabalho, Dr.ª Cristina Aparecida Ribeiro Brasiliano

CONSIDERANDO a vigência de novo Código de Processo Civil (Lei nº 13.105, de 17.03.2015) a partir de 18 de março de 2016,

CONSIDERANDO a imperativa necessidade de o Tribunal Superior do Trabalho posicionar-se, ainda que de forma não exaustiva, sobre as normas do Código de Processo Civil de 2015 aplicáveis e inaplicáveis ao Processo do Trabalho,

CONSIDERANDO que as normas dos arts. 769 e 889 da CLT não foram revogadas pelo art. 15 do CPC de 2015, em face do que estatui o art. 2º, § 2º da Lei de Introdução às Normas do Direito Brasileiro,

CONSIDERANDO a plena possibilidade de compatibilização das normas em apreço,

CONSIDERANDO o disposto no art. 1.046, § 2º, do CPC, que expressamente preserva as "disposições especiais dos procedimentos regulados em outras leis", dentre as quais sobressaem as normas especiais que disciplinam o Direito Processual do Trabalho,

CONSIDERANDO o escopo de identificar apenas questões polêmicas e algumas das questões inovatórias relevantes para efeito de aferir a compatibilidade ou não de aplicação subsidiária ou supletiva ao Processo do Trabalho do Código de Processo Civil de 2015,

CONSIDERANDO a exigência de transmitir segurança jurídica aos jurisdicionados e órgãos da Justiça do Trabalho, bem assim o escopo de prevenir nulidades processuais em detrimento da desejável celeridade,

CONSIDERANDO que o Código de Processo Civil de 2015 não adota de forma absoluta a observância do princípio do contraditório prévio como vedação à decisão surpresa, como transparece, entre outras, das hipóteses de julgamento liminar de improcedência do pedido (art. 332, *caput* e § 1º, conjugado com a norma explícita do parágrafo único do art. 487), de tutela provisória liminar de urgência ou da evidência (parágrafo único do art. 9º) e de indeferimento liminar da petição inicial (CPC, art. 330),

CONSIDERANDO que o conteúdo da aludida garantia do contraditório há que se compatibilizar com os princípios da celeridade, da oralidade e da concentração de atos processuais no Processo do Trabalho, visto que este, por suas especificidades e pela natureza alimentar das pretensões nele deduzidas, foi concebido e estruturado para a outorga rápida e impostergável da tutela jurisdicional (CLT, art. 769),

CONSIDERANDO que está sub judice no Tribunal Superior do Trabalho a possibilidade de imposição de multa pecuniária ao executado e de liberação de depósito em favor do exequente, na pendência de recurso, o que obsta, de momento, qualquer manifestação da Corte sobre a incidência no Processo do Trabalho das normas dos arts. 520 a 522 e § 1º do art. 523 do CPC de 2015,

CONSIDERANDO que os enunciados de súmulas dos Tribunais do Trabalho a que se referem os incisos V e VI do § 1º do art. 489 do CPC de 2015 são exclusivamente os que contenham os fundamentos determinantes da decisão (*ratio decidendi* – art. 926, § 2º),

RESOLVE:

Aprovar a Instrução Normativa nº 39, nos seguintes termos:

INSTRUÇÃO NORMATIVA Nº 39/2016

Dispõe sobre as normas do Código de Processo Civil de 2015 aplicáveis e inaplicáveis ao Processo do Trabalho, de forma não exaustiva.

Art. 1º Aplica-se o Código de Processo Civil, subsidiária e supletivamente, ao Processo do Trabalho, em caso de omissão e desde que haja compatibilidade com as normas e princípios do Direito Processual do Trabalho, na forma dos arts. 769 e 889 da CLT e do art. 15 da Lei nº 13.105, de 17.03.2015.

§ 1º Observar-se-á, em todo caso, o princípio da irrecorribilidade em separado das decisões interlocutórias, de conformidade com o art. 893, § 1º da CLT e Súmula nº 214 do TST.

§ 2º O prazo para interpor e contra-arrazoar todos os recursos trabalhistas, inclusive agravo interno e agravo regimental, é de oito dias (art. 6º da Lei nº 5.584/70 e art. 893 da CLT), exceto embargos de declaração (CLT, art. 897-A).

Art. 2º Sem prejuízo de outros, não se aplicam ao Processo do Trabalho, em razão de inexistência de omissão ou por incompatibilidade, os seguintes preceitos do Código de Processo Civil:

I. Art. 63 (modificação da competência territorial e eleição de foro);

II. Art. 190 e parágrafo único (negociação processual);

III. Art. 219 (contagem de prazos em dias úteis);

IV. Art. 334 (audiência de conciliação ou de mediação);
V - art. 335 (prazo para contestação);

V. Art. 362, III (adiamento da audiência em razão de atraso injustificado superior a 30 minutos);

VI. Art. 373, §§ 3º e 4º (distribuição diversa do ônus da prova por convenção das partes);

VII. Arts. 921, §§ 4º e 5º, e 924, V (prescrição intercorrente); (Revogado pela Instrução Normativa nº 41, editada pela Resolução nº 221, de 21 de junho de 2018)

VIII. Art. 942 e parágrafos (prosseguimento de julgamento não unânime de apelação);

IX. Art. 944 (notas taquigráficas para substituir acórdão);

X. Art. 1.010, § 3º (desnecessidade de o juízo a quo exercer controle de admissibilidade na apelação);

XI. Arts. 1.043 e 1.044 (embargos de divergência);

XII. Art. 1.070 (prazo para interposição de agravo).

Art. 3º Sem prejuízo de outros, aplicam-se ao Processo do Trabalho, em face de omissão e compatibilidade, os preceitos do Código de Processo Civil que regulam os seguintes temas:

I. Art. 76, §§ 1º e 2º (saneamento de incapacidade processual ou de irregularidade de representação);

II. Art. 138 e parágrafos (*amicus curiae*);

III. Art. 139, exceto a parte final do inciso V (poderes, deveres e responsabilidades do juiz);

IV. Art. 292, V (valor pretendido na ação indenizatória, inclusive a fundada em dano moral);

V. Art. 292, § 3º (correção de ofício do valor da causa);

VI. Arts. 294 a 311 (tutela provisória);

VII. Art. 373, §§ 1º e 2º (distribuição dinâmica do ônus da prova);

VIII. Art. 485, § 7º (juízo de retratação no recurso ordinário);

IX. Art. 489 (fundamentação da sentença);

X. Art. 496 e parágrafos (remessa necessária);

XI. Arts. 497 a 501 (tutela específica);

XII. Arts. 536 a 538 (cumprimento de sentença que reconheça a exigibilidade de obrigação de fazer, de não fazer ou de entregar coisa);

XIII. Arts. 789 a 796 (responsabilidade patrimonial);

XIV. Art. 805 e parágrafo único (obrigação de o executado indicar outros meios mais eficazes e menos onerosos para promover a execução);

XV. Art. 833, incisos e parágrafos (bens impenhoráveis);

XVI. Art. 835, incisos e §§ 1º e 2º (ordem preferencial de penhora);

XVII. Art. 836, §§ 1º e 2º (procedimento quando não encontrados bens penhoráveis);

XVIII. Art. 841, §§ 1º e 2º (intimação da penhora);

XIX. Art. 854 e parágrafos (BacenJUD);

XX. Art. 895 (pagamento parcelado do lanço);

XXI. Art. 916 e parágrafos (parcelamento do crédito exequendo);

XXII. Art. 918 e parágrafo único (rejeição liminar dos embargos à maior);

XXIII. Arts. 926 a 928 (jurisprudência dos tribunais);

XXIV. Art. 940 (vista regimental);

XXV. Art. 947 e parágrafos (incidente de assunção de competência);

XXVI. Arts. 966 a 975 (ação rescisória);

XXVII. Arts. 988 a 993 (reclamação);

XXVIII. Arts. 1.013 a 1.014 (efeito devolutivo do recurso ordinário)

XXIX. Art. 1.021 (salvo quanto ao prazo do agravo interno).

Art. 4º Aplicam-se ao Processo do Trabalho as normas do CPC que regulam o princípio do contraditório, em especial os artigos 9º e 10, no que vedam a decisão surpresa.

§ 1º Entende-se por "decisão surpresa" a que, no julgamento final do mérito da causa, em qualquer grau de jurisdição, aplicar fundamento jurídico ou embasar-se em fato não submetido à audiência prévia de uma ou de ambas as partes.

§ 2º Não se considera "decisão surpresa" a que, à luz do ordenamento jurídico nacional e dos princípios que informam o Direito Processual do Trabalho, as partes tinham obrigação de prever, concernente às condições da ação, aos pressupostos de admissibilidade de recurso e aos pressupostos processuais, salvo disposição legal expressa em contrário.

Art. 5º Aplicam-se ao Processo do Trabalho as normas do art. 356, §§ 1º a 4º, do CPC que regem o julgamento antecipado parcial do mérito, cabendo recurso ordinário de imediato da sentença.

Art. 6º Aplica-se ao Processo do Trabalho o incidente de desconsideração da personalidade jurídica regulado no Código de Processo Civil (arts. 133 a 137), assegurada a iniciativa também do juiz do trabalho na fase de execução (CLT, art.

878). (Revogado pela Instrução Normativa nº 41, editada pela Resolução nº 221, de 21 de junho de 2018)

§ 1º Da decisão interlocutória que acolher ou rejeitar o incidente: (Revogado pela Instrução Normativa nº 41, editada pela Resolução nº 221, de 21 de junho de 2018)

I. Na fase de cognição, não cabe recurso de imediato, na forma do art. 893,

§ 1º da CLT; (Revogado pela Instrução Normativa nº 41, editada pela Resolução nº 221, de 21 de junho de 2018)

II. Na fase de execução, cabe agravo de petição, independentemente de garantia do juízo; (Revogado pela Instrução Normativa nº 41, editada pela Resolução nº 221, de 21 de junho de 2018)

III. Cabe agravo interno se proferida pelo Relator, em incidente instaurado originariamente no tribunal (CPC, art. 932, inciso VI). (Revogado pela Instrução Normativa nº 41, editada pela Resolução nº 221, de 21 de junho de 2018)

§ 2º A instauração do incidente suspenderá o processo, sem prejuízo de concessão da tutela de urgência de natureza cautelar de que trata o art. 301 do CPC. (Revogado pela Instrução Normativa nº 41, editada pela Resolução nº 221, de 21 de junho de 2018)

Art. 7º Aplicam-se ao Processo do Trabalho as normas do art. 332 do CPC, com as necessárias adaptações à legislação processual trabalhista, cumprindo ao juiz do trabalho julgar liminarmente improcedente o pedido que contrariar:

I. Enunciado de súmula do Supremo Tribunal Federal ou do Tribunal Superior do Trabalho (CPC, art. 927, inciso V);

II. Acórdão proferido pelo Supremo Tribunal Federal ou pelo Tribunal Superior do Trabalho em julgamento de recursos repetitivos (CLT, art. 896-B; CPC, art. 1.046, § 4º);

III. Entendimento firmado em incidente de resolução de demandas repetitivas ou de assunção de competência;

IV. Enunciado de súmula de Tribunal Regional do Trabalho sobre direito local, convenção coletiva de trabalho, acordo coletivo de trabalho, sentença normativa ou regulamento empresarial de observância obrigatória em área territorial que não exceda à jurisdição do respectivo Tribunal (CLT, art. 896, "b", *a contrario sensu*).

Parágrafo único. O juiz também poderá julgar liminarmente improcedente o pedido se verificar, desde logo, a ocorrência de decadência.

Art. 8º Aplicam-se ao Processo do Trabalho as normas dos arts. 976 a 986 do CPC que regem o incidente de resolução de demandas repetitivas (IRDR).

§ 1º Admitido o incidente, o relator suspenderá o julgamento dos processos pendentes, individuais ou coletivos, que tramitam na Região, no tocante ao tema objeto de IRDR, sem prejuízo da instrução integral das causas e do julgamento dos eventuais pedidos distintos e cumulativos igualmente deduzidos em tais processos, inclusive, se for o caso, do julgamento antecipado parcial do mérito.

§ 2º Do julgamento do mérito do incidente caberá recurso de revista para o Tribunal Superior do Trabalho, dotado de efeito meramente devolutivo, nos termos dos arts. 896 e 899 da CLT.

§ 3º Apreciado o mérito do recurso, a tese jurídica adotada pelo Tribunal Superior do Trabalho será aplicada no território nacional a todos os processos, individuais ou coletivos, que versem sobre idêntica questão de direito.

Art. 9º O cabimento dos embargos de declaração no Processo do Trabalho, para impugnar qualquer decisão judicial, rege-se pelo art. 897-A da CLT e, supletivamente, pelo Código de Processo Civil (arts. 1.022 a 1.025; §§ 2º, 3º e 4º do art. 1.026), excetuada a garantia de prazo em dobro para litisconsortes (§ 1º do art. 1.023).

Parágrafo único. A omissão para fins do prequestionamento ficto a que alude o art. 1.025 do CPC dá-se no caso de o Tribunal Regional do Trabalho, mesmo instado mediante embargos de declaração, recusar-se a emitir tese sobre questão jurídica pertinente, na forma da Súmula nº 297, item III, do Tribunal Superior do Trabalho.

Art. 10. Aplicam-se ao Processo do Trabalho as normas do parágrafo único do art. 932 do CPC, §§ 1º a 4º do art. 938 e §§ 2º e 7º do art. 1.007.

Parágrafo único. A insuficiência no valor do preparo do recurso, no Processo do Trabalho, para os efeitos do § 2º do art. 1.007 do CPC, concerne unicamente às custas processuais, não ao depósito recursal. (Revogado pela Resolução nº 218, de 17 de abril de 2017)

Art. 11. Não se aplica ao Processo do Trabalho a norma do art. 459 do CPC no que permite a inquirição direta das testemunhas pela parte (CLT, art. 820).

Art. 12. Aplica-se ao Processo do Trabalho o parágrafo único do art. 1.034 do CPC. Assim, admitido o recurso de revista por um fundamento, devolve-se ao Tribunal Superior do Trabalho o conhecimento dos demais fundamentos para a solução apenas do capítulo impugnado.

Art. 13. Por aplicação supletiva do art. 784, I (art. 15 do CPC), o cheque e a nota promissória emitidos em reconhecimento de dívida inequivocamente de natureza trabalhista também são títulos extrajudiciais para efeito de execução perante a Justiça do Trabalho, na forma do art. 876 e segs. da CLT.

Art. 14. Não se aplica ao Processo do Trabalho o art. 165 do CPC, salvo nos conflitos coletivos de natureza econômica (Constituição Federal, art. 114, §§ 1º e 2º).

Art. 15. O atendimento à exigência legal de fundamentação das decisões judiciais (CPC, art. 489, § 1º) no Processo do Trabalho observará o seguinte:

I. Por força dos arts. 332 e 927 do CPC, adaptados ao Processo do Trabalho, para efeito dos incisos V e VI do § 1º do art. 489 considera-se "precedente" apenas:

   a. Acórdão proferido pelo Supremo Tribunal Federal ou pelo Tribunal Superior do Trabalho em julgamento de recursos repetitivos (CLT, art. 896-B; CPC, art. 1.046, § 4º);

   b. Entendimento firmado em incidente de resolução de demandas repetitivas ou de assunção de competência;

   c. Decisão do Supremo Tribunal Federal em controle concentrado de constitucionalidade;

d. Tese jurídica prevalecente em Tribunal Regional do Trabalho e não conflitante com súmula ou orientação jurisprudencial do Tribunal Superior do Trabalho (CLT, art. 896, § 6º);

e. Decisão do plenário, do órgão especial ou de seção especializada competente para uniformizar a jurisprudência do tribunal a que o juiz estiver vinculado ou do Tribunal Superior do Trabalho.

II. Para os fins do art. 489, § 1º, incisos V e VI do CPC, considerar-se-ão unicamente os precedentes referidos no item anterior, súmulas do Supremo Tribunal Federal, orientação jurisprudencial e súmula do Tribunal Superior do Trabalho, súmula de Tribunal Regional do Trabalho não conflitante com súmula ou orientação jurisprudencial do TST, que contenham explícita referência aos fundamentos determinantes da decisão (*ratio decidendi*).

III. Não ofende o art. 489, § 1º, inciso IV do CPC a decisão que deixar de apreciar questões cujo exame haja ficado prejudicado em razão da análise anterior de questão subordinante.

IV. O art. 489, § 1º, IV, do CPC não obriga o juiz ou o Tribunal a enfrentar os fundamentos jurídicos invocados pela parte, quando já tenham sido examinados na formação dos precedentes obrigatórios ou nos fundamentos determinantes de enunciado de súmula.

V. Decisão que aplica a tese jurídica firmada em precedente, nos termos do item I, não precisa enfrentar os fundamentos já analisados na decisão paradigma, sendo suficiente, para fins de atendimento das exigências constantes no art. 489, § 1º, do CPC, a correlação fática e jurídica entre o caso concreto e aquele apreciado no incidente de solução concentrada.

VI. É ônus da parte, para os fins do disposto no art. 489, § 1º, V e VI, do CPC, identificar os fundamentos determinantes ou demonstrar a existência de distinção no caso em julgamento ou a superação do entendimento, sempre que invocar precedente ou enunciado de súmula.

Art. 16. Para efeito de aplicação do § 5º do art. 272 do CPC, não é causa de nulidade processual a intimação realizada na pessoa de advogado regularmente habilitado nos autos, ainda que conste pedido expresso para que as comunicações dos atos processuais sejam feitas em nome de outro advogado, se o profissional indicado não se encontra previamente cadastrado no Sistema de Processo Judicial Eletrônico, impedindo a serventia judicial de atender ao requerimento de envio da intimação direcionada. A decretação de nulidade não pode ser acolhida em favor da parte que lhe deu causa (CPC, art. 276).

Art. 17. Sem prejuízo da inclusão do devedor no Banco Nacional de Devedores Trabalhistas (CLT, art. 642-A), aplicam-se à execução trabalhista as normas dos artigos 495, 517 e 782, §§ 3º, 4º e 5º do CPC, que tratam respectivamente da hipoteca judiciária, do protesto de decisão judicial e da inclusão do nome do executado em cadastros de inadimplentes.

Art. 18. Esta Instrução Normativa entrará em vigor na data da sua publicação.

Ministro IVES GANDRA DA SILVA MARTINS FILHO
Presidente do Tribunal Superior do Trabalho

BREVE EXPOSIÇÃO DE MOTIVOS

A preocupação com os profundos impactos do novo Código de Processo Civil (Lei nº 13.105, de 17.03.2015) no processo do trabalho, mais que aconselhar, impõe um posicionamento do Tribunal Superior do Trabalho sobre a matéria, mediante Instrução Normativa.

A proposta que ora se apresenta toma como premissa básica e viga mestra a não revogação dos arts. 769 e 889 da CLT pelo art. 15 do CPC de 2015, seja em face do que estatui o art. 2º, § 2º da Lei de Introdução às Normas do Direito Brasileiro, seja à luz do art. 1.046, § 2º do NCPC.

Daí que a tônica central e fio condutor da Instrução Normativa é somente permitir a invocação subsidiária ou supletiva do NCPC caso haja omissão e também compatibilidade com as normas e princípios do Direito Processual do Trabalho. Entendemos que a norma do art. 15 do NCPC não constitui sinal verde para a transposição de qualquer instituto do processo civil para o processo do trabalho, ante a mera constatação de omissão, sob pena de desfigurar-se todo o especial arcabouço principiológico e axiológico que norteia e fundamenta o Direito Processual do Trabalho.

Nesta perspectiva, a Instrução Normativa identificou e apontou três categorias de normas do NCPC, com vistas à invocação, ou não, no processo do trabalho: a) as não aplicáveis (art. 2º); b) as aplicáveis (art. 3º); c) as aplicáveis em termos, isto é, com as necessárias adaptações (as demais referidas na IN a partir do art. 4º).

Não se quis, nem se poderia exaurir na Instrução Normativa o elenco de normas de tais categorias. O escopo primacial foi o exame de algumas das mais relevantes questões inovatórias e, em especial, das questões jurídico-processuais mais controvertidas que o NCPC suscita, com os olhos fitos no campo trabalhista.

A aplicação no processo do trabalho da nova concepção de princípio do contraditório adotada pelo NCPC (artigos 9º e 10), no que veda a decisão surpresa, constituiu-se em uma das mais tormentosas e atormentadoras questões com que se viu a braços a Comissão. Prevaleceu uma solução de compromisso:

a. De um lado, aplica-o na plenitude no julgamento do mérito da causa (art. 4º, § 1º, da IN) e, portanto, na esfera do direito material, de forma a impedir a adoção de fundamento jurídico não debatido previamente pelas partes; persiste a possibilidade de o órgão jurisdicional invocar o brocardo jura novit curia, mas não sem audiência prévia das partes;

b. De outro lado, no plano estritamente processual, mitigou-se o rigor da norma (art. 4º, § 2º, da IN); para tanto, concorreram vários fatores:

  b1. As especificidades do processo trabalhista (mormente a exigência fundamental de celeridade em virtude da natureza alimentar das pretensões deduzidas em juízo);

  b2. A preservação pelo próprio CPC/2015 (art. 1.046, § 2º) das "disposições especiais dos procedimentos regulados em outras leis", dentre as quais sobressai a CLT;

  b3. O próprio Código de Processo Civil não adota de forma absoluta a observância do princípio do contraditório prévio como vedação à decisão surpresa;

  b4. A experiência do direito comparado europeu, berço da nova concepção de contraditório, que recomenda algum temperamento em sua aplicação; tome-se, a título de ilustração, a seguinte decisão do Tribunal das Relações de Portugal de 2004:

"A decisão surpresa apenas emerge quando ela comporte uma solução jurídica que, perante os factos controvertidos, as partes não tinham obrigação de prever".

Daí a diretriz assumida pela IN, *a contrario sensu*: não se reputa "decisão surpresa" a que as partes tinham obrigação de prever, concernente às condições da ação, aos pressupostos de admissibilidade de recurso e aos pressupostos processuais. Ainda aqui, todavia, a IN ressalva os casos excepcionais em que, a propósito desses institutos, há disposição legal expressa determinando a audiência prévia da parte, a exemplo das normas dos §§ 2º e 7º do art. 1.007 e §§ 1º a 4º do art. 938 do CPC de 2015.

A Comissão reputou inafastável a aplicação subsidiária ao processo do trabalho da nova exigência legal de fundamentação das decisões judiciais (CPC, art. 489, § 1º). Cuidou, contudo, de algumas regras elucidativas e atenuadoras, sobretudo de modo a prevenir controvérsia sobre o alcance dos incisos V e VI do § 1º do art. 489 do CPC (art. 15, incisos I a VI da IN).

Anoto, de outra parte, que a aprovação da Instrução Normativa, tal como proposta, acarretará impacto substancial ou de atualização formal em dezenas de súmulas e orientações jurisprudenciais do Tribunal Superior do Trabalho.

Enfim, no que tange às normas aplicáveis, a Comissão buscou, de forma bastante criteriosa e seletiva, transpor para o processo do trabalho as inovações relevantes que valorizam a jurisprudência consolidada dos tribunais, privilegiam a qualidade da tutela jurisdicional e não descuram da segurança jurídica.

Brasília, 10 de março de 2016.

Ministro JOÃO ORESTE DALAZEN
Coordenador da Comissão de Ministros

RESOLUÇÃO Nº 221, DE 21 DE JUNHO DE 2018

Edita a Instrução Normativa nº 41, que dispõe sobre as normas da CLT, com as alterações da Lei nº 13.467/2017 e sua aplicação ao processo do trabalho.

O EGRÉGIO PLENO DO TRIBUNAL SUPERIOR DO TRABALHO, em Sessão Extraordinária hoje realizada, sob a Presidência do Excelentíssimo Senhor Ministro João Batista Brito Pereira, Presidente do Tribunal, presentes os Excelentíssimos Senhores Ministros Renato de Lacerda Paiva, Vice-Presidente do Tribunal, Lelio Bentes Corrêa, Corregedor-Geral da Justiça do Trabalho, Ives Gandra da Silva Martins Filho, Maria Cristina Irigoyen Peduzzi, Emmanoel Pereira, Aloysio Silva Corrêa da Veiga, Luiz Philippe Vieira de Mello Filho, Alberto Luiz Bresciani de Fontan Pereira, Maria de Assis Calsing, Dora Maria da Costa, Guilherme Augusto Caputo Bastos, Walmir Oliveira da Costa, Maurício Godinho Delgado, Augusto César Leite de Carvalho, José Roberto Freire Pimenta, Delaíde Alves Miranda Arantes, Hugo Carlos Scheuermann, Alexandre de Souza Agra Belmonte, Cláudio Mascarenhas Brandão, Douglas Alencar Rodrigues, Maria Helena Mallmann, Breno Medeiros e Alexandre Luiz Ramos e o Excelentíssimo Ronaldo Curado Fleury, Procurador-Geral do Trabalho,

CONSIDERANDO a vigência da Lei nº 13.467, de 13 de julho de 2017, a partir de 11 de novembro de 2017,

CONSIDERANDO a imperativa necessidade de o Tribunal Superior do Trabalho posicionar-se, ainda que de forma não exaustiva, sobre a aplicação das normas processuais contidas na

Consolidação das Leis Trabalhistas alteradas ou acrescentadas pela Lei nº 13.467/2017,

CONSIDERANDO a necessidade de dar ao jurisdicionado a segurança jurídica indispensável a possibilitar estabilidade das relações processuais,

CONSIDERANDO que pende de apreciação pelo Tribunal Pleno do TST a arguição de inconstitucionalidade do art. 702, I, "f", da CLT,

CONSIDERANDO que a arguição de inconstitucionalidade dos arts. 790- B e 791-A da CLT pende de apreciação pelo Supremo Tribunal Federal na ADI nº 5.766,

CONSIDERANDO que foram revogados pela Lei nº 13.467/2017 os §§ 3º e 5º do art. 899 da CLT,

CONSIDERANDO que se trata de Instrução Normativa no sentido de aplicação de normas processuais da CLT, tem pertinência a decisão contida no Processo TST Cons - 17652-49.2016.5.00.0000, publicado no DEJT em 01/09/2016,

RESOLVE

Aprovar a Instrução Normativa nº 41, nos seguintes termos:

INSTRUÇÃO NORMATIVA N° 41/2018

Dispõe sobre a aplicação das normas processuais da Consolidação das Leis do Trabalho alteradas pela Lei n° 13.467, de 13 de julho de 2017.

Art. 1° A aplicação das normas processuais previstas na Consolidação das Leis do Trabalho, alteradas pela Lei nº 13.467, de 13 de julho de 2017, com eficácia a partir de 11 de novembro de 2017, é imediata, sem atingir, no entanto, situações pretéritas iniciadas ou consolidadas sob a égide da lei revogada.

Art. 2° O fluxo da prescrição intercorrente conta-se a partir do descumprimento da determinação judicial a que alude o § 1º do art. 11-A da CLT, desde que feita após 11 de novembro de 2017 (Lei nº 13.467/2017).

Art. 3º A obrigação de formar o litisconsórcio necessário a que se refere o art. 611-A, § 5º, da CLT dar-se-á nos processos iniciados a partir de 11 de novembro de 2017 (Lei nº 13.467/2017).

Art. 4º O art. 789, *caput*, da CLT aplica-se nas decisões que fixem custas, proferidas a partir da entrada em vigor da Lei nº 13.467/2017.

Art. 5º O art. 790-B, *caput* e §§ 1º a 4º, da CLT, não se aplica aos processos iniciados antes de 11 de novembro de 2017 (Lei nº 13.467/2017).

Art. 6º Na Justiça do Trabalho, a condenação em honorários advocatícios sucumbenciais, prevista no art. 791-A, e parágrafos, da CLT, será aplicável apenas às ações propostas após 11 de novembro de 2017 (Lei nº 13.467/2017). Nas ações propostas anteriormente, subsistem as diretrizes do art. 14 da Lei nº 5.584/1970 e das Súmulas nos 219 e 329 do TST.

Art. 7º Os arts. 793-A, 793-B e 793-C, § 1º, da CLT têm aplicação autônoma e imediata.

Art. 8º A condenação de que trata o art. 793-C, *caput*, da CLT, aplica-se apenas às ações ajuizadas a partir de 11 de novembro de 2017 (Lei nº 13.467/2017).

Art. 9º O art. 793-C, §§ 2º e 3º, da CLT tem aplicação apenas nas ações ajuizadas a partir de 11 de novembro de 2017 (Lei nº 13.467/2017).

Art. 10. O disposto no *caput* do art. 793-D será aplicável às ações ajuizadas a partir de 11 de novembro de 2017 (Lei nº 13.467/2017).

Parágrafo único. Após a colheita da prova oral, a aplicação de multa à testemunha dar-se-á na sentença e será precedida de instauração de incidente mediante o qual o juiz indicará o ponto ou os pontos controvertidos no depoimento, assegurados o contraditório, a defesa, com os meios a ela inerentes, além de possibilitar a retratação.

Art. 11. A exceção de incompetência territorial, disciplinada no art. 800 da CLT, é imediatamente aplicável aos processos trabalhistas em curso, desde que o recebimento da notificação seja posterior a 11 de novembro de 2017 (Lei 13.467/2017).

Art. 12. Os arts. 840 e 844, §§ 2º, 3º e 5º, da CLT, com as redações dadas pela Lei nº 13.467, de 13 de julho de 2017, não retroagirão, aplicando-se, exclusivamente, às ações ajuizadas a partir de 11 de novembro de 2017.

§ 1º Aplica-se o disposto no art. 843, § 3º, da CLT somente às audiências trabalhistas realizadas após 11 de novembro de 2017.

§ 2º Para fim do que dispõe o art. 840, §§ 1º e 2º, da CLT, o valor da causa será estimado, observando-se, no que couber, o disposto nos arts. 291 a 293 do Código de Processo Civil.

§ 3º Nos termos do art. 843, § 3º, e do art. 844, § 5º, da CLT, não se admite a cumulação das condições de advogado e preposto.

Art. 13. A partir da vigência da Lei nº 13.467/2017, a iniciativa do juiz na execução de que trata o art. 878 da CLT e no incidente de desconsideração da personalidade jurídica a que alude o art. 855-A da CLT ficará limitada aos casos em que as partes não estiverem representadas por advogado.

Art. 14. A regra inscrita no art. 879, § 2º, da CLT, quanto ao dever de o juiz conceder prazo comum de oito dias para impugnação fundamentada da conta de liquidação, não se aplica à liquidação de julgado iniciada antes de 11 de novembro de 2017.

Art. 15. O prazo previsto no art. 883-A da CLT, para as medidas de execução indireta nele especificadas, aplica-se somente às execuções iniciadas a partir de 11 de novembro de 2017.

Art. 16. O art. 884, § 6º, da CLT aplica-se às entidades filantrópicas e seus diretores, em processos com execuções iniciadas após 11 de novembro de 2017.

Art. 17. O incidente de desconsideração da personalidade jurídica, regulado pelo CPC (artigos 133 a 137), aplica-se ao processo do trabalho, com as inovações trazidas pela Lei nº 13.467/2017.

Art. 18. O dever de os Tribunais Regionais do Trabalho uniformizarem a sua jurisprudência faz incidir, subsidiariamente ao processo do trabalho, o art. 926 do CPC, por meio do qual os Tribunais deverão manter sua jurisprudência íntegra, estável e coerente.

§ 1º Os incidentes de uniformização de jurisprudência suscitados ou iniciados antes da vigência da Lei nº 13.467/2017, no âmbito dos Tribunais Regionais do Trabalho ou por iniciativa de decisão do Tribunal Superior do Trabalho, deverão observar e serão concluídos sob a égide da legislação vigente ao tempo da interposição do recurso, segundo o disposto nos respectivos Regimentos Internos.

§ 2º Aos recursos de revista e de agravo de instrumento no âmbito do Tribunal Superior do Trabalho, conclusos aos relatores e ainda não julgados até a edição da Lei nº 13.467/17, não se aplicam as disposições contidas nos §§ 3º a 6º do artigo 896 da Consolidação das Leis do Trabalho.

§ 3º As teses jurídicas prevalecentes e os enunciados de Súmulas decorrentes do julgamento dos incidentes de uniformização de jurisprudência suscitados ou iniciados anteriormente à edição da Lei nº 13.467/2017, no âmbito dos Tribunais Regionais do Trabalho, conservam sua natureza vinculante à luz dos arts. 926, §§ 1º e 2º, e 927, III e V, do CPC.

Art. 19. O exame da transcendência seguirá a regra estabelecida no art. 246 do Regimento Interno do Tribunal Superior do Trabalho, incidindo apenas sobre os acórdãos proferidos pelos Tribunais Regionais do Trabalho publicados a partir de 11 de novembro de 2017, excluídas as decisões em embargos de declaração.

Art. 20. As disposições contidas nos §§ 4º, 9º, 10 e 11 do artigo 899 da CLT, com a redação dada pela Lei nº 13.467/2017, serão observadas para os recursos interpostos contra as decisões proferidas a partir de 11 de novembro de 2017.

Art. 21. Esta Instrução Normativa entrará em vigor na data da sua publicação. Ficam revogados os art. 2º, VIII, e 6º da Instrução Normativa nº 39/2016 do TST.

JOÃO BATISTA BRITO PEREIRA
Ministro Presidente do Tribunal Superior do Trabalho

RESOLUÇÃO DO CONSELHO NACIONAL DO MINISTÉRIO PÚBLICO (CNMP)

RESOLUÇÃO Nº 179, DE 26 DE JULHO DE 2017

Regulamenta o § 6º do art. 5º da Lei nº 7.347/1985, disciplinando, no âmbito do Ministério Público, a tomada do compromisso de ajustamento de conduta.

O CONSELHO NACIONAL DO MINISTÉRIO PÚBLICO, no exercício da competência fixada no art. 130-A, § 2º, inciso I, da Constituição Federal, com fundamento nos arts. 147 e seguintes de seu Regimento Interno, e na decisão plenária proferida nos autos da Proposição nº 0.00.000.000659/2014-70, julgada na 14ª Sessão Ordinária, realizada no dia 26 de julho de 2017;

CONSIDERANDO o disposto no art. 129, inciso III, da Constituição da República;

CONSIDERANDO o que dispõe o art. 5º, § 6º, da Lei nº 7.347/1985;

CONSIDERANDO a necessidade de garantir a efetividade dos compromissos de ajustamento de conduta;

CONSIDERANDO a acentuada utilidade do compromisso de ajustamento de conduta como instrumento de redução da litigiosidade, visto que evita a judicialização por meio da autocomposição dos conflitos e controvérsias envolvendo os direitos de cuja defesa é incumbido o Ministério Público e, por consequência, contribui decisivamente para o acesso à justiça em sua visão contemporânea;

CONSIDERANDO a conveniência institucional de estimular a atuação resolutiva e proativa dos membros do Ministério Público para promoção da justiça e redução da litigiosidade;

CONSIDERANDO a necessidade de uniformizar a atuação do Ministério Público em relação ao compromisso de ajustamento de conduta como garantia da sociedade, sem prejuízo da preservação da independência funcional assegurada constitucionalmente a seus membros;

CONSIDERANDO, por fim, que os direitos ou interesses coletivos, amplamente considerados, são direitos fundamentais da sociedade (Título II, Capítulo I, da Constituição da República), incumbindo ao Ministério Público a sua defesa, judicial ou extrajudicialmente, nos termos dos arts. 127, *caput* e 129, da Constituição da República,

RESOLVE:

Art. 1º O compromisso de ajustamento de conduta é instrumento de garantia dos direitos e interesses difusos e coletivos, individuais homogêneos e outros direitos de cuja defesa está incumbido o Ministério Público, com natureza de negócio jurídico que tem por finalidade a adequação da conduta às exigências legais e constitucionais, com eficácia de título executivo extrajudicial a partir da celebração.

§ 1º Não sendo o titular dos direitos concretizados no compromisso de ajustamento de conduta, não pode o órgão do Ministério Público fazer concessões que impliquem renúncia aos direitos ou interesses difusos, coletivos e individuais homogêneos, cingindo-se a negociação à interpretação do direito para o caso concreto, à especificação das obrigações adequadas e necessárias, em especial o modo, tempo e lugar de cumprimento, bem como à mitigação, à compensação e à indenização dos danos que não possam ser recuperados.

§ 2º É cabível o compromisso de ajustamento de conduta nas hipóteses configuradoras de improbidade administrativa, sem prejuízo do ressarcimento ao erário e da aplicação de uma ou algumas das sanções previstas em lei, de acordo com a conduta ou o ato praticado.

§ 3º A celebração do compromisso de ajustamento de conduta com o Ministério Público não afasta, necessariamente, a eventual responsabilidade administrativa ou penal pelo mesmo fato, nem importa, automaticamente, no reconhecimento de responsabilidade para outros fins que não os estabelecidos expressamente no compromisso.

§ 4º Caberá ao órgão do Ministério Público com atribuição para a celebração do compromisso de ajustamento de conduta decidir quanto à necessidade, conveniência e oportunidade de reuniões ou audiências públicas com a participação dos titulares dos direitos, entidades que os representem ou demais interessados.

Art. 2º No exercício de suas atribuições, poderá o órgão do Ministério Público tomar compromisso de ajustamento de conduta para a adoção de medidas provisórias ou definitivas, parciais ou totais.

Parágrafo único. Na hipótese de adoção de medida provisória ou parcial, a investigação deverá continuar em relação aos demais aspectos da questão, ressalvada situação excepcional que enseje arquivamento fundamentado.

Art. 3º O compromisso de ajustamento de conduta será tomado em qualquer fase da investigação, nos autos de inquérito civil ou procedimento correlato, ou no curso da ação judicial, devendo conter obrigações certas, líquidas e exigíveis, salvo peculiaridades do caso concreto, e ser assinado pelo órgão do Ministério Público e pelo compromissário.

§ 1º Quando o compromissário for pessoa física, o compromisso de ajustamento de conduta poderá ser firmado por procurador com poderes especiais outorgados por instrumento de mandato, público ou particular, sendo que neste último caso com reconhecimento de firma.

§ 2º Quando o compromissário for pessoa jurídica, o compromisso de ajustamento de conduta deverá ser firmado por quem tiver por lei, regulamento, disposição estatutária ou contratual, poderes de representação extrajudicial daquela, ou por procurador com poderes especiais outorgados pelo representante.

§ 3º Tratando-se de empresa pertencente a grupo econômico, deverá assinar o representante legal da pessoa jurídica controladora à qual esteja vinculada, sendo admissível a representação por procurador com poderes especiais outorgados pelo representante.

§ 4º Na fase de negociação e assinatura do compromisso de ajustamento de conduta, poderão os compromissários ser acompanhados ou representados por seus advogados, devendo-se juntar aos autos instrumento de mandato.

§ 5º É facultado ao órgão do Ministério Público colher assinatura, como testemunhas, das pessoas que tenham acompanhado a negociação ou de terceiros interessados.

§ 6º Poderá o compromisso de ajustamento de conduta ser firmado em conjunto por órgãos de ramos diversos do Ministério Público ou por este e outros órgãos públicos legitimados, bem como contar com a participação de associação civil, entes ou grupos representativos ou terceiros interessados.

Art. 4º O compromisso de ajustamento de conduta deverá prever multa diária ou outras espécies de cominação para o caso de descumprimento das obrigações nos prazos assumidos, admitindo-se, em casos excepcionais e devidamente fundamentados, a previsão de que esta cominação seja fixada judicialmente, se necessária à execução do compromisso.

Art. 5º As indenizações pecuniárias referentes a danos a direitos ou interesses difusos e coletivos, quando não for possível a reconstituição específica do bem lesado, e as liquidações de multas deverão ser destinadas a fundos federais, estaduais e municipais que tenham o mesmo escopo do fundo previsto no art. 13 da Lei nº 7.347/1985.

§ 1º Nas hipóteses do *caput*, também é admissível a destinação dos referidos recursos a projetos de prevenção ou reparação de danos de bens jurídicos da mesma natureza, ao apoio a entidades cuja finalidade institucional inclua a proteção aos direitos ou interesses difusos, a depósito em contas judiciais ou, ainda, poderão receber destinação específica que tenha a mesma finalidade dos fundos previstos em lei ou esteja em conformidade com a natureza e a dimensão do dano.

§ 2º Os valores referentes às medidas compensatórias decorrentes de danos irreversíveis aos direitos ou interesses difusos deverão ser, preferencialmente, revertidos em proveito da região ou pessoas impactadas.

Art. 6º Atentando às peculiaridades do respectivo ramo do Ministério Público, cada Conselho Superior disciplinará os mecanismos de fiscalização do cumprimento do compromisso de ajustamento de conduta tomado pelos órgãos de execução e a revisão pelo Órgão Superior do arquivamento do inquérito civil ou do procedimento no qual foi tomado o compromisso, observadas as regras gerais desta resolução.

§ 1º Os mecanismos de fiscalização referidos no *caput* não se aplicam ao compromisso de ajustamento de conduta levado à homologação do Poder Judiciário.

§ 2º A regulamentação do Conselho Superior deve compreender, no mínimo, a exigência de ciência formal do conteúdo integral do compromisso de ajustamento de conduta ao Órgão

Superior em prazo não superior a três dias da promoção de arquivamento do inquérito civil ou procedimento correlato em que foi celebrado.

Art. 7º O Órgão Superior de que trata o art. 6º dará publicidade ao extrato do compromisso de ajustamento de conduta em Diário Oficial próprio ou não, no site da instituição, ou por qualquer outro meio eficiente e acessível, conforme as peculiaridades de cada ramo do Ministério Público, no prazo máximo de quinze dias, a qual deverá conter:

I. A indicação do inquérito civil ou procedimento em que tomado o compromisso;

II. A indicação do órgão de execução;

III. A área de tutela dos direitos ou interesses difusos, coletivos e individuais homogêneos em que foi firmado o compromisso de ajustamento de conduta e sua abrangência territorial, quando for o caso;

IV. A indicação das partes compromissárias, seus CPF ou CNPJ, e o endereço de domicílio ou sede;

V. O objeto específico do compromisso de ajustamento de conduta;

VI. Indicação do endereço eletrônico em que se possa acessar o inteiro teor do compromisso de ajustamento de conduta ou local em que seja possível obter cópia impressa integral.

§ 1º Ressalvadas situações excepcionais devidamente justificadas, a publicação no site da Instituição disponibilizará acesso ao inteiro teor do compromisso de ajustamento de conduta ou indicará o banco de dados público em que pode ser acessado.

§ 2º A disciplina deste artigo não impede a divulgação imediata do compromisso de ajustamento de conduta celebrado nem o fornecimento de cópias aos interessados, consoante os critérios de oportunidade, conveniência e efetividade formulados pelo membro do Ministério Público.

Art. 8º No mesmo prazo mencionado no artigo anterior, o Órgão Superior providenciará o encaminhamento ao Conselho Nacional do Ministério Público de cópia eletrônica do inteiro teor do compromisso de ajustamento de conduta para alimentação do Portal de Direitos Coletivos, conforme disposto na Resolução Conjunta CNJ/CNMP nº 2, de 21 de junho de 2011, que institui os cadastros nacionais de informações de ações coletivas, inquéritos e termos de ajustamento de conduta.

Art. 9º O órgão do Ministério Público que tomou o compromisso de ajustamento de conduta deverá diligenciar para fiscalizar o seu efetivo cumprimento, valendo-se, sempre que necessário e possível, de técnicos especializados.

Parágrafo único. Poderão ser previstas no próprio compromisso de ajustamento de conduta obrigações consubstanciadas na periódica prestação de informações sobre a execução do acordo pelo compromissário.

Art. 10. As diligências de fiscalização mencionadas no artigo anterior serão providenciadas nos próprios autos em que celebrado o compromisso de ajustamento de conduta, quando realizadas antes do respectivo arquivamento, ou em procedimento administrativo de acompanhamento especificamente instaurado para tal fim.

Art. 11. Descumprido o compromisso de ajustamento de conduta, integral ou parcialmente, deverá o órgão de execução do Ministério Público com atribuição para fiscalizar o seu cumprimento promover, no prazo máximo de sessenta dias, ou assim que possível, nos casos de urgência, a execução judicial do respectivo título executivo extrajudicial com relação às cláusulas em que se constatar a mora ou inadimplência.

Parágrafo único. O prazo de que trata este artigo poderá ser excedido se o compromissário, instado pelo órgão do Ministério Público, justificar satisfatoriamente o descumprimento ou reafirmar sua disposição para o cumprimento, casos em que ficará a critério do órgão ministerial decidir pelo imediato ajuizamento da execução, por sua repactuação ou pelo acompanhamento das providências adotadas pelo compromissário até o efetivo cumprimento do compromisso de ajustamento de conduta, sem prejuízo da possibilidade de execução da multa, quando cabível e necessário.

Art. 12. O Ministério Público tem legitimidade para executar compromisso de ajustamento de conduta firmado por outro órgão público, no caso de sua omissão frente ao descumprimento das obrigações assumidas, sem prejuízo da adoção de outras providências de natureza civil ou criminal que se mostrarem pertinentes, inclusive em face da inércia do órgão público compromitente.

Art. 13. Cada ramo do Ministério Público adequará seus atos normativos que tratem sobre o compromisso de ajustamento de conduta aos termos da presente Resolução no prazo de cento e oitenta dias, a contar de sua entrada em vigor.

Art. 14. As Escolas do Ministério Público ou seus Centros de Estudos promoverão cursos de aperfeiçoamento sobre técnicas de negociação e mediação voltados para a qualificação de Membros e servidores com vistas ao aperfeiçoamento da teoria e prática do compromisso de ajustamento de conduta.

Art. 15. Esta Resolução entra em vigor na data de sua publicação. Brasília-DF, 26 de julho de 2017.

RODRIGO JANOT MONTEIRO DE BARROS
Presidente do Conselho Nacional do Ministério Público

ORGANIZAÇÃO DAS NAÇÕES UNIDAS (ONU)

TRANSFORMANDO NOSSO MUNDO:

A Agenda 2030 para o Desenvolvimento Sustentável

PREÂMBULO

Esta Agenda é um plano de ação para as pessoas, para o planeta e para a prosperidade. Ela também busca fortalecer a paz universal com mais liberdade. Reconhecemos que a erradicação da pobreza em todas as suas formas e dimensões, incluindo a pobreza extrema, é o maior desafio global e um requisito indispensável para o desenvolvimento sustentável.

Todos os países e todas as partes interessadas, atuando em parceria colaborativa, implementarão este plano. Estamos decididos a libertar a raça humana da tirania da pobreza e da penúria e a curar e proteger o nosso planeta. Estamos determinados a tomar as medidas ousadas e transformadoras que são urgentemente necessárias para direcionar o mundo para um caminho sustentável e resiliente. Ao embarcarmos nesta jornada coletiva, comprometemo-nos que ninguém seja deixado para trás.

Os 17 Objetivos de Desenvolvimento Sustentável e 169 metas que estamos anunciando hoje demonstram a escala e a ambição desta nova Agenda universal. Eles se constroem sobre o legado dos Objetivos de Desenvolvimento do Milênio e concluirão o que estes não conseguiram alcançar. Eles buscam concretizar os direitos humanos de todos e alcançar a igualdade de gênero e o empoderamento das mulheres e meninas. Eles são integrados e indivisíveis, e equilibram as três dimensões do desenvolvimento sustentável: a econômica, a social e a ambiental.

Os Objetivos e metas estimularão a ação para os próximos 15 anos em áreas de importância crucial para a humanidade e para o planeta:

PESSOAS

Estamos determinados a acabar com a pobreza e a fome, em todas as suas formas e dimensões, e garantir que todos os seres humanos possam realizar o seu potencial em dignidade e igualdade, em um ambiente saudável.

PLANETA

Estamos determinados a proteger o planeta da degradação, sobretudo por meio do consumo e da produção sustentáveis, da gestão sustentável dos seus recursos naturais e tomando medidas urgentes sobre a mudança climática, para que ele possa suportar as necessidades das gerações presentes e futuras.

PROSPERIDADE

Estamos determinados a assegurar que todos os seres humanos possam desfrutar de uma vida próspera e de plena realização pessoal, e que o progresso econômico, social e tecnológico ocorra em harmonia com a natureza.

PAZ

Estamos determinados a promover sociedades pacíficas, justas e inclusivas que estão livres do medo e da violência. Não pode haver desenvolvimento sustentável sem paz e não há paz sem desenvolvimento sustentável.

PARCERIA

Estamos determinados a mobilizar os meios necessários para implementar esta Agenda por meio de uma Parceria Global para o Desenvolvimento Sustentável revitalizada, com base num espírito de solidariedade global reforçada, concentrada em especial nas necessidades dos mais pobres e mais vulneráveis e com a participação de todos os países, todas as partes interessadas e todas as pessoas.

Os vínculos e a natureza integrada dos Objetivos de Desenvolvimento Sustentável são de importância crucial para assegurar que o propósito da nova Agenda seja realizado. Se realizarmos as nossas ambições em toda a extensão da Agenda, a vida de todos será profundamente melhorada e nosso mundo será transformado para melhor.

DECLARAÇÃO

Introdução

1. Nós, chefes de Estado e de Governo e altos representantes, reunidos na sede das Nações Unidas em Nova York de 25 a 27 de setembro de 2015 no momento em que a Organização comemora seu septuagésimo aniversário, decidimos hoje sobre os novos Objetivos de Desenvolvimento Sustentável globais.

2. Em nome dos povos que servimos, nós adotamos uma decisão histórica sobre um conjunto de Objetivos e metas universais e transformadoras que é abrangente, de longo alcance e centrado nas pessoas. Comprometemo-nos a trabalhar incansavelmente para a plena implementação desta Agenda em 2030. Reconhecemos que a erradicação da pobreza em todas as suas formas e dimensões, incluindo a pobreza extrema, é o maior desafio global e um requisito indispensável para o desenvolvimento sustentável. Estamos empenhados em alcançar o desenvolvimento sustentável nas suas três dimensões – econômica, social e ambiental – de forma equilibrada e integrada. Também vamos dar continuidade às conquistas dos Objetivos de Desenvolvimento do Milênio e buscar atingir suas metas inacabadas.

3. Nós resolvemos, entre agora e 2030, acabar com a pobreza e a fome em todos os lugares; combater as desigualdades dentro e entre os países; construir sociedades pacíficas, justas e inclusivas; proteger os direitos humanos e promover a igualdade de gênero e o empoderamento das mulheres e meninas; e assegurar a proteção duradoura

do planeta e seus recursos naturais. Resolvemos também criar condições para um crescimento sustentável, inclusivo e economicamente sustentado, prosperidade compartilhada e trabalho decente para todos, tendo em conta os diferentes níveis de desenvolvimento e capacidades nacionais.

4. Ao embarcarmos nesta grande jornada coletiva, comprometemo-nos que ninguém será deixado para trás. Reconhecendo a dignidade da pessoa humana como fundamental, queremos ver os Objetivos e metas cumpridos para todas as nações e povos e para todos os segmentos da sociedade. E faremos o possível para alcançar, em primeiro lugar, aqueles que ficaram mais para trás.

5. Esta é uma Agenda de alcance e significado sem precedentes. Ela é aceita por todos os países e é aplicável a todos, levando em conta diferentes realidades nacionais, capacidades e níveis de desenvolvimento e respeitando as políticas e prioridades nacionais. Estes são objetivos e metas universais que envolvem todo o mundo, igualmente os países desenvolvidos e os em desenvolvimento. Eles são integrados e indivisíveis, e equilibram as três dimensões do desenvolvimento sustentável.

6. Os Objetivos e metas são o resultado de mais de dois anos de consulta pública intensiva e envolvimento junto à sociedade civil e outras partes interessadas em todo o mundo, prestando uma atenção especial às vozes dos mais pobres e mais vulneráveis. Esta consulta incluiu o valioso trabalho realizado pelo Grupo de Trabalho Aberto sobre Objetivos de Desenvolvimento Sustentável da Assembleia Geral e pelas Nações Unidas, cujo secretário-geral apresentou um relatório síntese em dezembro de 2014.

Nossa visão

7. Nestes Objetivos e metas, estamos estabelecendo uma visão extremamente ambiciosa e transformadora. Prevemos um mundo livre da pobreza, fome, doença e penúria, onde toda a vida pode prosperar. Prevemos um mundo livre do medo e da violência. Um mundo com alfabetização universal. Um mundo com o acesso equitativo e universal à educação de qualidade em todos os níveis, aos cuidados de saúde e proteção social, onde o bem-estar físico, mental e social estão assegurados. Um mundo em que reafirmamos os nossos compromissos relativos ao direito humano à água potável e ao saneamento e onde há uma melhor higiene; e onde o alimento é suficiente, seguro, acessível e nutritivo. Um mundo onde habitats humanos são seguros, resilientes e sustentáveis, e onde existe acesso universal à energia acessível, confiável e sustentável.

8. Prevemos um mundo de respeito universal dos direitos humanos e da dignidade humana, do Estado de Direito, da justiça, da igualdade e da não discriminação; do respeito pela raça, etnia e diversidade cultural; e da igualdade de oportunidades que permita a plena realização do potencial humano e contribua para a prosperidade compartilhada. Um mundo que investe em suas crianças e em que cada criança cresce livre da violência e da exploração. Um mundo em que cada mulher e menina desfruta da plena igualdade de gênero e no qual todos os entraves jurídicos, sociais e econômicos para seu empoderamento foram removidos. Um mundo justo, equitativo, tolerante, aberto e socialmente inclusivo em que sejam atendidas as necessidades das pessoas mais vulneráveis.

9. Prevemos um mundo em que cada país desfrute de um crescimento econômico sustentado, inclusivo e sustentável e de trabalho decente para todos. Um mundo em que os padrões de consumo e produção e o uso de todos os recursos naturais – do ar à terra; dos rios, lagos e aquíferos aos oceanos e mares – são sustentáveis. Um mundo em que a democracia, a boa governança e o Estado de Direito, bem como um ambiente propício em níveis nacional e internacional, são essenciais para o desenvolvimento sustentável, incluindo crescimento econômico inclusivo e sustentado, desenvolvimento social, proteção ambiental e erradicação da pobreza e da fome. Um mundo em que o desenvolvimento e a aplicação da tecnologia são sensíveis ao clima, respeitem a biodiversidade e são resilientes. Um mundo em que a humanidade viva em harmonia com a natureza e em que animais selvagens e outras espécies vivas estão protegidos.

Nossos princípios e compromissos compartilhados

10. A nova Agenda é guiada pelos propósitos e princípios da Carta das Nações Unidas, incluindo o pleno respeito pelo direito internacional. Fundamenta-se na Declaração Universal dos Direitos Humanos, tratados internacionais de direitos humanos, a Declaração do Milênio e os resultados da Cúpula Mundial de 2005. Ela é informada por outros instrumentos, tais como a Declaração sobre o Direito ao Desenvolvimento.

11. Reafirmamos os resultados de todas as grandes conferências e cúpulas das Nações Unidas que estabeleceram uma

base sólida para o desenvolvimento sustentável e ajudaram a moldar a nova Agenda. Estas incluem a Declaração do Rio sobre Meio Ambiente e Desenvolvimento; a Cúpula Mundial sobre o Desenvolvimento Sustentável; a Cúpula Mundial para o Desenvolvimento Social; o Programa de Ação da Conferência Internacional sobre População e Desenvolvimento, a Plataforma de Ação de Pequim; e a Conferência das Nações Unidas sobre Desenvolvimento Sustentável (Rio+20). Reafirmamos também a continuidade dada a estas conferências, incluindo os resultados da Quarta Conferência das Nações Unidas sobre os Países Menos Desenvolvidos, a Terceira Conferência Internacional sobre Pequenos Estados Insulares em Desenvolvimento; a Segunda Conferência das Nações Unidas sobre Países em Desenvolvimento Sem Litoral; e da Terceira Conferência Mundial da ONU sobre a Redução do Risco de Desastres.

12. Reafirmamos todos os princípios da Declaração do Rio sobre Meio Ambiente e Desenvolvimento, incluindo, entre outros, o princípio das responsabilidades comuns mas diferenciadas, tal como estabelecido no princípio 7º desta Declaração.

13. Os desafios e compromissos contidos nestas grandes conferências e cúpulas são inter-relacionados e exigem soluções integradas. Para resolvê-los de forma eficaz, é necessária uma nova abordagem. O desenvolvimento sustentável reconhece que a erradicação da pobreza em todas as suas formas e dimensões, o combate às desigualdades dentro dos e entre os países, a preservação do planeta, a criação do crescimento econômico sustentado, inclusivo e sustentável e a promoção da inclusão social estão vinculados uns aos outros e são interdependentes.

Nosso mundo hoje

14. Encontramo-nos num momento de enormes desafios para o desenvolvimento sustentável. Bilhões de cidadãos continuam a viver na pobreza e a eles é negada uma vida digna. Há crescentes desigualdades dentro dos e entre os países. Há enormes disparidades de oportunidades, riqueza e poder. A desigualdade de gênero continua a ser um desafio fundamental. O desemprego, particularmente entre os jovens, é uma grande preocupação. Ameaças globais de saúde, desastres naturais mais frequentes e intensos, conflitos em ascensão, o extremismo violento, o terrorismo e as crises humanitárias relacionadas e o deslocamento forçado de pessoas ameaçam reverter grande parte do progresso do desenvolvimento feito nas últimas décadas. O esgotamento dos recursos naturais e os impactos negativos da degradação ambiental, incluindo a desertificação, secas, a degradação dos solos, a escassez de água doce e a perda de biodiversidade acrescentam e exacerbam a lista de desafios que a humanidade enfrenta. A mudança climática é um dos maiores desafios do nosso tempo e seus efeitos negativos minam a capacidade de todos os países de alcançar o desenvolvimento sustentável. Os aumentos na temperatura global, o aumento do nível do mar, a acidificação dos oceanos e outros impactos das mudanças climáticas estão afetando seriamente as zonas costeiras e os países costeiros de baixa altitude, incluindo muitos países menos desenvolvidos e os pequenos Estados insulares em desenvolvimento. A sobrevivência de muitas sociedades, bem como dos sistemas biológicos do planeta, está em risco.

15. Este é também, no entanto, um momento de enorme oportunidade. Um progresso significativo foi feito no cumprimento de muitos desafios ao desenvolvimento. Dentro da geração passada, centenas de milhões de pessoas emergiram da pobreza extrema. O acesso à educação aumentou consideravelmente tanto para meninos quanto para meninas. A disseminação da informação e das tecnologias da comunicação e interconectividade global tem um grande potencial para acelerar o progresso humano, para eliminar o fosso digital e para o desenvolvimento de sociedades do conhecimento, assim como a inovação científica e tecnológica em áreas tão diversas como medicina e energia.

16. Quase quinze anos atrás, os Objetivos de Desenvolvimento do Milênio (ODM) foram acordados. Estes forneceram um quadro importante para o desenvolvimento e um progresso significativo foi feito em diversas áreas. Mas o progresso tem sido desigual, particularmente na África, nos países menos desenvolvidos, nos países sem litoral em desenvolvimento e nos pequenos Estados insulares em desenvolvimento, e alguns dos ODM permanecem fora dos trilhos, em particular os relacionados com a saúde materna, neonatal e infantil e à saúde reprodutiva. Nos comprometemos com a plena realização de todos os ODM, incluindo os ODM não cumpridos, em particular por meio da assistência focada e ampliada para os países menos desenvolvidos e outros países em situações especiais, em conformidade com os programas de apoio relevantes. A nova Agenda se baseia nos Objetivos de Desenvolvimento do Milênio e pretende completar o que estes não alcançaram, particularmente em alcançar os mais vulneráveis.

17. No seu âmbito de aplicação, no entanto, o quadro que estamos anunciando hoje vai muito além dos ODM. Ao lado das contínuas prioridades de desenvolvimento, tais como a erradicação da pobreza, a saúde, a educação e a segurança alimentar e nutricional, a nova Agenda define um vasto leque de objetivos econômicos, sociais e ambientais. Ela também promete sociedades mais pacíficas e inclusivas. E define também, fundamentalmente, meios de implementação. Refletindo a abordagem integrada pela qual optamos, existem interconexões profundas e muitos elementos transversais ao longo dos novos Objetivos e metas.

A nova Agenda

18. Nós estamos anunciando hoje 17 Objetivos de Desenvolvimento Sustentável com 169 metas associadas que são integradas e indivisíveis. Nunca antes os líderes mundiais comprometeram-se a uma ação comum e um esforço via uma agenda política tão ampla e universal. Estamos criando juntos um caminho rumo ao desenvolvimento sustentável, nos dedicando coletivamente à busca do desenvolvimento global e da cooperação vantajosa para todos, que podem trazer enormes ganhos para todos os países e todas as partes do mundo. Reafirmamos que cada Estado tem, e exerce livremente, sua soberania plena e permanente sobre toda a sua riqueza, seus recursos naturais e sua atividade econômica. Vamos implementar a Agenda para o pleno benefício de todos, para a geração de hoje e para as gerações futuras. Ao

fazê-lo, reafirmamos nosso compromisso com o direito internacional e enfatizamos que a Agenda deverá ser implementada de uma forma consistente com os direitos e obrigações dos Estados sob o direito internacional.

19. Reafirmamos a importância da Declaração Universal dos Direitos Humanos, bem como outros instrumentos internacionais relativos aos direitos humanos e ao direito internacional. Enfatizamos as responsabilidades de todos os Estados, em conformidade com a Carta das Nações Unidas, de respeitar, proteger e promover os direitos humanos e as liberdades fundamentais para todos, sem distinção de qualquer tipo de raça, cor, sexo, língua, religião, opinião política ou outra opinião, origem nacional ou social, riqueza, nascimento, deficiência ou qualquer outra condição.

20. A efetivação da igualdade de gênero e o empoderamento das mulheres e meninas dará uma contribuição essencial para o progresso em todos os Objetivos e metas.

Alcançar o potencial humano e do desenvolvimento sustentável não é possível se para metade da humanidade continuam a ser negados seus plenos direitos humanos e oportunidades. Mulheres e meninas devem gozar de igualdade de acesso à educação de qualidade, recursos econômicos e participação política, bem como a igualdade de oportunidades com os homens e meninos em termos de emprego, liderança e tomada de decisões em todos os níveis. Vamos trabalhar para um aumento significativo dos investimentos para superar o hiato de gênero e fortalecer o apoio a instituições em relação à igualdade de gênero e o empoderamento das mulheres nos âmbitos global, regional e nacional. Todas as formas de discriminação e violência contra as mulheres e meninas serão eliminadas, incluindo por meio do engajamento de homens e meninos. A integração sistemática da perspectiva de gênero na implementação da Agenda é crucial.

21. Os novos Objetivos e metas entrarão em vigor no dia 1º de janeiro de 2016 e orientarão as decisões que tomamos ao longo dos próximos quinze anos. Todos nós vamos trabalhar para implementar a Agenda dentro de nossos próprios países e em nível regional e global, tendo em conta as diferentes realidades nacionais, capacidades e níveis de desenvolvimento, e respeitando as políticas e prioridades nacionais. Vamos respeitar o espaço político nacional para um crescimento econômico sustentável, inclusivo e sustentado, em particular para os países em desenvolvimento, mantendo-se compatível com as regras e os compromissos internacionais relevantes. Também reconhecemos a importância das dimensões regionais e sub-regionais, a integração econômica regional e a interconexão no desenvolvimento sustentável. Quadros regionais e sub-regionais podem facilitar a tradução eficaz de políticas de desenvolvimento sustentável em ações concretas em nível nacional.

22. Cada país enfrenta desafios específicos em sua busca do desenvolvimento sustentável. Os países mais vulneráveis e, em particular, os países africanos, os países menos desenvolvidos, os países em desenvolvimento sem litoral e os pequenos Estados insulares em desenvolvimento merecem atenção especial, assim como os países em situações de conflito e pós-conflito. Há também sérios desafios em muitos países de renda média.

23. As pessoas que estão vulneráveis devem ser empoderadas. Aqueles cujas necessidades são refletidas na Agenda incluem todas as crianças, jovens, pessoas com deficiência (das quais mais de 80% vivem na pobreza), as pessoas que vivem com HIV/AIDS, idosos, povos indígenas, refugiados, pessoas deslocadas internamente e migrantes. Decidimos tomar medidas e ações mais eficazes, em conformidade com o direito internacional, para remover os obstáculos e as restrições, reforçar o apoio e atender às necessidades especiais das pessoas que vivem em áreas afetadas por emergências humanitárias complexas e em áreas afetadas pelo terrorismo.

24. Estamos empenhados em acabar com a pobreza em todas as suas formas e dimensões, incluindo a erradicação da pobreza extrema até 2030. Todas as pessoas devem desfrutar de um padrão básico de vida, inclusive por meio de sistemas de proteção social. Também estamos determinados a acabar com a fome e alcançar a segurança alimentar como uma questão de prioridade e acabar com todas as formas de desnutrição. Neste sentido, reafirmamos a importância do papel e a natureza abrangente do Comitê de Segurança Alimentar Mundial e damos as boas-vindas à Declaração de Roma sobre Nutrição e o Quadro de Ação. Vamos dedicar recursos para o desenvolvimento das zonas rurais e à agricultura sustentável e à pesca, apoiando os agricultores familiares, especialmente mulheres agricultoras, criadores de animais e pescadores nos países em desenvolvimento, particularmente nos países menos desenvolvidos.

25. Comprometemo-nos a fornecer a educação inclusiva e equitativa de qualidade em todos os níveis – na primeira infância, no primário e nos ensinos secundário, superior,

técnico e profissional. Todas as pessoas, independentemente do sexo, idade, raça, etnia, e pessoas com deficiência, migrantes, povos indígenas, crianças e jovens, especialmente aqueles em situação de vulnerabilidade, devem ter acesso a oportunidades de aprendizagem ao longo da vida que os ajudem a adquirir os conhecimentos e habilidades necessários para explorar oportunidades e participar plenamente da sociedade. Faremos o possível para proporcionar às crianças e jovens um ambiente que propicie a plena realização dos seus direitos e capacidades, ajudando nossos países a colher dividendos demográficos, inclusive por meio de escolas seguras e de comunidades e famílias coesas.

26. Para promover a saúde física e mental e o bem-estar, e para aumentar a expectativa de vida para todos, temos de alcançar a cobertura universal de saúde e acesso a cuidados de saúde de qualidade. Ninguém deve ser deixado para trás. Comprometemo-nos a acelerar os progressos alcançados até o momento na redução da mortalidade neonatal, infantil e materna, dando um fim a todas essas mortes evitáveis antes de 2030. Estamos empenhados em garantir o acesso universal aos serviços de saúde sexual e reprodutiva, inclusive para o planeamento familiar, para a informação e para a educação. Iremos igualmente acelerar o ritmo dos progressos realizados na luta contra a malária, HIV/AIDS, tuberculose, hepatite, ebola e outras doenças e epidemias transmissíveis, incluindo a abordagem em relação à crescente resistência antimicrobiana e o problema das doenças negligenciadas que afetam os países em desenvolvimento. Estamos comprometidos com a prevenção e o tratamento de doenças não transmissíveis, incluindo distúrbios de comportamento, de

desenvolvimento e neurológicas, que constituem um grande desafio para o desenvolvimento sustentável.

27. Nós procuramos construir fundamentos econômicos robustos para todos os nossos países. Crescimento econômico sustentado, inclusivo e sustentável é essencial para a prosperidade. Isso só será possível se a riqueza for compartilhada e a desigualdade de renda for combatida. Vamos trabalhar para construir economias dinâmicas, sustentáveis, inovadoras e centradas nas pessoas, promovendo o emprego dos jovens e o empoderamento econômico das mulheres, em particular, e o trabalho decente para todos. Vamos erradicar o trabalho forçado e o tráfico humano e pôr fim ao trabalho infantil em todas as suas formas. Todos os países podem se beneficiar de ter uma força de trabalho saudável e bem-educada com o conhecimento e as habilidades necessárias para o trabalho produtivo e gratificante e a plena participação na sociedade. Vamos fortalecer as capacidades produtivas dos países menos desenvolvidos em todos os setores, inclusive por meio de transformação estrutural. Vamos adotar políticas que aumentem as capacidades de produção, a produtividade e o emprego produtivo; a inclusão financeira; o desenvolvimento sustentável da agricultura, da pecuária e da pesca; o desenvolvimento industrial sustentável; o acesso universal a serviços energéticos acessíveis, confiáveis, sustentáveis e modernos; sistemas de transporte sustentáveis; e infraestrutura de qualidade e resiliente.

28. Comprometemo-nos a fazer mudanças fundamentais na maneira como nossas sociedades produzem e consomem bens e serviços. Governos, organizações internacionais, setor empresarial e outros atores não estatais e indivíduos devem contribuir para a mudança de consumo e

produção não sustentáveis, inclusive via mobilização, de todas as fontes, de assistência financeira e técnica para fortalecer as capacidades científicas, tecnológicas e de inovação dos países em desenvolvimento para avançar rumo a padrões mais sustentáveis de consumo e produção. Nós encorajamos a implementação do Quadro de Programas sobre Consumo e Produção Sustentáveis, previsto para o prazo de 10 anos. Todos os países tomam medidas, com os países desenvolvidos assumindo a liderança, levando em conta o desenvolvimento e as capacidades dos países em desenvolvimento.

29. Reconhecemos a contribuição positiva dos migrantes para o crescimento inclusivo e o desenvolvimento sustentável. Reconhecemos também que a migração internacional é uma realidade multidimensional de grande relevância para o desenvolvimento dos países de origem, de trânsito e de destino, o que exige respostas coerentes e globais. Iremos cooperar internacionalmente para garantir uma migração segura, ordenada e regular que envolve o pleno respeito pelos direitos humanos e o tratamento humano dos migrantes, independentemente do status de migração, dos refugiados e das pessoas deslocadas. Essa cooperação deverá também reforçar a resiliência das comunidades que acolhem refugiados, particularmente nos países em desenvolvimento. Destacamos o direito dos migrantes de regressar ao seu país de cidadania, e recordamos que os Estados devem assegurar que os seus cidadãos nacionais que estão retornando sejam devidamente recebidos.

30. Os Estados são instados a abster-se de promulgar e aplicar medidas econômicas, financeiras ou comerciais unilaterais que não estejam em conformidade com o direito

internacional e a Carta das Nações Unidas e que impeçam a plena realização do desenvolvimento econômico e social, em particular nos países em desenvolvimento.

31. Reconhecemos que a UNFCCC [Convenção Quadro das Nações Unidas sobre Mudança do Clima] é o principal fórum internacional e intergovernamental para negociar a resposta global à mudança climática. Estamos determinados a enfrentar decisivamente a ameaça representada pela mudança climática e pela degradação ambiental. A natureza global da mudança do clima requer a maior cooperação internacional possível visando a acelerar a redução das emissões globais de gases de efeito de estufa e abordar a adaptação aos impactos negativos das mudanças climáticas. Notamos com grave preocupação a diferença significativa entre o efeito agregado dos compromissos de mitigação das Partes em termos de emissões anuais globais de gases de efeito estufa até 2020 e as trajetórias das emissões agregadas consistentes, com uma boa oportunidade para manter o aumento da temperatura média global abaixo de 2°C ou 1,5°C acima dos níveis pré-industriais.

32. Tendo em vista a conferência COP21 em Paris, em dezembro [de 2015], ressaltamos o compromisso de todos os Estados de trabalhar para um acordo climático ambicioso e universal. Reafirmamos que o protocolo, outro instrumento legal ou um resultado acordado com força legal ao abrigo da Convenção aplicável a todas as partes devem abordar de forma equilibrada, inter alia, mitigação, adaptação, finanças, desenvolvimento e transferência de tecnologia, capacitação e transparência de ação e apoio.

33. Reconhecemos que o desenvolvimento econômico e social depende da gestão sustentável dos recursos naturais do nosso planeta. Estamos, portanto, decididos a conservar e utilizar de forma sustentável os oceanos e mares, recursos de água doce, bem como florestas, montanhas e terras áridas e proteger a biodiversidade, os ecossistemas e a vida selvagem. Nós também estamos determinados a promover o turismo sustentável, combater a escassez de água e a poluição da água, fortalecer a cooperação sobre a desertificação, as tempestades de poeira, a degradação dos solos e a seca e promover a resiliência e a redução do risco de desastres. A este respeito, temos grande expectativa na COP13 da Convenção sobre a Diversidade Biológica, a ser realizada no México em 2016.

34. Reconhecemos que o desenvolvimento urbano e a gestão sustentáveis são fundamentais para a qualidade de vida do nosso povo. Vamos trabalhar com as autoridades e as comunidades locais para renovar e planejar nossas cidades e assentamentos humanos, de modo a fomentar a coesão das comunidades e a segurança pessoal e estimular a inovação e o emprego. Vamos reduzir os impactos negativos das atividades urbanas e dos produtos químicos que são prejudiciais para a saúde humana e para o ambiente, inclusive através da gestão ambientalmente racional e a utilização segura das substâncias químicas, a redução e reciclagem de resíduos e o uso mais eficiente de água e energia. E vamos trabalhar para minimizar o impacto das cidades sobre o sistema climático global. Vamos também ter em conta as tendências e projeções populacionais nas nossas estratégias de desenvolvimento e políticas urbanas, rurais e nacionais. Temos grande expectativa na próxima Conferência das Nações Unidas

sobre Habitação e Desenvolvimento Urbano Sustentável em Quito, Equador.

35. O desenvolvimento sustentável não pode ser realizado sem paz e segurança; e paz e segurança estarão em risco sem o desenvolvimento sustentável. A nova Agenda reconhece a necessidade de construir sociedades pacíficas, justas e inclusivas que ofereçam igualdade de acesso à justiça e que são baseadas no respeito aos direitos humanos (incluindo o direito ao desenvolvimento), em um efetivo Estado de Direito e boa governança em todos os níveis e em instituições transparentes, eficazes e responsáveis. Fatores que dão origem à violência, insegurança e injustiça, como a desigualdade, a corrupção, a má governança e os fluxos financeiros e de armas ilegais, são abordados na Agenda. Devemos redobrar os nossos esforços para resolver ou prevenir conflitos e para apoiar os países em situação de pós-conflito, incluindo por meio da garantia de que as mulheres tenham um papel na construção da paz e do Estado. Fazemos um apelo para novas medidas e ações efetivas a serem tomadas, em conformidade com o direito internacional, para remover os obstáculos para a plena realização do direito de autodeterminação dos povos que vivem sob ocupação colonial e estrangeira, que continua a afetar negativamente o seu desenvolvimento econômico e desenvolvimento social, bem como o seu ambiente.

36. Comprometemo-nos a promover a compreensão intercultural, a tolerância, o respeito mútuo e uma ética de cidadania global e responsabilidade compartilhada. Reconhecemos a diversidade natural e cultural do mundo e reconhecemos que todas as culturas e civilizações podem contribuir para, e constituem elementos cruciais de desenvolvimento sustentável.

37. O esporte é também um importante facilitador do desenvolvimento sustentável. Reconhecemos a crescente contribuição do esporte para a realização do desenvolvimento e da paz ao promover a tolerância e o respeito e as contribuições que fazem para o empoderamento das mulheres e dos jovens, indivíduos e comunidades, bem como aos objetivos da saúde, educação e inclusão social.

38. Reafirmamos, em conformidade com a Carta das Nações Unidas, a necessidade de respeitar a integridade territorial e a independência política dos Estados.

Meios de implementação

39. A escala e a ambição da nova Agenda exigem uma parceria global revitalizada para garantir a sua execução. Nós nos comprometemos plenamente com isso. Esta parceria irá trabalhar em um espírito de solidariedade global, em especial a solidariedade com os mais pobres e com as pessoas em situações vulneráveis. Ele facilitará um engajamento global intensivo em apoio à implementação de todos os Objetivos e metas, reunindo governos, setor privado, sociedade civil, o Sistema das Nações Unidas e outros atores e mobilizando todos os recursos disponíveis.

40. As metas sobre os meios de implementação sob o Objetivo 17 e no âmbito de cada ODS [Objetivos de Desenvolvimento Sustentável] são fundamentais para a concretização da nossa Agenda e são de igual importância em relação aos demais Objetivos e metas. A Agenda, incluindo os ODS, pode ser cumprida no âmbito de

uma parceria global revitalizada para o desenvolvimento sustentável, apoiada pelas políticas e ações concretas, conforme descrito no documento final da Terceira Conferência Internacional sobre o Financiamento para o Desenvolvimento, realizada em Adis Abeba de 13 a 16 de julho de 2015. Congratulamo-nos com a aprovação pela Assembleia Geral da Agenda de Ação de Adis Abeba, que é parte integrante da Agenda 2030 para o Desenvolvimento Sustentável. Reconhecemos que a plena implementação da Agenda de Ação de Adis Abeba é fundamental para a realização dos Objetivos de Desenvolvimento Sustentável e suas metas.

41. Reconhecemos que cada país é o principal responsável pelo seu próprio desenvolvimento econômico e social. A nova Agenda lida com os meios necessários para a implementação dos Objetivos e metas. Reconhecemos que estes incluem a mobilização de recursos financeiros, bem como o reforço das capacidades e a transferência de tecnologias ambientalmente adequadas para os países em desenvolvimento em condições favoráveis, incluindo em condições concessionais e preferenciais, nos termos mutuamente acordados. Finanças públicas, tanto nacionais como internacionais, desempenharão um papel vital na prestação de serviços essenciais e bens públicos e em catalisar outras fontes de financiamento. Reconhecemos o papel do setor privado diverso, desde as microempresas e cooperativas até as multinacionais, bem como o papel das organizações da sociedade civil e as organizações filantrópicas na implementação da nova Agenda.

42. Apoiamos a implementação de estratégias e programas de ação relevantes, incluindo a Declaração e Programa de Ação de Istambul, o Roteiro das Modalidades

Aceleradas de Ação dos Pequenos Estados Insulares em Desenvolvimento (SAMOA, na sigla em inglês), o Programa de Ação de Viena para os Países em Desenvolvimento sem Litoral para a Década 2014-2024, e reafirmamos a importância de apoiar a agenda de 2063 da União Africana e o programa da Nova Parceria para o Desenvolvimento da África (NEPAD), todos parte integrante da nova Agenda. Reconhecemos o grande desafio para a conquista da paz duradoura e do desenvolvimento sustentável em países em situações de conflito e pós-conflito.

43. Destacamos que o financiamento público internacional desempenha um papel importante como complemento dos esforços dos países para mobilizar os recursos públicos internamente, especialmente nos países mais pobres e vulneráveis com recursos internos limitados. Uma utilização importante do financiamento público internacional, incluindo a Assistência Oficial ao Desenvolvimento (AOD, ou ODA na sigla em inglês), é catalisar a mobilização de recursos adicionais de outras fontes, públicas e privadas. Prestadores de AOD reafirmam os respectivos compromissos, incluindo o compromisso de muitos países desenvolvidos, de alcançar o objetivo de 0,7% de AOD no total da Renda Nacional Bruta [RNB] para os países em desenvolvimento e de 0,15% a 0,2% da AOD/RNB para os países menos desenvolvidos.

44. Reconhecemos a importância de as instituições financeiras internacionais apoiarem, em conformidade com os respectivos mandatos, o espaço político de cada país, em particular dos países em desenvolvimento. Comprometemo-nos a ampliar e fortalecer a voz e a participação dos países em desenvolvimento – incluindo os

países africanos, os países menos desenvolvidos, os países em desenvolvimento sem litoral, os pequenos Estados insulares em desenvolvimento e os países de renda média – na tomada de decisão econômica, definição de normas internacionais e governança econômica global.

45. Reconhecemos também o papel essencial dos parlamentos nacionais através da promulgação de legislação e adoção de orçamentos, bem como seu papel na garantia da responsabilização para a implementação efetiva dos nossos compromissos. Governos e instituições públicas também trabalharão em estreita colaboração na implementação com as autoridades regionais e locais, as instituições sub-regionais, instituições internacionais, universidades, organizações filantrópicas, grupos de voluntários e outros.

46. Sublinhamos a importância do papel e da vantagem comparativa de um Sistema das Nações Unidas munido de recursos adequados, relevante, coerente, eficiente e eficaz no apoio à realização dos ODS e do desenvolvimento sustentável. Embora destacando a importância da apropriação nacional reforçada e da liderança em nível nacional, expressamos o nosso apoio ao Diálogo do ECOSOC [Conselho Econômico e Social] em curso sobre o posicionamento de longo prazo do sistema de desenvolvimento das Nações Unidas no contexto dessa Agenda.

Acompanhamento e avaliação

47. Nossos governos têm a responsabilidade primária de acompanhamento e avaliação, nos níveis nacional,

regional e global, em relação ao progresso alcançado na implementação dos Objetivos e metas para os próximos 15 anos. Para apoiar a prestação de contas aos nossos cidadãos, iremos fornecer um acompanhamento e avaliação sistemáticos em vários níveis, tal como estabelecido nesta Agenda e na Agenda de Ação de Adis Abeba. O Fórum Político de Alto Nível, sob os auspícios da Assembleia Geral e do Conselho Econômico e Social [ECOSOC], terá o papel central na supervisão do acompanhamento e da avaliação em nível global.

48. Indicadores estão sendo desenvolvidos para ajudar neste trabalho. Dados desagregados de qualidade, acessíveis, atualizados e confiáveis serão necessários para ajudar na medição do progresso e para garantir que ninguém seja deixado para trás. Esses dados são a chave para a tomada de decisões. Dados e informações disponíveis em mecanismos de comunicação devem ser usados sempre que possível. Concordamos em intensificar nossos esforços para reforçar as capacidades estatísticas nos países em desenvolvimento, particularmente os países africanos, os países menos desenvolvidos, os países em desenvolvimento sem litoral, os pequenos Estados insulares em desenvolvimento e os países de renda média. Estamos comprometidos em desenvolver medidas mais amplas de progresso para complementar o produto interno bruto (PIB).

Um chamado à ação para mudar o nosso mundo

49. Há setenta anos, uma geração anterior de líderes mundiais se reuniu para criar as Nações Unidas. A partir

da divisão e das cinzas da guerra, eles formaram esta Organização e os valores da paz, do diálogo e da cooperação internacional que a fundamentam. A concretização suprema desses valores é a Carta das Nações Unidas.

50. Hoje nós também estamos tomando uma decisão de grande significado histórico. Tomamos a decisão de construir um futuro melhor para todas as pessoas, incluindo as milhões às quais foi negada a chance de levar uma vida decente, digna e gratificante e de alcançar seu pleno potencial humano. Nós podemos ser a primeira geração a ter sucesso em acabar com a pobreza; assim como também pode ser a última a ter uma chance de salvar o planeta. O mundo será um lugar melhor em 2030 se alcançarmos os nossos objetivos.

51. O que estamos anunciando hoje – uma Agenda para a ação global para os próximos quinze anos – é uma carta para as pessoas e o planeta no século XXI. As crianças e as mulheres e homens jovens são agentes fundamentais de mudança e encontrarão nos novos Objetivos uma plataforma para canalizar as suas capacidades infinitas pelo ativismo em prol da criação de um mundo melhor.

52. "Nós, os povos" são as celebradas palavras de abertura da Carta da ONU. E são "nós os povos" que estão embarcando hoje na estrada para 2030. Nossa jornada vai envolver governos, bem como os parlamentos, o Sistema das Nações Unidas e outras instituições internacionais, autoridades locais, povos indígenas, sociedade civil, os negócios e o setor privado, a comunidade científica e acadêmica – e todas as pessoas. Milhões já se envolveram com – e passarão a deter – esta Agenda. É uma Agenda do povo, pelo povo e para o povo – e isto, acreditamos, irá garantir o seu sucesso.

53. O futuro da humanidade e do nosso planeta está em nossas mãos. Também está nas mãos da geração mais jovem de hoje, que vai passar a tocha para as gerações futuras. Temos mapeado o caminho para o desenvolvimento sustentável; será para todos nós, para garantir que a jornada seja bem-sucedida e seus ganhos irreversíveis.

Objetivos e metas de Desenvolvimento Sustentável

54. Na sequência de um processo inclusivo de negociações intergovernamentais, e com base na proposta do Grupo de Trabalho Aberto sobre os Objetivos de Desenvolvimento Sustentável1, que inclui um *caput* contextualizando este último, são os seguintes os Objetivos e metas que acordamos.

55. Os ODS e metas são integrados e indivisíveis, de natureza global e universalmente aplicáveis, tendo em conta as diferentes realidades, capacidades e níveis de desenvolvimento nacionais e respeitando as políticas e prioridades nacionais. As metas são definidas como aspiracionais e globais, com cada governo definindo suas próprias metas nacionais, guiados pelo nível global de ambição, mas levando em conta as circunstâncias nacionais. Cada governo também vai decidir como essas metas aspiracionais e globais devem ser incorporadas nos processos, políticas e estratégias nacionais de planejamento. É importante reconhecer o vínculo entre o desenvolvimento sustentável e outros processos relevantes em curso nos campos econômico, social e ambiental.

56. Ao decidir sobre esses Objetivos e metas, reconhecemos que cada país enfrenta desafios específicos para alcançar

o desenvolvimento sustentável, e ressaltamos os desafios especiais que enfrentam os países mais vulneráveis e, em particular, os países africanos, países menos desenvolvidos, os países em desenvolvimento sem litoral, os pequenos Estados insulares em desenvolvimento, bem como os desafios específicos que enfrentam os países de renda média. Países em situações de conflito também precisam de atenção especial.

57. Reconhecemos que os dados de referência para várias das metas permanecem indisponíveis, e pedimos um maior apoio para o fortalecimento da coleta de dados e do desenvolvimento de capacidades nos Estados-membros para desenvolver dados de referência nacionais e globais onde eles ainda não existam. Comprometemo-nos a corrigir essa falha na coleta de dados, de modo a informar melhor a medição do progresso, em particular para aquelas metas em que não há metas numéricas claras.

58. Nós encorajamos os esforços em curso pelos Estados em outros fóruns para tratar de questões-chave que representam potenciais desafios para a implementação da nossa Agenda; e nós respeitamos os mandatos independentes desses processos. Pretendemos que a Agenda e sua implementação possam apoiar, sem prejudicá-los, estes outros processos e as decisões aí tomadas.

59. Reconhecemos que existem diferentes abordagens, visões, modelos e ferramentas disponíveis para cada país, de acordo com suas circunstâncias e prioridades nacionais, para alcançar o desenvolvimento sustentável; e reafirmamos que o planeta Terra e seus ecossistemas são a nossa casa comum e que a 'Mãe Terra' é uma expressão comum em vários países e regiões.

OBJETIVOS DE DESENVOLVIMENTO SUSTENTÁVEL

Objetivo 1. Acabar com a pobreza em todas as suas formas, em todos os lugares

Objetivo 2. Acabar com a fome, alcançar a segurança alimentar e melhoria da nutrição e promover a agricultura sustentável

Objetivo 3. Assegurar uma vida saudável e promover o bem-estar para todos, em todas as idades

Objetivo 4. Assegurar a educação inclusiva e equitativa e de qualidade, e promover oportunidades de aprendizagem ao longo da vida para todos

Objetivo 5. Alcançar a igualdade de gênero e empoderar todas as mulheres e meninas

Objetivo 6. Assegurar a disponibilidade e gestão sustentável da água e saneamento para todos

Objetivo 7. Assegurar o acesso confiável, sustentável, moderno e a preço acessível à energia para todos

Objetivo 8. Promover o crescimento econômico sustentado, inclusivo e sustentável, emprego pleno e produtivo e trabalho decente para todos

Objetivo 9. Construir infraestruturas resilientes, promover a industrialização inclusiva e sustentável e fomentar a inovação

Objetivo 10. Reduzir a desigualdade dentro dos países e entre eles

Objetivo 11. Tornar as cidades e os assentamentos humanos inclusivos, seguros, resilientes e sustentáveis

Objetivo 12. Assegurar padrões de produção e de consumo sustentáveis

Objetivo 13. Tomar medidas urgentes para combater a mudança climática e seus impactos (*)

Objetivo 14. Conservação e uso sustentável dos oceanos, dos mares e dos recursos marinhos para o desenvolvimento sustentável

Objetivo 15. Proteger, recuperar e promover o uso sustentável dos ecossistemas terrestres, gerir de forma sustentável as florestas, combater a desertificação, deter e reverter a degradação da terra e deter a perda de biodiversidade

Objetivo 16. Promover sociedades pacíficas e inclusivas para o desenvolvimento sustentável, proporcionar o acesso à justiça para todos e construir instituições eficazes, responsáveis e inclusivas em todos os níveis

Objetivo 17. Fortalecer os meios de implementação e revitalizar a parceria global para o desenvolvimento sustentável

(*) Reconhecendo que a Convenção Quadro das Nações Unidas sobre Mudança do Clima [UNFCCC] é o fórum internacional intergovernamental primário para negociar a resposta global à mudança do clima.

Objetivo 1. Acabar com a pobreza em todas as suas formas, em todos os lugares

1.1 Até 2030, erradicar a pobreza extrema para todas as pessoas em todos os lugares, atualmente medida como pessoas vivendo com menos de US$ 1,25 por dia

1.2 Até 2030, reduzir pelo menos à metade a proporção de homens, mulheres e crianças, de todas as idades, que vivem na pobreza, em todas as suas dimensões, de acordo com as definições nacionais

1.3 Implementar, em nível nacional, medidas e sistemas de proteção social adequados, para todos, incluindo pisos, e até 2030 atingir a cobertura substancial dos pobres e vulneráveis

1.4 Até 2030, garantir que todos os homens e mulheres, particularmente os pobres e vulneráveis, tenham direitos iguais aos recursos econômicos, bem como o acesso a serviços básicos, propriedade e controle sobre a terra e outras formas de propriedade, herança, recursos naturais, novas tecnologias apropriadas e serviços financeiros, incluindo microfinanças

1.5 Até 2030, construir a resiliência dos pobres e daqueles em situação de vulnerabilidade, e reduzir a exposição e vulnerabilidade destes a eventos extremos relacionados com o clima e outros choques e desastres econômicos, sociais e ambientais

1.a. Garantir uma mobilização significativa de recursos a partir de uma variedade de fontes, inclusive por meio do reforço da cooperação para o desenvolvimento, para proporcionar meios adequados e previsíveis para que os países em desenvolvimento, em particular os países menos desenvolvidos, implementem programas e políticas para acabar com a pobreza em todas as suas dimensões

1.b Criar marcos políticos sólidos em níveis nacional, regional e internacional, com base em estratégias de desenvolvimento a favor dos pobres e sensíveis a gênero, para apoiar investimentos acelerados nas ações de erradicação da pobreza

Objetivo 2. Acabar com a fome, alcançar a segurança alimentar e melhoria da nutrição e promover a agricultura sustentável

2.1 Até 2030, acabar com a fome e garantir o acesso de todas as pessoas, em particular os pobres e pessoas em situações vulneráveis, incluindo crianças, a alimentos seguros, nutritivos e suficientes durante todo o ano

2.2 Até 2030, acabar com todas as formas de desnutrição, incluindo atingir, até 2025, as metas acordadas internacionalmente sobre nanismo e caquexia em crianças menores de cinco anos de idade, e atender às necessidades nutricionais dos adolescentes, mulheres grávidas e lactantes e pessoas idosas

2.3 Até 2030, dobrar a produtividade agrícola e a renda dos pequenos produtores de alimentos, particularmente das mulheres, povos indígenas, agricultores familiares, pastores e pescadores, inclusive por meio de acesso seguro e igual à terra, outros recursos produtivos e insumos, conhecimento, serviços financeiros, mercados e oportunidades de agregação de valor e de emprego não agrícola

2.4 Até 2030, garantir sistemas sustentáveis de produção de alimentos e implementar práticas agrícolas resilientes, que aumentem a produtividade e a produção, que ajudem a manter os ecossistemas, que fortaleçam a capacidade de adaptação às mudanças climáticas, às condições meteorológicas extremas, secas, inundações e outros desastres, e que melhorem progressivamente a qualidade da terra e do solo

2.5 Até 2020, manter a diversidade genética de sementes, plantas cultivadas, animais de criação e domesticados e suas respectivas espécies selvagens, inclusive por meio de bancos de sementes e plantas diversificados e bem geridos em nível nacional, regional e internacional, e garantir o acesso e a repartição justa e equitativa dos benefícios decorrentes da utilização dos recursos genéticos e conhecimentos tradicionais associados, como acordado internacionalmente

2.a Aumentar o investimento, inclusive via o reforço da cooperação internacional, em infraestrutura rural, pesquisa e extensão de serviços agrícolas, desenvolvimento de tecnologia, e os bancos de genes de plantas e animais, para aumentar a capacidade de produção agrícola nos países em desenvolvimento, em particular nos países menos desenvolvidos

2.b Corrigir e prevenir as restrições ao comércio e distorções nos mercados agrícolas mundiais, incluindo a eliminação paralela de todas as formas de subsídios à exportação e todas as medidas de exportação com efeito equivalente, de acordo com o mandato da Rodada de Desenvolvimento de Doha

2.c Adotar medidas para garantir o funcionamento adequado dos mercados de commodities de alimentos e seus derivados, e facilitar o acesso oportuno à informação de mercado, inclusive sobre as reservas de alimentos, a fim de ajudar a limitar a volatilidade extrema dos preços dos alimentos

Objetivo 3. Assegurar uma vida saudável e promover o bem-estar para todos, em todas as idades

3.1   Até 2030, reduzir a taxa de mortalidade materna global para menos de 70 mortes por 100.000 nascidos vivos

3.2   Até 2030, acabar com as mortes evitáveis de recém-nascidos e crianças menores de 5 anos, com todos os países objetivando reduzir a mortalidade neonatal para pelo menos 12 por 1.000 nascidos vivos e a mortalidade de crianças menores de 5 anos para pelo menos 25 por 1.000 nascidos vivos

3.3   Até 2030, acabar com as epidemias de AIDS, tuberculose, malária e doenças tropicais negligenciadas, e combater a hepatite, doenças transmitidas pela água, e outras doenças transmissíveis

3.4   Até 2030, reduzir em um terço a mortalidade prematura por doenças não transmissíveis via prevenção e tratamento, e promover a saúde mental e o bem-estar

3.5   Reforçar a prevenção e o tratamento do abuso de substâncias, incluindo o abuso de drogas entorpecentes e uso nocivo do álcool

3.6   Até 2020, reduzir pela metade as mortes e os ferimentos globais por acidentes em estradas

3.7 Até 2030, assegurar o acesso universal aos serviços de saúde sexual e reprodutiva, incluindo o planejamento familiar, informação e educação, bem como a integração da saúde reprodutiva em estratégias e programas nacionais

3.8 Atingir a cobertura universal de saúde, incluindo a proteção do risco financeiro, o acesso a serviços de saúde essenciais de qualidade e o acesso a medicamentos e vacinas essenciais seguros, eficazes, de qualidade e a preços acessíveis para todos

3.9 Até 2030, reduzir substancialmente o número de mortes e doenças por produtos químicos perigosos, contaminação e poluição do ar e água do solo

3.a Fortalecer a implementação da Convenção-Quadro para o Controle do Tabaco em todos os países, conforme apropriado

3.b Apoiar a pesquisa e o desenvolvimento de vacinas e medicamentos para as doenças transmissíveis e não transmissíveis, que afetam principalmente os países em desenvolvimento, proporcionar o acesso a medicamentos e vacinas essenciais a preços acessíveis, de acordo com a Declaração de Doha, que afirma o direito dos países em desenvolvimento de utilizarem plenamente as disposições do acordo TRIPS sobre flexibilidades para proteger a saúde pública e, em particular, proporcionar o acesso a medicamentos para todos

3.c Aumentar substancialmente o financiamento da saúde e o recrutamento, desenvolvimento e formação, e retenção do pessoal de saúde nos países em desenvolvimento, especialmente nos países menos desenvolvidos e nos pequenos Estados insulares em desenvolvimento

3.d Reforçar a capacidade de todos os países, particularmente os países em desenvolvimento, para o alerta precoce, redução de riscos e gerenciamento de riscos nacionais e globais de saúde

Objetivo 4. Assegurar a educação inclusiva e equitativa e de qualidade, e promover oportunidades de aprendizagem ao longo da vida para todos

4.1 Até 2030, garantir que todas as meninas e meninos completem o ensino primário e secundário livre, equitativo e de qualidade, que conduza a resultados de aprendizagem relevantes e eficazes

4.2 Até 2030, garantir que todos as meninas e meninos tenham acesso a um desenvolvimento de qualidade na primeira infância, cuidados e educação pré-escolar, de modo que eles estejam prontos para o ensino primário

4.3 Até 2030, assegurar a igualdade de acesso para todos os homens e mulheres à educação técnica, profissional e superior de qualidade, a preços acessíveis, incluindo universidade

4.4 Até 2030, aumentar substancialmente o número de jovens e adultos que tenham habilidades relevantes, inclusive competências técnicas e profissionais, para emprego, trabalho decente e empreendedorismo

4.5 Até 2030, eliminar as disparidades de gênero na educação e garantir a igualdade de acesso a todos os níveis de educação e formação profissional para os mais vulneráveis, incluindo as pessoas com deficiência, povos indígenas e as crianças em situação de vulnerabilidade

4.6 Até 2030, garantir que todos os jovens e uma substancial proporção dos adultos, homens e mulheres estejam alfabetizados e tenham adquirido o conhecimento básico de matemática

4.7 Até 2030, garantir que todos os alunos adquiram conhecimentos e habilidades necessárias para promover o desenvolvimento sustentável, inclusive, entre outros, por meio da educação para o desenvolvimento sustentável e estilos de vida sustentáveis, direitos humanos, igualdade de gênero, promoção de uma cultura de paz e não violência, cidadania global e valorização da diversidade cultural e da contribuição da cultura para o desenvolvimento sustentável

4.a Construir e melhorar instalações físicas para educação, apropriadas para crianças e sensíveis às deficiências e ao gênero, e que proporcionem ambientes de aprendizagem seguros e não violentos, inclusivos e eficazes para todos

4.b Até 2020, substancialmente ampliar globalmente o número de bolsas de estudo para os países em desenvolvimento, em particular os países menos desenvolvidos, pequenos Estados insulares em desenvolvimento e os países africanos, para o ensino superior, incluindo programas de formação profissional, de tecnologia da informação e da comunicação, técnicos, de engenharia e programas científicos em países desenvolvidos e outros países em desenvolvimento

4.c Até 2030, substancialmente aumentar o contingente de professores qualificados, inclusive por meio da cooperação internacional para a formação de professores, nos países em desenvolvimento, especialmente os países menos desenvolvidos e pequenos Estados insulares em desenvolvimento

Objetivo 5. Alcançar a igualdade de gênero e empoderar todas as mulheres e meninas

5.1 Acabar com todas as formas de discriminação contra todas as mulheres e meninas em toda parte

5.2 Eliminar todas as formas de violência contra todas as mulheres e meninas nas esferas públicas e privadas, incluindo o tráfico e exploração sexual e de outros tipos

5.3 Eliminar todas as práticas nocivas, como os casamentos prematuros, forçados e de crianças e mutilações genitais femininas

5.4 Reconhecer e valorizar o trabalho de assistência e doméstico não remunerado, por meio da disponibilização de serviços públicos, infraestrutura e políticas de proteção social, bem como a promoção da responsabilidade compartilhada dentro do lar e da família, conforme os contextos nacionais

5.5 Garantir a participação plena e efetiva das mulheres e a igualdade de oportunidades para a liderança em todos os níveis de tomada de decisão na vida política, econômica e pública

5.6 Assegurar o acesso universal à saúde sexual e reprodutiva e os direitos reprodutivos, como acordado em conformidade com o Programa de Ação da Conferência Internacional sobre População e Desenvolvimento e com a Plataforma de Ação de Pequim e os documentos resultantes de suas conferências de revisão

5.a Realizar reformas para dar às mulheres direitos iguais aos recursos econômicos, bem como o acesso à propriedade e controle sobre a terra e outras formas de propriedade, serviços financeiros, herança e os recursos naturais, de acordo com as leis nacionais

5.b Aumentar o uso de tecnologias de base, em particular as tecnologias de informação e comunicação, para promover o empoderamento das mulheres

5.c Adotar e fortalecer políticas sólidas e legislação aplicável para a promoção da igualdade de gênero e o empoderamento de todas as mulheres e meninas em todos os níveis

Objetivo 6. Assegurar a disponibilidade e gestão sustentável da água e saneamento para todos

6.1 Até 2030, alcançar o acesso universal e equitativo a água potável e segura para todos

6.2 Até 2030, alcançar o acesso a saneamento e higiene adequados e equitativos para todos, e acabar com a defecação a céu aberto, com especial atenção para as necessidades das mulheres e meninas e daqueles em situação de vulnerabilidade

6.3 Até 2030, melhorar a qualidade da água, reduzindo a poluição, eliminando despejo e minimizando a liberação de produtos químicos e materiais perigosos, reduzindo à metade a proporção de águas residuais não tratadas e aumentando substancialmente a reciclagem e reutilização segura globalmente

6.4 Até 2030, aumentar substancialmente a eficiência do uso da água em todos os setores e assegurar retiradas sustentáveis e o abastecimento de água doce para enfrentar a escassez de água, e reduzir substancialmente o número de pessoas que sofrem com a escassez de água

6.5 Até 2030, implementar a gestão integrada dos recursos hídricos em todos os níveis, inclusive via cooperação transfronteiriça, conforme apropriado

6.6 Até 2020, proteger e restaurar ecossistemas relacionados com a água, incluindo montanhas, florestas, zonas úmidas, rios, aquíferos e lagos

6.a Até 2030, ampliar a cooperação internacional e o apoio à capacitação para os países em desenvolvimento em atividades e programas relacionados à água e saneamento, incluindo a coleta de água, a dessalinização, a eficiência no uso da água, o tratamento de efluentes, a reciclagem e as tecnologias de reúso

6.b Apoiar e fortalecer a participação das comunidades locais, para melhorar a gestão da água e do saneamento

Objetivo 7. Assegurar o acesso confiável, sustentável, moderno e a preço acessível à energia para todos

7.1 Até 2030, assegurar o acesso universal, confiável, moderno e a preços acessíveis a serviços de energia

7.2 Até 2030, aumentar substancialmente a participação de energias renováveis na matriz energética global

7.3 Até 2030, dobrar a taxa global de melhoria da eficiência energética

7.a Até 2030, reforçar a cooperação internacional para facilitar o acesso a pesquisa e tecnologias de energia limpa, incluindo energias renováveis, eficiência energética e tecnologias de combustíveis fósseis avançadas e mais limpas, e promover o investimento em infraestrutura de energia e em tecnologias de energia limpa

7.b Até 2030, expandir a infraestrutura e modernizar a tecnologia para o fornecimento de serviços de energia modernos e sustentáveis para todos nos países em desenvolvimento, particularmente nos países menos desenvolvidos, nos pequenos Estados insulares em desenvolvimento e nos países em desenvolvimento sem litoral, de acordo com seus respectivos programas de apoio

Objetivo 8. Promover o crescimento econômico sustentado, inclusivo e sustentável, emprego pleno e produtivo e trabalho decente para todos

8.1 Sustentar o crescimento econômico per capita de acordo com as circunstâncias nacionais e, em particular, um crescimento anual de pelo menos 7% do produto interno bruto [PIB] nos países menos desenvolvidos

8.2 Atingir níveis mais elevados de produtividade das economias por meio da diversificação, modernização tecnológica e inovação, inclusive por meio de um foco em setores de alto valor agregado e dos setores intensivos em mão de obra

8.3 Promover políticas orientadas para o desenvolvimento que apoiem as atividades produtivas, geração de emprego decente, empreendedorismo, criatividade e inovação, e incentivar a formalização e o crescimento das micro, pequenas e médias empresas, inclusive por meio do acesso a serviços financeiros

8.4 Melhorar progressivamente, até 2030, a eficiência dos recursos globais no consumo e na produção, e empenhar-se para dissociar o crescimento econômico da degradação ambiental, de acordo com o Plano Decenal de Programas sobre Produção e Consumo Sustentáveis, com os países desenvolvidos assumindo a liderança

8.5 Até 2030, alcançar o emprego pleno e produtivo e trabalho decente todas as mulheres e homens, inclusive para os jovens e as pessoas com deficiência, e remuneração igual para trabalho de igual valor

8.6 Até 2020, reduzir substancialmente a proporção de jovens sem emprego, educação ou formação

8.7 Tomar medidas imediatas e eficazes para erradicar o trabalho forçado, acabar com a escravidão moderna e o tráfico de pessoas, e assegurar a proibição e eliminação das piores formas de trabalho infantil, incluindo recrutamento e utilização de crianças- soldado, e até 2025 acabar com o trabalho infantil em todas as suas formas

8.8 Proteger os direitos trabalhistas e promover ambientes de trabalho seguros e protegidos para todos os trabalhadores, incluindo os trabalhadores migrantes, em particular as mulheres migrantes, e pessoas em empregos precários

8.9 Até 2030, elaborar e implementar políticas para promover o turismo sustentável, que gera empregos e promove a cultura e os produtos locais

8.10 Fortalecer a capacidade das instituições financeiras nacionais para incentivar a expansão do acesso aos serviços bancários, de seguros e financeiros para todos

8.a Aumentar o apoio da Iniciativa de Ajuda para o Comércio [Aid for Trade] para os países em desenvolvimento, particularmente os países menos desenvolvidos, inclusive por meio do Quadro Integrado Reforçado para a Assistência Técnica Relacionada com o Comércio para os países menos desenvolvidos

8.b Até 2020, desenvolver e operacionalizar uma estratégia global para o emprego dos jovens e implementar o Pacto Mundial para o Emprego da Organização Internacional do Trabalho [OIT]

Objetivo 9. Construir infraestruturas resilientes, promover a industrialização inclusiva e sustentável e fomentar a inovação

9.1 Desenvolver infraestrutura de qualidade, confiável, sustentável e resiliente, incluindo infraestrutura regional e transfronteiriça, para apoiar o desenvolvimento econômico e o bem-estar humano, com foco no acesso equitativo e a preços acessíveis para todos

9.2 Promover a industrialização inclusiva e sustentável e, até 2030, aumentar significativamente a participação da indústria no setor de emprego e no PIB, de acordo com as circunstâncias nacionais, e dobrar sua participação nos países menos desenvolvidos

9.3 Aumentar o acesso das pequenas indústrias e outras empresas, particularmente em países em desenvolvimento, aos serviços financeiros, incluindo crédito acessível e sua integração em cadeias de valor e mercados

9.4 Até 2030, modernizar a infraestrutura e reabilitar as indústrias para torná-las sustentáveis, com eficiência aumentada no uso de recursos e maior adoção de tecnologias e processos industriais limpos e ambientalmente corretos; com todos os países atuando de acordo com suas respectivas capacidades

9.5 Fortalecer a pesquisa científica, melhorar as capacidades tecnológicas de setores industriais em todos os países, particularmente os países em desenvolvimento, inclusive, até 2030, incentivando a inovação e aumentando substancialmente o número de trabalhadores de pesquisa e desenvolvimento por milhão de pessoas e os gastos público e privado em pesquisa e desenvolvimento

9.a Facilitar o desenvolvimento de infraestrutura sustentável e resiliente em países em desenvolvimento, por meio de maior apoio financeiro, tecnológico e técnico aos países africanos, aos países menos desenvolvidos, aos países em desenvolvimento sem litoral e aos pequenos Estados insulares em desenvolvimento

9.b Apoiar o desenvolvimento tecnológico, a pesquisa e a inovação nacionais nos países em desenvolvimento, inclusive garantindo um ambiente político propício para, entre outras coisas, a diversificação industrial e a agregação de valor às commodities

9.c Aumentar significativamente o acesso às tecnologias de informação e comunicação e se empenhar para oferecer acesso universal e a preços acessíveis à internet nos países menos desenvolvidos, até 2020

Objetivo 10. Reduzir a desigualdade dentro dos países e entre eles

10.1 Até 2030, progressivamente alcançar e sustentar o crescimento da renda dos 40% da população mais pobre a uma taxa maior que a média nacional

10.2 Até 2030, empoderar e promover a inclusão social, econômica e política de todos, independentemente da idade, gênero, deficiência, raça, etnia, origem, religião, condição econômica ou outra

10.3 Garantir a igualdade de oportunidades e reduzir as desigualdades de resultados, inclusive por meio da eliminação de leis, políticas e práticas discriminatórias e da promoção de legislação, políticas e ações adequadas a este respeito

10.4 Adotar políticas, especialmente fiscal, salarial e de proteção social, e alcançar progressivamente uma maior igualdade

10.5 Melhorar a regulamentação e monitoramento dos mercados e instituições financeiras globais e fortalecer a implementação de tais regulamentações

10.6 Assegurar uma representação e voz mais forte dos países em desenvolvimento em tomadas de decisão nas instituições econômicas e financeiras internacionais globais, a fim de produzir instituições mais eficazes, críveis, responsáveis e legítimas

10.7 Facilitar a migração e a mobilidade ordenada, segura, regular e responsável das pessoas, inclusive por meio da implementação de políticas de migração planejadas e bem geridas

10.a Implementar o princípio do tratamento especial e diferenciado para países em desenvolvimento, em particular os países menos desenvolvidos, em conformidade com os acordos da OMC

10.b Incentivar a assistência oficial ao desenvolvimento e fluxos financeiros, incluindo o investimento externo direto, para os Estados onde a necessidade é maior, em particular os países menos desenvolvidos, os países africanos, os pequenos Estados insulares em desenvolvimento e os países em desenvolvimento sem litoral, de acordo com seus planos e programas nacionais

10.c Até 2030, reduzir para menos de 3% os custos de transação de remessas dos migrantes e eliminar os corredores de remessas com custos superiores a 5%

Objetivo 11. Tornar as cidades e os assentamentos humanos inclusivos, seguros, resilientes e sustentáveis

11.1 Até 2030, garantir o acesso de todos à habitação segura, adequada e a preço acessível, e aos serviços básicos e urbanizar as favelas

11.2 Até 2030, proporcionar o acesso a sistemas de transporte seguros, acessíveis, sustentáveis e a preço acessível para todos, melhorando a segurança rodoviária por meio da expansão dos transportes públicos, com especial atenção para as necessidades das pessoas em situação de vulnerabilidade, mulheres, crianças, pessoas com deficiência e idosos

11.3 Até 2030, aumentar a urbanização inclusiva e sustentável, e as capacidades para o planejamento e gestão de assentamentos humanos participativos, integrados e sustentáveis, em todos os países

11.4 Fortalecer esforços para proteger e salvaguardar o patrimônio cultural e natural do mundo

11.5 Até 2030, reduzir significativamente o número de mortes e o número de pessoas afetadas por catástrofes e substancialmente diminuir as perdas econômicas diretas causadas por elas em relação ao produto interno bruto global, incluindo os desastres relacionados à água, com o foco em proteger os pobres e as pessoas em situação de vulnerabilidade

11.6 Até 2030, reduzir o impacto ambiental negativo per capita das cidades, inclusive prestando especial atenção à qualidade do ar, gestão de resíduos municipais e outros

11.7 Até 2030, proporcionar o acesso universal a espaços públicos seguros, inclusivos, acessíveis e verdes, particularmente para as mulheres e crianças, pessoas idosas e pessoas com deficiência

11.a Apoiar relações econômicas, sociais e ambientais positivas entre áreas urbanas, periurbanas e rurais, reforçando o planejamento nacional e regional de desenvolvimento

11.b Até 2020, aumentar substancialmente o número de cidades e assentamentos humanos adotando e implementando políticas e planos integrados para a inclusão, a eficiência dos recursos, mitigação e adaptação às mudanças climáticas, a resiliência a desastres; e desenvolver e implementar, de acordo com o Marco de Sendai para a Redução do Risco de Desastres 2015-2030, o gerenciamento holístico do risco de desastres em todos os níveis

11.c Apoiar os países menos desenvolvidos, inclusive por meio de assistência técnica e financeira, para construções sustentáveis e resilientes, utilizando materiais locais

Objetivo 12. Assegurar padrões de produção e de consumo sustentáveis

12.1 Implementar o Plano Decenal de Programas sobre Produção e Consumo Sustentáveis, com todos os países tomando medidas, e os países desenvolvidos assumindo a liderança, tendo em conta o desenvolvimento e as capacidades dos países em desenvolvimento

12.2 Até 2030, alcançar a gestão sustentável e o uso eficiente dos recursos naturais

12.3 Até 2030, reduzir pela metade o desperdício de alimentos per capita mundial, nos níveis de varejo e do consumidor, e reduzir as perdas de alimentos ao longo das cadeias de produção e abastecimento, incluindo as perdas pós-colheita

12.4 Até 2020, alcançar o manejo ambientalmente saudável dos produtos químicos e todos os resíduos, ao longo de todo o ciclo de vida destes, de acordo com os marcos internacionais acordados, e reduzir significativamente a liberação destes para o ar, água e solo, para minimizar seus impactos negativos sobre a saúde humana e o meio ambiente

12.5 Até 2030, reduzir substancialmente a geração de resíduos por meio da prevenção, redução, reciclagem e reúso

12.6 Incentivar as empresas, especialmente as empresas grandes e transnacionais, a adotar práticas sustentáveis e a integrar informações de sustentabilidade em seu ciclo de relatórios

12.7 Promover práticas de compras públicas sustentáveis, de acordo com as políticas e prioridades nacionais

12.8 Até 2030, garantir que as pessoas, em todos os lugares, tenham informação relevante e conscientização para o desenvolvimento sustentável e estilos de vida em harmonia com a natureza

12.a Apoiar países em desenvolvimento a fortalecer suas capacidades científicas e tecnológicas para mudar para padrões mais sustentáveis de produção e consumo

12.b Desenvolver e implementar ferramentas para monitorar os impactos do desenvolvimento sustentável para o turismo sustentável, que gera empregos, promove a cultura e os produtos locais

12.c Racionalizar subsídios ineficientes aos combustíveis fósseis, que encorajam o consumo exagerado, eliminando as distorções de mercado, de acordo com as circunstâncias nacionais, inclusive por meio da reestruturação fiscal e a eliminação gradual desses subsídios prejudiciais, caso existam, para refletir os seus impactos ambientais, tendo plenamente em conta as necessidades específicas e condições dos países em desenvolvimento e minimizando os possíveis impactos adversos sobre o seu desenvolvimento de uma forma que proteja os pobres e as comunidades afetadas

Objetivo 13. Tomar medidas urgentes para combater a mudança climática e seus impactos (*)

13.1 Reforçar a resiliência e a capacidade de adaptação a riscos relacionados ao clima e às catástrofes naturais em todos os países

13.2 Integrar medidas da mudança do clima nas políticas, estratégias e planejamentos nacionais

13.3 Melhorar a educação, aumentar a conscientização e a capacidade humana e institucional sobre mitigação, adaptação, redução de impacto e alerta precoce da mudança do clima

13.a Implementar o compromisso assumido pelos países desenvolvidos partes da Convenção Quadro das Nações Unidas sobre Mudança do Clima [UNFCCC] para a meta de mobilizar conjuntamente US$ 100 bilhões por ano a partir de 2020, de todas as fontes, para atender às necessidades dos países em desenvolvimento, no contexto das ações de mitigação significativas e transparência na implementação; e operacionalizar plenamente o Fundo Verde para o Clima por meio de sua capitalização o mais cedo possível

13.b Promover mecanismos para a criação de capacidades para o planejamento relacionado à mudança do clima e à gestão eficaz, nos países menos desenvolvidos, inclusive com foco em mulheres, jovens, comunidades locais e marginalizadas

(*) Reconhecendo que a Convenção Quadro das Nações Unidas sobre Mudança do Clima [UNFCCC] é o fórum internacional intergovernamental primário para negociar a resposta global à mudança do clima.

Objetivo 14. Conservação e uso sustentável dos oceanos, dos mares e dos recursos marinhos para o desenvolvimento sustentável

14.1 Até 2025, prevenir e reduzir significativamente a poluição marinha de todos os tipos, especialmente a advinda de atividades terrestres, incluindo detritos marinhos e a poluição por nutrientes

14.2 Até 2020, gerir de forma sustentável e proteger os ecossistemas marinhos e costeiros para evitar impactos adversos significativos, inclusive por meio do reforço da sua capacidade de resiliência, e tomar medidas para a sua restauração, a fim de assegurar oceanos saudáveis e produtivos

14.3 Minimizar e enfrentar os impactos da acidificação dos oceanos, inclusive por meio do reforço da cooperação científica em todos os níveis

14.4 Até 2020, efetivamente regular a coleta, e acabar com a sobrepesca, ilegal, não reportada e não regulamentada e as práticas de pesca destrutivas, e implementar planos de gestão com base científica, para restaurar populações de peixes no menor tempo possível, pelo menos a níveis que possam produzir rendimento máximo sustentável, como determinado por suas características biológicas

14.5 Até 2020, conservar pelo menos 10% das zonas costeiras e marinhas, de acordo com a legislação nacional e internacional, e com base na melhor informação científica disponível

14.6 Até 2020, proibir certas formas de subsídios à pesca, que contribuem para a sobrecapacidade e a sobrepesca, e eliminar os subsídios que contribuam para a pesca ilegal, não reportada e não regulamentada, e abster-se de introduzir novos subsídios como estes, reconhecendo que o tratamento especial e diferenciado adequado e eficaz para os países em desenvolvimento e os países menos desenvolvidos deve ser parte integrante da negociação sobre subsídios à pesca da Organização Mundial do Comércio[1]

14.7 Até 2030, aumentar os benefícios econômicos para os pequenos Estados insulares em desenvolvimento e os países menos desenvolvidos, a partir do uso sustentável dos recursos marinhos, inclusive por meio de uma gestão sustentável da pesca, aquicultura e turismo

14.a Aumentar o conhecimento científico, desenvolver capacidades de pesquisa e transferir tecnologia marinha, tendo em conta os critérios e orientações sobre a Transferência de Tecnologia Marinha da Comissão Oceanográfica Intergovernamental, a fim de melhorar a saúde dos oceanos e aumentar a contribuição da biodiversidade marinha para o desenvolvimento dos países em desenvolvimento, em particular os pequenos Estados insulares em desenvolvimento e os países menos desenvolvidos

14.b Proporcionar o acesso dos pescadores artesanais de pequena escala aos recursos marinhos e mercados

14.c Assegurar a conservação e o uso sustentável dos oceanos e seus recursos pela implementação do direito internacional, como refletido na UNCLOS [Convenção das Nações Unidas sobre o Direito do Mar], que provê

---

1 Levando em conta as negociações em curso da Organização Mundial do Comércio, a Agenda de Desenvolvimento de Doha e o mandato ministerial de Hong Kong.

o arcabouço legal para a conservação e utilização sustentável dos oceanos e dos seus recursos, conforme registrado no parágrafo 158 do "Futuro Que Queremos"

Objetivo 15. Proteger, recuperar e promover o uso sustentável dos ecossistemas terrestres, gerir de forma sustentável as florestas, combater a desertificação, deter e reverter a degradação da terra e deter a perda de biodiversidade

15.1 Até 2020, assegurar a conservação, recuperação e uso sustentável de ecossistemas terrestres e de água doce interiores e seus serviços, em especial florestas, zonas úmidas, montanhas e terras áridas, em conformidade com as obrigações decorrentes dos acordos internacionais

15.2 Até 2020, promover a implementação da gestão sustentável de todos os tipos de florestas, deter o desmatamento, restaurar florestas degradadas e aumentar substancialmente o florestamento e o reflorestamento globalmente

15.3 Até 2030, combater a desertificação, restaurar a terra e o solo degradado, incluindo terrenos afetados pela desertificação, secas e inundações, e lutar para alcançar um mundo neutro em termos de degradação do solo

15.4 Até 2030, assegurar a conservação dos ecossistemas de montanha, incluindo a sua biodiversidade, para melhorar a sua capacidade de proporcionar benefícios que são essenciais para o desenvolvimento sustentável

15.5 Tomar medidas urgentes e significativas para reduzir a degradação de habitat naturais, deter a perda de biodiversidade e, até 2020, proteger e evitar a extinção de espécies ameaçadas

15.6 Garantir uma repartição justa e equitativa dos benefícios derivados da utilização dos recursos genéticos e promover o acesso adequado aos recursos genéticos

15.7 Tomar medidas urgentes para acabar com a caça ilegal e o tráfico de espécies da flora e fauna protegidas e abordar tanto a demanda quanto a oferta de produtos ilegais da vida selvagem

15.8 Até 2020, implementar medidas para evitar a introdução e reduzir significativamente o impacto de espécies exóticas invasoras em ecossistemas terrestres e aquáticos, e controlar ou erradicar as espécies prioritárias

15.9 Até 2020, integrar os valores dos ecossistemas e da biodiversidade ao planejamento nacional e local, nos processos de desenvolvimento, nas estratégias de redução da pobreza e nos sistemas de contas

15.a Mobilizar e aumentar significativamente, a partir de todas as fontes, os recursos financeiros para a conservação e o uso sustentável da biodiversidade e dos ecossistemas

15.b Mobilizar recursos significativos de todas as fontes e em todos os níveis para financiar o manejo florestal sustentável e proporcionar incentivos adequados aos países em desenvolvimento para promover o manejo florestal sustentável, inclusive para a conservação e o reflorestamento

15.c Reforçar o apoio global para os esforços de combate à caça ilegal e ao tráfico de espécies protegidas, inclusive por meio do aumento da capacidade das comunidades locais para buscar oportunidades de subsistência sustentável

Objetivo 16. Promover sociedades pacíficas e inclusivas para o desenvolvimento sustentável, proporcionar o acesso à justiça para todos e construir instituições eficazes, responsáveis e inclusivas em todos os níveis

16.1 Reduzir significativamente todas as formas de violência e as taxas de mortalidade relacionada em todos os lugares

16.2 Acabar com abuso, exploração, tráfico e todas as formas de violência e tortura contra crianças

16.3 Promover o Estado de Direito, em nível nacional e internacional, e garantir a igualdade de acesso à justiça para todos

16.4 Até 2030, reduzir significativamente os fluxos financeiros e de armas ilegais, reforçar a recuperação e devolução de recursos roubados e combater todas as formas de crime organizado

16.5 Reduzir substancialmente a corrupção e o suborno em todas as suas formas

16.6 Desenvolver instituições eficazes, responsáveis e transparentes em todos os níveis

16.7 Garantir a tomada de decisão responsiva, inclusiva, participativa e representativa em todos os níveis

16.8 Ampliar e fortalecer a participação dos países em desenvolvimento nas instituições de governança global

16.9 Até 2030, fornecer identidade legal para todos, incluindo o registro de nascimento

16.10 Assegurar o acesso público à informação e proteger as liberdades fundamentais, em conformidade com a legislação nacional e os acordos internacionais

16.a Fortalecer as instituições nacionais relevantes, inclusive por meio da cooperação internacional, para a construção de capacidades em todos os níveis, em particular nos países em desenvolvimento, para a prevenção da violência e o combate ao terrorismo e ao crime

16.b Promover e fazer cumprir leis e políticas não discriminatórias para o desenvolvimento sustentável

Objetivo 17. Fortalecer os meios de implementação e revitalizar a parceria global para o desenvolvimento sustentável

Finanças

17.1 Fortalecer a mobilização de recursos internos, inclusive por meio do apoio internacional aos países em desenvolvimento, para melhorar a capacidade nacional para arrecadação de impostos e outras receitas

17.2 Países desenvolvidos implementarem plenamente os seus compromissos em matéria de assistência oficial ao desenvolvimento [AOD], inclusive fornecer 0,7% da renda nacional bruta [RNB] em AOD aos países em desenvolvimento, dos quais 0,15% a 0,20% para os países menos desenvolvidos; provedores de AOD são encorajados a considerar a definir uma meta para fornecer pelo menos 0,20% da renda nacional bruta em AOD para os países menos desenvolvidos

17.3 Mobilizar recursos financeiros adicionais para os países em desenvolvimento a partir de múltiplas fontes

17.4 Ajudar os países em desenvolvimento a alcançar a sustentabilidade da dívida de longo prazo por meio de políticas coordenadas destinadas a promover o financiamento, a redução e a reestruturação da dívida, conforme apropriado, e tratar da dívida externa dos países pobres altamente endividados para reduzir o superendividamento

17.5 Adotar e implementar regimes de promoção de investimentos para os países menos desenvolvidos

Tecnologia

17.6 Melhorar a cooperação Norte-Sul, Sul-Sul e triangular regional e internacional e o acesso à ciência, tecnologia e inovação, e aumentar o compartilhamento de conhecimentos em termos mutuamente acordados, inclusive por meio de uma melhor coordenação entre os mecanismos existentes, particularmente no nível das Nações Unidas, e por meio de um mecanismo de facilitação de tecnologia global

17.7 Promover o desenvolvimento, a transferência, a disseminação e a difusão de tecnologias ambientalmente corretas para os países em desenvolvimento, em condições favoráveis, inclusive em condições concessionais e preferenciais, conforme mutuamente acordado

17.8 Operacionalizar plenamente o Banco de Tecnologia e o mecanismo de capacitação em ciência, tecnologia e inovação para os países menos desenvolvidos até 2017, e aumentar o uso de tecnologias de capacitação, em particular das tecnologias de informação e comunicação

Capacitação

17.9 Reforçar o apoio internacional para a implementação eficaz e orientada da capacitação em países em desenvolvimento, a fim de apoiar os planos nacionais para implementar todos os objetivos de desenvolvimento sustentável, inclusive por meio da cooperação Norte-Sul, Sul-Sul e triangular

Comércio

17.10 Promover um sistema multilateral de comércio universal, baseado em regras, aberto, não discriminatório e equitativo no âmbito da Organização Mundial do Comércio, inclusive por meio da conclusão das negociações no âmbito de sua Agenda de Desenvolvimento de Doha

17.11 Aumentar significativamente as exportações dos países em desenvolvimento, em particular com o objetivo de duplicar a participação dos países menos desenvolvidos nas exportações globais até 2020

17.12 Concretizar a implementação oportuna de acesso a mercados livres de cotas e taxas, de forma duradoura, para todos os países menos desenvolvidos, de acordo com as decisões da OMC, inclusive por meio de garantias de que as regras de origem preferenciais aplicáveis às importações provenientes de países menos desenvolvidos sejam transparentes e simples, e contribuam para facilitar o acesso ao mercado

Questões sistêmicas

Coerência de políticas e institucional

17.13 Aumentar a estabilidade macroeconômica global, inclusive por meio da coordenação e da coerência de políticas

17.14 Aumentar a coerência das políticas para o desenvolvimento sustentável

17.15 Respeitar o espaço político e a liderança de cada país para estabelecer e implementar políticas para a erradicação da pobreza e o desenvolvimento sustentável

As parcerias multissetoriais

17.16 Reforçar a parceria global para o desenvolvimento sustentável, complementada por parcerias multissetoriais que mobilizem e compartilhem conhecimento, expertise, tecnologia e recursos financeiros, para apoiar a realização dos objetivos do desenvolvimento sustentável em todos os países, particularmente nos países em desenvolvimento

17.17 Incentivar e promover parcerias públicas, público-privadas e com a sociedade civil eficazes, a partir da experiência das estratégias de mobilização de recursos dessas parcerias

Dados, monitoramento e prestação de contas

17.18 Até 2020, reforçar o apoio à capacitação para os países em desenvolvimento, inclusive para os países menos desenvolvidos e pequenos Estados insulares em desenvolvimento, para aumentar significativamente a disponibilidade de dados de alta qualidade, atuais e confiáveis, desagregados por renda, gênero, idade, raça, etnia, status migratório, deficiência, localização geográfica e outras características relevantes em contextos nacionais

17.19 Até 2030, valer-se de iniciativas existentes para desenvolver medidas do progresso do desenvolvimento sustentável que complementem o produto interno bruto [PIB] e apoiem a capacitação estatística nos países em desenvolvimento

Meios de implementação e a Parceria Global

60. Reafirmamos nosso firme compromisso com a plena implementação desta nova Agenda. Reconhecemos que não vamos ser capazes de alcançar nossos Objetivos e metas ambiciosas sem uma Parceria Global revitalizada e reforçada e de meios de implementação comparativamente ambiciosos. A Parceria Global revitalizada facilitará um envolvimento global intensivo em apoio à implementação de todos os Objetivos e metas, reunindo governos, sociedade civil, setor privado, o Sistema das Nações Unidas e outros atores e mobilizando todos os recursos disponíveis.

61. Os Objetivos e metas da Agenda lidam com os meios necessários para concretizar as nossas ambições coletivas. Os meios implementação das metas sob cada ODS e sob o Objetivo 17, acima mencionados, são fundamentais para a concretização da nossa Agenda e são de igual importância em relação aos outros Objetivos e metas. Devemos conceder-lhes a mesma prioridade em nossos esforços de implementação e no quadro indicador global para o monitoramento de nosso progresso.

62. Esta Agenda, incluindo os ODS, pode ser cumprida no âmbito de uma parceria global revitalizada para o desenvolvimento sustentável, apoiada pelas políticas e ações concretas delineadas na Agenda de Ação de Adis Abeba3, que é parte integrante da Agenda 2030 para o desenvolvimento sustentável. A Agenda de Ação de Adis Abeba apoia, complementa e ajuda a contextualizar as metas sobre meios de implementação da Agenda 2030. Estas dizem respeito aos recursos nacionais públicos, empresas privadas e financeiras nacionais e internacionais, cooperação para o desenvolvimento internacional, comércio

internacional como motor para o desenvolvimento, a dívida e sustentabilidade da dívida, abordando questões sistêmicas e da ciência, tecnologia, inovação e capacitação, e de dados, monitoramento e acompanhamento.

63. Estratégias de desenvolvimento sustentável coesas e nacionalmente apropriadas, apoiadas por quadros de financiamento nacionais integrados, estarão no centro dos nossos esforços. Reiteramos que cada país é o responsável primário pelo seu próprio desenvolvimento econômico e social e que o papel das políticas e estratégias de desenvolvimento nacionais não podem ser ressaltadas o suficiente. Vamos respeitar o espaço das políticas e a liderança de cada país para implementar políticas de erradicação da pobreza e do desenvolvimento sustentável, mantendo-se compatível com as regras e os compromissos internacionais relevantes.

Ao mesmo tempo, os esforços nacionais de desenvolvimento precisam de ser apoiados por um ambiente econômico internacional favorável, inclusive um comércio mundial coerente e mutuamente apoiado, sistemas monetários e financeiros, e governança econômica global reforçada e melhorada. Processos para desenvolver e facilitar a disponibilidade de conhecimentos e tecnologias apropriadas em nível global, bem como a construção de capacitação, também são fundamentais. Comprometemo-nos a buscar a coerência política e um ambiente propício para o desenvolvimento sustentável em todos os níveis e por todos os atores, e revigorar a parceria global para o desenvolvimento sustentável.

64. Apoiamos a implementação de estratégias e programas de ação relevantes, incluindo a Declaração e Programa

de Ação de Istambul, o Roteiro das Modalidades Aceleradas de Ação dos Pequenos Estados Insulares em Desenvolvimento (SAMOA, na sigla em inglês), o Programa de Ação de Viena para os Países em Desenvolvimento sem Litoral para a Década 2014-2024, e reafirmamos a importância de apoiar a agenda de 2063 da União Africana e o programa da Nova Parceria para o Desenvolvimento da África (NEPAD), todos parte integrante da nova Agenda. Reconhecemos o grande desafio para a conquista da paz duradoura e do desenvolvimento sustentável em países em situações de conflito e pós-conflito.

A Agenda de Ação de Adis Abeba da Terceira Conferência Internacional sobre o Financiamento para o Desenvolvimento (Agenda de Ação de Adis Abeba), adotada pela Assembleia Geral em 27 de julho de 2015 (resolução 69/313).

65. Reconhecemos que os países de renda média ainda enfrentam desafios significativos para alcançar o desenvolvimento sustentável. A fim de garantir que os resultados alcançados até o momento sejam sustentados, os esforços para enfrentar os desafios em curso devem ser reforçados por meio da troca de experiências, uma melhor coordenação e um apoio melhor e direcionado do Sistema de Desenvolvimento das Nações Unidas, das instituições financeiras internacionais, das organizações regionais e de outros parceiros.

66. Ressaltamos que, para todos os países, as políticas públicas e a mobilização e uso eficaz dos recursos domésticos, sob o princípio da apropriação nacional, são fundamentais para a nossa busca comum do desenvolvimento

sustentável, incluindo o alcance dos objetivos de desenvolvimento sustentável. Reconhecemos que os recursos internos são gerados sobretudo pelo crescimento econômico, apoiado por um ambiente propício em todos os níveis.

67. A atividade empresarial privada, o investimento e a inovação são os principais impulsionadores da produtividade, do crescimento econômico inclusivo e da criação de emprego. Reconhecemos a diversidade do setor privado, que vai desde as microempresas e cooperativas às multinacionais. Convocamos todas as empresas a aplicar sua criatividade e inovação na resolução dos desafios do desenvolvimento sustentável. Vamos promover um setor empresarial dinâmico e funcional, ao mesmo tempo em que protegemos os direitos trabalhistas e as normas ambientais e sanitárias em conformidade com as normas e acordos internacionais relevantes e outras iniciativas em curso a este respeito, tais como os Princípios Orientadores sobre Empresas e Direitos Humanos e as normas de trabalho da OIT, a Convenção sobre os Direitos da Criança e os acordos-chave ambientais multilaterais, para as partes nesses acordos.

68. O comércio internacional é um motor para o crescimento econômico inclusivo e para a redução da pobreza, e contribui para a promoção do desenvolvimento sustentável. Continuaremos a promover um sistema de comércio multilateral universal, baseado em regras, aberto, transparente, previsível, inclusivo, não discriminatório e igualitário no âmbito da Organização Mundial do Comércio (OMC), bem como a liberalização significativa do comércio. Convocamos todos os membros da OMC a redobrar seus esforços para concluir rapidamente

as negociações sobre a Agenda de Desenvolvimento de Doha. Atribuímos grande importância ao fornecimento de capacitação relacionada com o comércio para os países em desenvolvimento, incluindo os países africanos, os países menos desenvolvidos, os países em desenvolvimento sem litoral, os pequenos Estados insulares em desenvolvimento e os países de renda média, incluindo para a promoção da integração econômica regional e interconectividade.

69. Reconhecemos a necessidade de ajudar os países em desenvolvimento a alcançar a sustentabilidade da dívida em longo prazo via políticas coordenadas destinadas a promover o financiamento da dívida, o alívio da dívida, a reestruturação da dívida e uma sólida gestão da dívida, consoante o caso. Muitos países continuam vulneráveis a crises de dívida e alguns estão em meio a crises, incluindo diversos países menos desenvolvidos, pequenos Estados insulares em desenvolvimento e alguns países desenvolvidos.

    Reiteramos que devedores e credores devem trabalhar em conjunto para prevenir e resolver situações de dívida insustentável. Manter níveis sustentáveis da dívida é da responsabilidade dos países mutuários; no entanto, reconhecemos que os credores também têm a responsabilidade de emprestar de uma forma que não prejudique a sustentabilidade da dívida de um país. Vamos apoiar a manutenção da sustentabilidade da dívida dos países que receberam alívio da dívida e alcançaram níveis sustentáveis de dívida.

70. Lançamos por este meio um Mecanismo de Facilitação de Tecnologia, estabelecido pela Agenda de Ação de Adis

Abeba, a fim de apoiar os objetivos de desenvolvimento sustentável. O Mecanismo de Facilitação de Tecnologia será baseado em uma colaboração multissetorial entre Estados-membros, sociedade civil, setor privado, comunidade científica, entidades das Nações Unidas e outras partes interessadas e será composto por: uma Equipe de Trabalho Interagencial das Nações Unidas sobre Ciência, Tecnologia e Inovação para os ODS; um Fórum Multissetorial colaborativo sobre Ciência, Tecnologia e Inovação para os ODS; e uma plataforma *online*.

- A Equipe de Trabalho Interagencial das Nações Unidas sobre Ciência, Tecnologia e Inovação para os ODS promoverá a coordenação, coerência e cooperação no âmbito do Sistema das Nações Unidas em temas relacionados a CTI [Ciência, Tecnologia e Inovação], reforçando a sinergia e eficiência, em particular para melhorar iniciativas de construção de capacitação. A Equipe de Trabalho vai aproveitar os recursos existentes e trabalhará com 10 representantes da sociedade civil, setor privado e comunidade científica para preparar as reuniões do Fórum Multissetorial sobre Ciência, Tecnologia e Inovação para os ODS, bem como no desenvolvimento e operacionalização da plataforma *online*, incluindo a preparação de propostas para as modalidades para o Fórum e para a plataforma *online*. Os 10 representantes serão nomeados pelo secretário-geral, por períodos de dois anos.
- A Equipe de Trabalho será aberta à participação de todas as agências, fundos e programas das Nações Unidas e às comissões funcionais do ECOSOC [Conselho Econômico e Social da ONU] e será inicialmente composto por entidades que integram

atualmente o grupo de trabalho informal sobre facilitação de tecnologia, a saber: Departamento das Nações Unidas de Assuntos Econômicos e Sociais, Programa das Nações Unidas para o Meio Ambiente (PNUMA), Organização das Nações Unidas para o Desenvolvimento Industrial (ONUDI), Organização das Nações Unidas para a Educação, a Ciência e a Cultura (UNESCO), Conferência das Nações Unidas sobre Comércio e Desenvolvimento (UNCTAD), União Internacional de Telecomunicações (UIT), Organização Mundial de Propriedade Intelectual (OMPI) e o Banco Mundial.

- A plataforma *online* será utilizada para estabelecer um mapeamento abrangente de, e servir como uma porta de entrada para, informações sobre iniciativas existentes, mecanismos e programas de CTI, dentro e fora da ONU. A plataforma *online* vai facilitar o acesso a informações, conhecimentos e experiências, bem como as melhores práticas e lições aprendidas, em iniciativas de facilitação e políticas de CTI. A plataforma *online* também vai facilitar a divulgação de publicações científicas de acesso aberto relevantes geradas em todo o mundo. A plataforma *online* será desenvolvida com base em uma avaliação técnica independente que levará em conta as melhores práticas e lições aprendidas de outras iniciativas, dentro e fora das Nações Unidas, a fim de garantir que irá complementar, facilitar o acesso e fornecer informações adequadas sobre plataformas CTI existentes, evitando duplicações e reforçando as sinergias.

- O Fórum Multissetorial sobre Ciência, Tecnologia e Inovação para os ODS será convocado uma vez por ano, por um período de dois dias, para discutir a cooperação STI em torno de áreas temáticas para a implementação dos ODS, reunindo todas as partes interessadas para contribuir ativamente na sua área de especialização. O Fórum proporcionará um local para facilitar a interação e o estabelecimento de parcerias e de redes entre as partes interessadas relevantes e parcerias multissetoriais, de modo a identificar e analisar as necessidades e lacunas tecnológicas, incluindo as relacionadas à cooperação, inovação e construção de capacitação científicas, e também a fim de ajudar a facilitar o desenvolvimento, transferência e difusão de tecnologias relevantes para os ODS. As reuniões do Fórum serão convocadas pelo presidente do ECOSOC antes do encontro do Fórum Político de Alto Nível, sob os auspícios do ECOSOC ou, em alternativa, em conjunto com outros fóruns ou conferências, conforme o caso, tendo em conta o tema a ser considerado e em colaboração com os organizadores dos outros fóruns ou conferências. As reuniões do Fórum serão copresididas por dois Estados-membros e resultarão em um resumo das discussões elaborado pelos dois copresidentes, como uma contribuição para as reuniões do Fórum Político de Alto Nível, no contexto do acompanhamento e avaliação da implementação da Agenda de Desenvolvimento pós-2015.

- As reuniões do Fórum Político de Alto Nível serão informadas pelo resumo do Fórum Multissetorial. Os temas para o Fórum Multissetorial sobre Ciência, Tecnologia e Inovação para os ODS posterior serão considerados pelo Fórum Político de Alto Nível sobre o desenvolvimento sustentável, levando em conta as contribuições de peritos da Equipe de Trabalho.

71. Reiteramos que esta Agenda e os Objetivos de Desenvolvimento Sustentável e suas metas, incluindo os meios de implementação, são universais, indivisíveis e interligados.

Acompanhamento e avaliação

72. Comprometemo-nos a nos engajar no acompanhamento e avaliação sistemáticos da aplicação da presente Agenda nos próximos quinze anos. Um quadro de acompanhamento e avaliação robusto, voluntário, eficaz, participativo, transparente e integrado dará uma contribuição vital para a implementação e ajudará os países a maximizar e acompanhar o progresso na implementação desta Agenda a fim de garantir que ninguém seja deixado para trás.

73. Operando nos níveis nacional, regional e global, promoverá a prestação de contas aos nossos cidadãos, apoiará a cooperação internacional eficaz na realização desta Agenda e promoverá o intercâmbio de melhores práticas e aprendizagem mútua. Mobilizará apoio para superar os desafios compartilhados e identificará problemas novos e emergentes. Como esta é uma Agenda universal, a confiança mútua e o entendimento entre todas as nações serão importantes.

74. Processos de acompanhamento e avaliação em todos os níveis serão guiados pelos seguintes princípios:

    a. Eles vão ser voluntários e liderados pelos países, levarão em conta as diferentes realidades, capacidades e níveis de desenvolvimento nacionais e respeitarão o espaço e as prioridades políticas. Como a apropriação nacional é fundamental para alcançar o desenvolvimento sustentável, o resultado de processos em nível nacional será a base para as avaliações nos níveis regional e global, dado que a avaliação global será baseada primeiramente em fontes de dados oficiais nacionais.

b. Eles vão acompanhar o progresso na implementação dos Objetivos e metas universais, incluindo os meios de implementação, em todos os países de uma forma que seja respeitada a sua natureza universal, integrada e inter-relacionada e as três dimensões do desenvolvimento sustentável.

c. Eles vão manter uma orientação de mais longo prazo, identificar as realizações, os desafios, as lacunas e os fatores críticos de sucesso, e apoiar os países na tomada de decisões políticas informadas. Eles vão ajudar a mobilizar os meios de implementação e parcerias necessários, apoiar a identificação de soluções e melhores práticas e promover a coordenação e eficácia do sistema de desenvolvimento internacional.

d. Eles serão abertos, inclusivos, participativos e transparentes para todas as pessoas e apoiarão a comunicação por todas as partes interessadas.

e. Gênero, respeitarão os direitos humanos e têm um foco especial sobre os mais pobres, mais vulneráveis e aqueles que estão mais para trás.

f. Eles vão se basear em plataformas e processos existentes, caso existam, evitar a duplicação e responder às circunstâncias, capacidades, necessidades e prioridades nacionais. Eles vão evoluir ao longo do tempo, tendo em conta as questões emergentes e o desenvolvimento de novas metodologias, e minimizarão o fardo de reportar informações para as administrações nacionais.

g. Eles vão ser rigorosos e baseados em evidências, informados por meio de avaliações e dados liderados pelo país, de alta qualidade, acessíveis, oportunos, confiáveis e desagregados por renda, sexo, idade, raça, etnia, status de migração, deficiência e localização geográfica, e outras características relevantes em contextos nacionais.

h. Eles vão exigir um maior apoio na construção de capacidades dos países em desenvolvimento, incluindo o reforço dos sistemas de dados e programas de avaliação nacionais, particularmente em países africanos, nos países menos desenvolvidos, nos pequenos Estados insulares em desenvolvimento, países em desenvolvimento sem litoral e países de renda média.

i. Eles vão se beneficiar do apoio ativo do Sistema das Nações Unidas e outras instituições multilaterais.

75. Os Objetivos e metas serão acompanhados e avaliados utilizando um conjunto de indicadores globais. Estes irão ser complementados por indicadores nos níveis regionais e nacionais que serão desenvolvidas pelos Estados-membros, para além dos resultados dos trabalhos realizados para o desenvolvimento das linhas de base para essas metas onde os dados nacionais e globais ainda não existam. O quadro indicador global, a ser

desenvolvido pelo Grupo Interagencial e de Peritos sobre os Indicadores dos ODS, será aprovado pela Comissão de Estatística das Nações Unidas em março de 2016 e adotado posteriormente pelo Conselho Econômico e Social e pela Assembleia Geral, em conformidade com os mandatos existentes. Este quadro será simples porém robusto, abordará todos os ODS e suas metas, incluindo os meios de implementação, e preservará o equilíbrio político, a integração e a ambição nele contidos.

76. Iremos apoiar os países em desenvolvimento, particularmente os países africanos, os países menos desenvolvidos, os pequenos Estados insulares em desenvolvimento e os países em desenvolvimento sem litoral no reforço da capacidade dos escritórios de estatística e sistemas de dados nacionais para garantir o acesso a dados de alta qualidade, oportunos, confiáveis e desagregados. Vamos promover uma intensificação transparente e responsável de cooperação público-privada adequada para explorar a contribuição a ser feita por uma ampla gama de dados, incluindo a observação da Terra e a informação geoespacial, garantindo ao mesmo tempo a apropriação nacional no apoio e acompanhamento do progresso.

77. Comprometemo-nos a nos engajar plenamente na realização de revisões regulares e inclusivas de progressos nos níveis subnacional, nacional, regional e global. Vamos nos basear o tanto quanto for possível na rede existente de acompanhamento e avaliação das instituições e mecanismos. Os relatórios nacionais permitirão a avaliação dos progressos e identificarão os desafios nos níveis regional e global. Juntamente com os diálogos regionais e avaliações globais, eles vão dar recomendações para o acompanhamento em vários níveis.

Nível nacional

78. Nós encorajamos todos os Estados-membros a desenvolver logo que possível respostas nacionais ambiciosas para a aplicação global da presente Agenda. Estas podem apoiar a transição para os ODS e construir sobre os instrumentos de planejamento existentes, tais como as estratégias de desenvolvimento nacional e de desenvolvimento sustentável, conforme o caso.

79. Nós também incentivamos os Estados-membros a realizar avaliações regulares e inclusivas de progresso nos níveis nacionais e subnacionais que sejam lideradas pelo país e orientadas para o país. Tais avaliações devem recorrer a contribuições dos povos indígenas, da sociedade civil, do setor privado e de outras partes interessadas, de acordo com as circunstâncias, políticas e prioridades nacionais. Parlamentos nacionais, bem como outras instituições, também podem apoiar esses processos.

Nível regional

80. Acompanhamento e avaliação em nível regional e sub-regional podem, se necessário, fornecer oportunidades úteis para a aprendizagem entre pares, incluindo através de análises voluntárias, do compartilhamento de melhores práticas e da discussão sobre metas compartilhadas. Congratulamo-nos, a este respeito, a cooperação de comissões e organizações regionais e sub-regionais. Processos regionais inclusivos vão recorrer a avaliações em nível nacional e contribuir para o acompanhamento e a avaliação em nível global, incluindo no Fórum

Político de Alto Nível sobre o desenvolvimento sustentável (HLPF).

81. Reconhecendo a importância de construir sobre os mecanismos de acompanhamento e de avaliação existentes em nível regional e permitindo um espaço político adequado, incentivamos todos os Estados-membros a identificar o fórum regional mais adequado para se engajar. Comissões regionais das Nações Unidas são incentivadas a continuar apoiando os Estados-membros a este respeito.

Nível global

82. O Fórum Político de Alto Nível sobre o desenvolvimento sustentável (HLPF) terá um papel central na supervisão de uma rede de processos de acompanhamento e avaliação em nível global, trabalhando de forma coerente com a Assembleia Geral, o ECOSOC e outros órgãos e fóruns relevantes, em conformidade com os mandatos existentes. Ele facilitará o compartilhamento de experiências, incluindo sucessos, desafios e lições aprendidas, e fornecerá liderança política, orientação e recomendações para o acompanhamento. Ele promoverá a coerência de todo o sistema e a coordenação das políticas de desenvolvimento sustentável. Deve assegurar que a Agenda continue a ser pertinente e ambiciosa e deve centrar-se na avaliação dos progressos, realizações e desafios enfrentados pelos países desenvolvidos e em desenvolvimento, bem como questões novas e emergentes. Vínculos efetivos serão feitos com os acordos de acompanhamento e avaliação de todas as Conferências e processos pertinentes das Nações

Unidas, incluindo dos países menos desenvolvidos, pequenos Estados insulares em desenvolvimento e países em desenvolvimento sem litoral.

83. O acompanhamento e avaliação no HLPF será informado por um Relatório sobre o Progresso dos ODS anual a ser preparado pelo secretário-geral em cooperação com o Sistema das Nações Unidas, com base no quadro de indicadores globais, dados produzidos pelos sistemas estatísticos nacionais e informações coletadas em nível regional. O HLPF também será informado pelo Relatório de Desenvolvimento Sustentável Global, que deverá reforçar a interface ciência-política e poderia fornecer um instrumento forte baseado em evidências para apoiar os formuladores de políticas na promoção da erradicação da pobreza e do desenvolvimento sustentável. Convidamos o presidente do ECOSOC a conduzir um processo de consultas sobre o escopo, a metodologia e a frequência do relatório, bem como sua relação com o Relatório sobre o Progresso dos ODS, cujo resultado deve ser refletido na Declaração Ministerial da sessão do HLPF em 2016.

84. O HLPF, sob os auspícios do ECOSOC, deve realizar avaliações periódicas, de acordo com a resolução 67/290. As avaliações serão voluntárias, ao mesmo tempo em que incentivam a geração de relatórios, e incluem países desenvolvidos e em desenvolvimento, bem como as entidades relevantes das Nações Unidas e outras partes interessadas, incluindo a sociedade civil e o setor privado. Elas devem ser lideradas pelo Estado, envolvendo o nível ministerial e outros participantes relevantes de alto nível. Elas devem fornecer uma plataforma para as parcerias, incluindo por meio da participação dos grupos principais [*major groups*] e outras partes interessadas.

85. As avaliações temáticas de progresso sobre os Objetivos de Desenvolvimento Sustentável, incluindo as questões transversais, também ocorrerão no HLPF. Estas serão apoiadas por avaliações de comissões funcionais do ECOSOC e outros organismos e fóruns intergovernamentais que devem refletir a natureza integrada dos Objetivos, bem como as interligações entre eles. Elas vão envolver todas as partes interessadas e, sempre que possível, contribuirão e estarão alinhadas com o ciclo do HLPF.

86. Congratulamo-nos, conforme descrito na Agenda de Ação de Adis Abeba, com os dedicados resultados do acompanhamento e avaliação do Financiamento para o Desenvolvimento, bem como todos os meios de implementação dos ODS, integrados com o quadro de acompanhamento e avaliação desta Agenda. As conclusões e recomendações intergovernamentais acordadas no Fórum anual do ECOSOC sobre o Financiamento para o Desenvolvimento serão contribuirão para o acompanhamento e avaliação gerais da implementação desta Agenda no HLPF.

87. Reunindo-se de quatro em quatro anos sob os auspícios da Assembleia Geral, o HLPF fornecerá orientação política de alto nível sobre a Agenda e sua implementação, identificará avanços e desafios emergentes e mobilizará novas ações para acelerar sua implementação. O próximo HLPF, sob os auspícios da Assembleia Geral, ocorrerá em 2019, com o ciclo de reuniões se redefinindo a fim de maximizar a coerência com o processo de Revisão Política Compreensivo Quadrienal.

88. Ressaltamos também a importância de todo o sistema estratégico de planejamento, implementação e elaboração

de relatórios, a fim de assegurar um apoio coerente e integrado à implementação da nova Agenda pelo sistema de desenvolvimento das Nações Unidas. Os órgãos de governança relevantes devem tomar medidas para avaliar esse apoio à implementação e informar sobre os progressos e obstáculos. Congratulamos os Diálogos do ECOSOC em curso sobre o posicionamento de longo prazo do sistema de desenvolvimento das Nações Unidas e estamos ansiosos para tomar medidas sobre estas questões, conforme o caso.

89. O HLPF apoiará a participação nos processos de acompanhamento e análise pelos grupos principais [*major groups*] e por outras partes interessadas em conformidade com a resolução 67/290. Convocamos esses atores para informar sobre a sua contribuição para a implementação da Agenda.

90. Solicitamos ao secretário-geral, em consulta com os Estados-membros, que elabore um relatório, para apreciação na 70ª sessão da Assembleia Geral em preparação para a reunião de 2016 do HLPF, que descreva os marcos críticos em prol de um acompanhamento e uma avaliação coerentes, eficientes e inclusivos em nível global. Este relatório deverá incluir uma proposta sobre as modalidades de organização das avaliações conduzidas pelo Estado no HLPF sob os auspícios do ECOSOC, incluindo recomendações sobre as diretrizes da geração comum e voluntária de relatórios. Deve esclarecer responsabilidades institucionais e fornecer orientações sobre temas anuais, em uma sequência de análises temáticas, e sobre as opções para as análises periódicas para o HLPF.

91. Reafirmamos nosso firme compromisso em alcançar este Agenda e utilizá-la ao máximo para transformar o nosso mundo para melhor em 2030.

Traduzido pelo Centro de Informação das Nações Unidas para o Brasil (UNIC Rio), última edição em 13 de outubro de 2015. https:/ sustainabledevelopment.un.org